"十四五"职业教育国家规划教材

教育法律法规简明教程

（第二版）

主　编　何初华
副主编　战赤峰

苏州大学出版社
Soochow University Press

图书在版编目(CIP)数据

教育法律法规简明教程/何初华主编. --2版. --苏州:苏州大学出版社,2023.8(2024.7重印)
ISBN 978-7-5672-4506-8

Ⅰ.①教… Ⅱ.①何… Ⅲ.①教育法-中国-教师-聘用-资格考试-教材 Ⅳ.①D922.16

中国国家版本馆CIP数据核字(2023)第154878号

教育法律法规简明教程(第二版)
何初华 主编
责任编辑 周建兰

苏州大学出版社出版发行
(地址:苏州市十梓街1号 邮编:215006)
苏州市深广印刷有限公司印装
(地址:苏州市高新区浒关工业园青花路6号2号楼 邮编:215151)

开本787 mm×1 092 mm 1/16 印张15.5 字数349千
2023年8月第2版 2024年7月第2次印刷
ISBN 978-7-5672-4506-8 定价:49.00元

图书若有印装错误,本社负责调换
苏州大学出版社营销部 电话:0512-67481020
苏州大学出版社网址 http://www.sudapress.com
苏州大学出版社邮箱 sdcbs@suda.edu.cn

前言

PREFACE

依法治国，才能实现中华民族的伟大复兴。坚持全面依法治国，推进法治中国建设是党的二十大报告的重要主题之一。党的二十大报告鲜明地提出要“加快建设法治社会，弘扬社会主义法治精神，传承中华优秀传统法律文化，引导全体人民做社会主义法治的忠实崇尚者、自觉遵守者、坚定捍卫者，努力使尊法学法守法用法在全社会蔚然成风”。而国家的法治化建设离不开教育，离不开教师。教师在推进法治教育，提高全民族法律意识与素养，建设社会主义法治化国家的过程中起着中流砥柱作用。作为新时代的教师，学习教育法律法规知识，依法从事社会主义教育事业，是我们光荣的历史使命。国家教师资格考试将教育法律法规作为必考科目之一，体现了党和国家对教师依法从教的希望与要求。

教师学习教育法律法规主要有两个方面目标，即掌握具体的教育法律法规知识和培养良好的法律意识及素养。相对于掌握具体的教育法律法规知识而言，培养良好的法律意识及素养是更高层次的目标。一个人没有法律知识则谈不上法律意识与素养，而一个人光有法律知识也不一定有良好的法律意识与素养。所以，本教材的编写坚持两条主线：

一是倾情培养广大准人民教师良好的法律意识与素养，这也是编写本教材最重要的初衷。只懂得权利与义务、合法与违法、责任与制裁等具体法律知识而不懂得法律的思想及精神内涵的人，往往认为法律是冰冷无情的，是自私自利的工具而已，殊不知法律其实闪耀着思想的、道德的、人性的光辉。因此本教材并不是考纲知识点的简单罗列与堆砌，而是力求构建一个简洁完整、层次分明的教育法律法规理论与知识体系，让学习者了解法的本质、作用及其来龙去脉，领悟隐藏于法律规范背后的原则、思想与正义精神。本教材中的“课堂点睛”“案例点击”“小思考”“真题再现”等栏目始终坚持将法律与纪律、道德、人伦等紧密地联系在一起进行分析、对比和评述，引导学习者真正确立起对法律的信仰与尊崇，做到自觉守法，维护法律权威。这也是党和国家要求教师学习教育法律法规的根本目的之所在。

二是尽力帮助学生更好更快地掌握教育法律法规的具体知识点，提高解决实际问题的能力，达到国家教师资格考试大纲所规定的要求。为此，本教材在覆盖考试大纲全部知识点的基础上，着力突出重点，对考试大纲涉及的核心知识点进行了全面的梳理和概括：教育法律关系主体的权利与义务，包括学校的、教师的以及学生的权利与义务；认定学生校园伤害法律责任的依据，学生校园伤害的类型及各责任主体的法律责任划分；各主要教育法律法规关于法律责任的规定。围绕这些核心内容，本教材精心设计了"课堂点睛""案例点击""小思考""真题再现""资料链接"等栏目，对相应的知识点进行了全方位立体式的阐释，并且专辟一章对主要教育法律法规进行了详细具体的解读，针对性极强。另外，精心设计和收集了许多优质的练习题及考试真题，并提供了规范的解析，以便学习者自我测试和巩固所学知识。

本教材的内容特点是概念规范，理论正确，知识性、思想性与教育性融为一体；结构特点是体系完整，层次分明，栏目丰富；语言特点是简洁明了，自然流畅。

本书由何初华任主编，战赤峰任副主编。

由于编者水平有限，本教材不足之处在所难免，期待各位读者不吝赐教，批评指正。也真心希望本教材能对国家的教师培养工作起到些许作用。谢谢！

编　者

2023 年 4 月 27 日

目录

第一章
教育法概述

第一节　教育法的概念

知识结构

- **教育法的概念**
  - ◇ 教育法的含义
  - ◇ 教育法的特征
    - 调整人们的行为和社会关系，具有规范性
    - 以权利与义务为内容
    - 由国家制定或认可，具有国家意志性
    - 由国家强制力保证实施，具有国家强制性

学习法律首先要从基本的法理知识开始。它对于理解具体的法律规范、领悟法律的精神实质、提高法律素养及树立良好的法治理念非常重要。

一、教育法的含义

法是体现统治阶级的意志，由国家制定或认可，并由国家强制力保证实施的，调整社会关系的行为规范的总和。由此可见，教育法则是其中调整教育活动所涉及的各种社会关系的行为规范的总和。

二、教育法的特征

教育法作为法的一个具体部分，与法一样具有以下特征。

1. 调整人们的行为和社会关系，具有规范性

法律规范是法的构成要素，这些规范具有严密的逻辑结构，它既提供特定的行为模

式，又指明法律后果；既有确定性，又有可预测性。法律明确地告诉人们，什么是必须做的，什么是可以做的，什么是不能做的。

人们根据法律来预先估计自己与他人之间该怎样展开行为，并预见行为的后果及法律对此的态度。法律通过对人的行为的调控，来实现对社会关系的调整和控制。

在社会生活中，道德规范、宗教规范、风俗习惯、纪律等，虽然也具有一定的规范性，但这些规范大多内容分散，原则性规定多于具体规范，缺乏确定的罚则。相对而言，法具有极强的规范性，能有效地引导和约束人们的行为，实现对社会关系的调整。

案例点击

陈老师是个恪尽职守的好老师，一直工作认真，对学生关爱有加。一次王同学在课堂上起哄，陈老师多次提醒都停不下来。陈老师就走到王同学跟前，象征性地扬起手警示他别闹了。可没想到在陈老师扬起手的瞬间，她袖口的一个细小而尖锐的金属饰品划到了王同学的眼睛。虽经及时医治，但王同学的视力还是严重下降。

分析：根据法律的规定，陈老师的行为已经伤害到了王同学，构成侵权。陈老师必须承担法律责任，赔偿王同学的损失。可见法律规范很明确，但陈老师的行为究竟会引起怎样的道德后果，则具有很大的不确定性。有的人可能会认为她不该有这样的过失，从而指责她，有的人可能会对此表示理解，甚至安慰她不要有心理压力。所以道德对人们行为的规范具有很大的不确定性。

2. 以权利与义务为内容

从法的内容看，法是规定人们权利与义务的行为规范。

法通过规定人们的权利与义务来确认、保护和发展一定的社会关系。法与权利、义务的概念密不可分，同时，权利和义务相互关联、相辅相成。法以其明确的关于权利、义务的规定，为人们提供特定的行为模式，又指明行为的法律后果。法律规范在内容上的这种特点，使它具有极强的规范性，从而引导和约束人们的行为，实现对社会关系的调整。

课堂点睛

教育法规定学生有参加教育活动的权利，也有遵守学生行为规范的义务；教师有管理学生的权利，也有保护学生的义务。《中华人民共和国民法典》（以下简称《民法典》）规定，夫妻双方有相互继承遗产等权利，也有相互扶养等义务。每个人的法律权利都要被尊重，每个人的法律义务都要履行，否则都要承担法律责任。可见，法律的内容就是权利与义务。法正是通过规定人们的权利与义务，来调整一定的社会关系，维护一定的社会秩序。而其他社会规范，如道德，一般不做授权性规定，其内容主要着眼于人们的义务。

3. 由国家制定或认可,具有国家意志性

法由国家制定或认可,这就使法具有了"国家意志"的性质。这一特征与其他社会规范(道德及宗教、政党或其他社会团体、组织的规章、习惯、礼仪等)有明显的差别。

4. 由国家强制力保证实施,具有国家强制性

从法的保障实施看,法是由国家强制力保证实施的。

人们必须遵守法律,如监护人必须送未成年人接受义务教育,否则将招致国家强制力的干涉,受到相应的法律制裁。如果没有这一保障,也就无所谓法的尊严与权威。因此,任何法要想成其为法和继续是法,就必须以系统化的国家暴力机关为后盾。

课堂点睛

法律具有国家强制性,由国家强制力(国家的军队、警察、法庭、监狱等有组织的国家暴力机关)保证实施。而道德则以善恶评价为标准,依靠社会舆论、传统习俗、人的内心信念和教育的力量来发挥作用,调整人们的行为和社会关系。

法律只是最低限度的道德,它只要求人们不触犯道德的底线而已。而道德则不然,它对人们的规范与约束无处不在,无时不有。法律只要求人们不侵犯别人的权益,而道德不光如此,它甚至还要求人们为他人带来利益。人们要做到不违法很简单,但要做到不违反道德却很难。例如,你见到同学摔跤而不扶,这并不违法,但违背了道德。

第二节 教育法的作用

知识结构

➤ **教育法的作用**

◇ 规范作用

- 指引作用
- 评价作用
- 预测作用
- 警示作用
- 教育作用
- 强制作用

◇ 社会作用

法的作用，是指法对人们的行为和一定的社会关系产生的影响。我们可将法的作用分为规范作用和社会作用两类。就法本身而言，它是调整人们行为和社会关系的规范，当然具有规范作用；就整个社会生活而言，法是一定的人们的意志的反映，体现了他们的利益要求，所以法又具有各种社会作用。

教育法作为法的一个具体部分，与法一样具有以下几个作用。

一、规范作用

法的规范作用，是指法作为一种特殊的社会规范，自身所具有的，对人们行为产生影响的功能。其主要内容包括以下几个方面。

1. 指引作用

法的指引作用是指法通过授权性的行为模式和义务性的行为模式规定，指引人们作出或不作出一定的行为。

课堂点睛

《中华人民共和国教师法》（以下简称《教师法》）规定，故意犯罪受到有期徒刑以上刑事处罚的，丧失教师资格；《民法典》规定，合同当事人应信守承诺，全面履行合同义务，否则就要承担违约责任；继承人如果遗弃被继承人，或者虐待被继承人，情节严重的，将丧失继承权。这些法律规范都在指引着人们作出或不作出一定的行为，合法地从事社会活动。

指引作用是法律的首要作用。法的首要任务是保护每个公民的合法权利，其次才是对违反法律、损害他人权益的行为进行强制性的制裁。也就是说，法律的首要目的并不在于制裁违法犯罪行为，而是在于引导人们正确、合法地从事社会活动。

2. 评价作用

法作为一种行为标准和尺度，具有判断、衡量人们行为的性质与效果的作用。

法不仅具有判断行为合法与否的作用，而且由于法是建立在道德、理性之上的，所以也能衡量人们的行为是善良的还是邪恶的；是正确的，还是错误的；是明智的，还是愚蠢的。通过这种评价，影响人们的价值观念和是非标准，从而达到指引人们行为的效果。

课堂点睛

有的老师平时很受学生尊重，可是背后却干出性侵学生的勾当；一些演艺明星是许多人心目中的偶像，可是他们却吸毒、逃税。他们的这些行为一旦被裁定为违法行为甚至犯罪行为，那么他们的形象与名誉就会大打折扣，社会评价也会大大降低。

3. 预测作用

预测作用是指人们根据法可以预先知晓或估计彼此的行为及行为的后果等，从而对自己的行为作出合理的安排。

课堂点睛

在社会生活中，每个人的行为都可能对他人的行为产生影响，同时，每个人也可能受到他人行为的影响。在这种复杂的互动关系中，如果没有一定的公认的规则，社会生活就会陷入无序状态。法的预测作用可以减少行动的偶然性、盲目性，提高行动的实际效果。例如，由于教育法的存在，教师可以预见他的行为是否会侵害学生的权益；由于相关法律的存在，经济活动的主体可以预见什么样的合同是有效的，违约将会导致什么样的法律后果。总之，由于法具有预测作用，人们就可以根据法来合理地安排自己的行为，以保护自己的权益，避免侵犯他人的权益，维护和发展和谐的社会关系。

4. 警示作用

警示作用是指法以其所包含的强制性、责任性的信息给人以启示、威慑，从而提高人们的法治观念和责任意识，达到预防违法和犯罪的目的。

5. 教育作用

法的教育作用是指法对违法行为予以制裁和对合法行为予以保护，从正反两方面教育人们养成法治观念，提高责任意识，达到预防违法犯罪的目的。

6. 强制作用

法的强制作用是指法通过对违法犯罪行为的制裁，保护一定的社会关系和秩序。

法的强制作用在于制裁违法行为，通过制裁可以加强法的权威性，保护人们的正当权利，增强人们的安全感。

法的强制作用是法的规范作用中最直接而有效的，也是法的其他作用的重要保障。

课堂点睛

如果法的指引、评价、预测、警示、教育等作用都没能阻止人们去实施违法犯罪行为，那么法最终该依靠什么来调整人们的行为，保护人们的权益，维护正常的社会秩序呢？

必须依靠法的强制力来制裁违法犯罪行为。离开了强制力，法就丧失了权威，就不成为法，就失去了其发生作用的基础。

例如，反腐败斗争就是这样，光靠教育引导是不行的，一些人格堕落、利欲熏心分子依然会出现贪腐行为。因而对于腐败分子，必须坚决依法动用国家的强制力对其进行制裁。制裁了腐败分子，才能“维护人民根本利益，增进民生福祉，不断实现发展为了人民、发展依靠人民、发展成果由人民共享，让现代化建设成果更多更公平惠及全体人民。”真正体现出党的二十大报告所确立的“人民至上”的原则。

二、社会作用

法的社会作用是指法为了达到一定的社会目的或政治目的而对一定的社会关系产生的影响，包括法的政治作用与法的社会公共作用。这里我们从略。

第三节　教育法律关系

知识结构

➢ 教育法律关系

◇ 教育法律关系的概念
- 以法律规范为前提的社会关系
- 以权利与义务为内容的社会关系
- 以国家强制力为保障手段的社会关系

◇ 教育法律关系的构成要素
- 教育法律关系的主体
- 教育法律关系的客体
- 教育法律关系的内容

◇ 教育法律关系的分类
- 教育民事法律关系
- 教育行政法律关系
- 教育刑事法律关系

一、教育法律关系的概念

法律关系，就是人与人之间在法律上的关系。确切地说，法律关系是法律规范调整一定的社会关系而在特定的法律主体之间形成的权利与义务关系。那么，教育法律关系就是教育法律规范在调整教育活动中的社会关系所形成的人与人之间的权利与义务关系。

教育法律关系与一般的法律关系一样，具有以下三个特征。

1. 以法律规范为前提的社会关系

与法律规范相联系，是法律关系不同于其他社会关系的标志。法律关系得以确立的前提是有相应的法律规范的存在。不由法律规范调整的社会关系不属于法律关系，如朋友关系、恋爱关系等。

课堂点睛

李某和张某是同学。张某爱斤斤计较，争强好胜，李某心里虽然有些不痛快，但为避免伤和气，总宽容忍让。他们之间的这层关系只是朋友关系，虽然属于社会关系，但不是法律关系。因为没有关于朋友关系的法律规范，所以朋友关系就不可能成为法律关系。法律没有对人与人之间朋友关系的形式、深浅、有无、维系、破裂等进行规范。

另外，法律规范本身并不能形成具体的法律关系。比如教育法是调整教育活动关系的法律规范，但它本身并不能产生教育法律关系，人们只有参与了教育活动，才会形成教育法律关系中的师生关系等。同理，调整婚姻家庭关系的法律规范，它本身也不能产生具体的法律关系，只有当男女双方按照相应的法律规定办理了结婚登记手续，才能形成正式的婚姻关系。

2. 以权利与义务为内容的社会关系

法律规范是通过规定社会关系主体的权利与义务来确认、保护和发展一定的社会关系的。所以权利与义务就是法律关系的内容。

课堂点睛

某位同学在课堂上突然发病了，脸色很不好，浑身颤抖。老师视而不见，漠不关心，只顾着上课。课后，班长把该同学送去医院，因为就诊不及时，留下了严重的后遗症。学校对此是否应该承担赔偿责任呢？学校应该承担赔偿责任。因为相关教育法律法规规定了学校有保护学生的义务，而学生有请求赔偿的权利。学校没有履行保护义务，导致学生遭受身心损害，那么学生就有权要求赔偿。可见，法律关系是以权利义务为内容的特殊社会关系。社会主体之间一旦形成某种法律关系，那么就意味着相互之间产生了相应的权利与义务。

3. 以国家强制力为保障手段的社会关系

道德等其他社会关系具有不稳定性和非强制性。而在法律关系中，一个人可以做什么、不得做什么和必须做什么都是国家意志的体现，反映国家对社会秩序的一种维持态度。法律关系受到破坏，就意味着国家意志所授予的权利受到侵犯，意味着国家意志所设定的义务被拒绝履行。这时，受害方就有权请求国家机关运用国家强制力，责令侵害方履行义务或承担未履行义务所应承担的法律责任，即对违法者予以相应的制裁。

二、教育法律关系的构成要素

法律规范在调整人们行为的时候，总是就一定的事实状态，针对一定的客体，给法律关系参加者规定权利和义务，并给违反义务者确定法律责任。所以，任何法律关系都是由主体、内容和客体这三个要素构成的，教育法律关系也不例外。

1. 教育法律关系的主体

法律关系的主体，是指法律关系的参加者，是法律关系中权利的享受者和义务的承担者。享受权利的一方称为权利人，承担义务的一方称为义务人。他们共同构成法律关系的双方当事人。

在我国，能够成为法律关系主体的人和机构主要包括：自然人、法人或非法人组织与单位、国家（作为一个整体，是一种特殊的法律关系主体）。

教育法律关系的主体，则是指教育法律关系的参加者，一般包括学生及其监护人、学校、教师、政府等。

要成为法律关系的主体，还要具备一定的条件，即行为人必须具有相应的权利和行为能力。

（1）权利能力

所谓权利能力，就是由法律所确认的享有权利或承担义务的资格，它是有关的主体参加任何法律关系都必须具备的前提条件。如果不具有权利能力，就意味着没有资格享有权利，也没有资格承担义务。

自然人的权利能力分为一般权利能力和特殊权利能力两类。

所谓一般权利能力，是指所有自然人普遍具有的权利能力，这种能力始于出生，终于死亡，不能被任意剥夺或解除。例如，人的生命权、人身自由权、人格尊严权、健康权、财产权等权利，是每个人一出生就具有的。实际上只要法律没有作出特殊的限定，就应该假定自然人一出生就具有享受所有公民私权和公权及履行所有公民义务的资格。

所谓特殊权利能力，是指以一定的法律事实出现为条件，才能具有的享受权利或履行义务的资格。这种资格并不是每个自然人都享有的，只授予某些特定的法律关系主体。

课堂点睛

现实生活中，自然人需要具备一定条件才有资格享受某些权利或履行某些义务的情况很多。例如，《中华人民共和国义务教育法》（以下简称《义务教育法》）规定，年满六周岁的儿童才能接受义务教育；《中华人民共和国宪法》（以下简称《宪法》）规定，年满十八周岁的公民才有选举权和被选举权；《民法典》规定，男不得早于二十二周岁结婚，女不得早于二十周岁结婚。

（2）行为能力

所谓行为能力是指法律所承认的，法律关系主体可以通过自己的行为实际行使权利和履行义务的能力。行为能力必须以权利能力为前提，但有权利能力不一定意味着有行为能力。

行为能力不是每个自然人出生就有的，自然人有无行为能力主要取决于自然人的年龄和精神健康状况。

小思考

小莉七岁了,你认为她有接受义务教育的权利能力吗?有自己实现接受义务教育这一权利的行为能力吗?

小莉当然有接受义务教育的权利能力,因为《义务教育法》规定,儿童年满六周岁就可以接受义务教育了。可是她显然无力通过自己的实际行为去实现这个权利,她需要监护人帮她办理入学手续,给她提供学习用品,所以她并不具备实现这一权利的行为能力。

知识拓展

民事行为能力与刑事责任能力

(1)《民法典》对自然人的民事行为能力作了如下规定:

① 十八周岁以上的自然人为成年人。不满十八周岁的自然人为未成年人。

② 成年人为完全民事行为能力人,可以独立实施民事法律行为。十六周岁以上的未成年人,以自己的劳动收入为主要生活来源的,视为完全民事行为能力人。

③ 八周岁以上的未成年人为限制民事行为能力人,实施民事法律行为由其法定代理人代理或者经其法定代理人同意、追认;但是可以独立实施纯获利益的民事法律行为或者与其年龄、智力相适应的民事法律行为。

④ 不满八周岁的未成年人为无民事行为能力人,由其法定代理人代理实施民事法律行为。

⑤ 不能辨认自己行为的成年人为无民事行为能力人,由其法定代理人代理实施民事法律行为。八周岁以上的未成年人不能辨认自己行为的,适用此规定。

⑥ 不能完全辨认自己行为的成年人为限制民事行为能力人,实施民事法律行为由其法定代理人代理或者经其法定代理人同意、追认,但是可以独立实施纯获利益的民事法律行为或者与其智力、精神健康状况相适应的民事法律行为。

(2)《中华人民共和国刑法》(以下简称《刑法》)对自然人的刑事责任能力作了如下规定:

① 已满十六周岁的人犯罪,应当负刑事责任。

② 已满十四周岁不满十六周岁的人,犯故意杀人、故意伤害致人重伤或者死亡、强奸、抢劫、贩卖毒品、放火、爆炸、投放危险物质罪的,应当负刑事责任。

③ 已满十二周岁不满十四周岁的人,犯故意杀人、故意伤害罪,致人死亡或者以特别残忍手段致人重伤造成严重残疾,情节恶劣,经最高人民检察院核准追诉的,应当负刑事责任。

④ 对依照刑法规定追究刑事责任的不满十八周岁的人,应当从轻或者减轻处罚。

⑤ 因不满十六周岁不予刑事处罚的,责令其父母或者其他监护人加以管教,在必要的时候,依法进行专门矫治教育。

⑥ 精神病人在不能辨认或者不能控制自己行为的时候造成危害结果，经法定程序鉴定确认的，不负刑事责任，但是应当责令他的家属或者监护人严加看管和医疗；在必要的时候，由政府强制医疗。

⑦ 间歇性的精神病人在精神正常的时候犯罪，应当负刑事责任。

⑧ 尚未完全丧失辨认或者控制自己行为能力的精神病人犯罪的，应当负刑事责任，但是可以从轻或者减轻处罚。醉酒的人犯罪，应当负刑事责任。

⑨ 又聋又哑的人或者盲人犯罪，可以从轻、减轻或者免除处罚。

2. 教育法律关系的客体

法律关系的客体，是指法律关系主体的权利和义务所共同指向的对象。教育法律关系的客体则是指教育法律关系主体的权利和义务所共同指向的对象。

在当代中国，法律关系的客体主要有以下几类：

物：又称标的物，是指在法律关系中可以作为财产权利对象的物品或者其他物质财富。

行为：是指主体权利和义务所指向的具体行为，包括作为与不作为。

智力成果：是指法律关系主体从事智力活动所取得的成果，如著作、发明、商标、专利等。

人身利益：自然人的人格和身份可以成为法律关系的客体，如人格尊严、生命健康、姓名、肖像等。

课堂点睛

当监护人将你送入学校接受义务教育时，学校的老师就和你形成了教育法律关系中的师生关系。那么你的生命健康就成了这一法律关系的客体之一。当你遭到学校老师的人身伤害时，你就有权利要求学校给予赔偿，而学校则有义务进行赔偿，你的权利和学校的义务是共同指向你的生命健康这个对象的。法律关系的客体把法律关系主体之间的权利和义务联系在一起，法律关系的客体是任何法律关系都必须具备的一个要素。

3. 教育法律关系的内容

法律关系的内容，是指法律关系主体依法享有的权利和承担的义务。教育法律关系的内容则是指教育法律关系主体依法享有的权利和承担的义务。

所谓法律权利，是指法律关系主体根据法律规定，为满足自己的利益而自主决定作出某种行为的权利及其范围。它表现为权利人自己可以作出或不作出某种行为，也表现为权利人可以要求他人（义务人）作出或不作出某种行为。

所谓的法律义务，是指义务人根据国家法律规定作出或不作出一定的行为以满足权利人的需要。要求义务人积极作出一定行为的义务，被称为积极义务；要求义务人不作出一定行为的义务，被称为消极义务。

法律权利与法律义务是对立统一的，没有无权利的义务，也没有无义务的权利。

课堂点睛

在教育法律关系中，学生有参加教育活动的权利，也有遵守课堂纪律的义务；老师有管理学生的权利，也有进行教育教学的义务。在买卖法律关系中，买方的权利是取得货物，义务是支付货款；卖方的权利是取得货款，义务是交付货物。双方均要讲诚信，不得相互欺诈。权利与义务是对应的、对等的、统一的。

三、教育法律关系的分类

按照法律关系所赖以建立的法律规范所属的不同部门，可以把它们划分为不同部门的法律关系，如宪法关系、行政法关系、民法关系、刑法关系、诉讼法关系等。具体到教育法律关系，主要包括教育民事法律关系、教育行政法律关系以及教育刑事法律关系。

1. 教育民事法律关系

民事法律关系是指由民法所调整的社会关系。教育民事法律关系则是指由教育法所调整的教育活动中的民事关系。

知识拓展

民法是调整平等主体的自然人、法人和非法人组织之间的人身关系和财产关系的法律规范的总称。从这一概念可以看出，民法有两方面的调整对象：一是平等主体之间的人身关系，包括人格关系和身份关系；二是平等主体之间的财产关系，包括静态的财产归属关系和动态的财产流转关系。民法的基本原则包括：

(1) 平等原则是指当事人在民事活动中地位平等，任何一方都不得将自己的意志强加于对方，不得采取欺诈、胁迫等手段使对方接受不公平、不合理的交易。平等原则是民法最重要的原则，是其他原则的基础，也是民法区别于其他法律的关键所在。

(2) 意思自治原则也称为自愿原则，是指当事人依照自己的理解与判断进行民事活动，管理自己的事务。意思自治包括自主参与和自己责任。

(3) 公平原则是指在民事活动中当事人双方的付出与所得应大致相当，公平合理。公平既是一个法律原则，更是一个道德观念，它要求当事人在民事活动中要兼顾各方利益，公平交易。

(4) 诚实信用原则是市场经济的“帝王条款”，它要求当事人在民事活动中诚实守信、恪守承诺，不欺诈、不作假。

(5) 公序良俗原则要求当事人在民事活动中要遵守公共秩序、善良风俗，不得损害社会公共利益，败坏善良风俗。

课堂点睛

假设某学校与某公司之间签订学生实习协议，这就形成了合同关系，合同关系是典型的民事关系。在该法律关系中，学校与公司之间地位是平等的，双方也必须遵循自愿与诚信的原则，进行公平交易。学校与教师、学校与学生及其监护人之间的法律关系也具有民事性质的一面。例如，学校与教师签订聘任合同，学校给学生及其监护人提供各种教育服务等，都体现了平等主体之间的民事关系。

2. 教育行政法律关系

行政法律关系就是由行政法所调整的行政社会关系。教育行政法律关系则是由教育法所调整的教育活动中的行政关系。

知识拓展

行政法是调整行政关系，对行政权进行规范和控制的法律规范的总称。行政法所调整的对象主要包括行政关系与监督行政关系。所以这也就决定了行政法律关系具有如下特点：

（1）行政法律关系中必有一方是行政主体。

（2）行政法律关系当事人的权利（职权）、义务由行政法律规范预先规定。

（3）行政法律关系具有不对等性。

（4）行政主体实体上的权利（职权）与义务具有统一性。

课堂点睛

学校与政府之间一般形成教育行政法律关系，政府依法管理和监督学校，而学校必须服从管理，接受监督。例如，政府要求学校安排学生进行体检，那么学校必须遵照执行。学校与政府之间的地位是不对等的，学校处于从属地位，政府则处于主导地位。

3. 教育刑事法律关系

刑事法律关系又称“刑法关系”，是国家与犯罪人之间因犯罪行为而产生的、受刑法规范调整的权利和义务关系。教育刑事法律关系则是指教育活动中的刑法关系。

知识拓展

刑法是规定犯罪和刑罚的法律，是以国家的名义规定哪些行为是犯罪，应给予何种刑事处罚的法律规范的总称。所以刑事法律关系的主体主要包括国家、犯罪人以及刑事自诉人。

课堂点睛

你知道如何区分违法与犯罪吗？简言之，违法不一定构成犯罪，但是犯罪一定是违法。严重违法而且触犯了刑法的行为才会构成犯罪。教育活动中的一些行为，如体罚学生、招生舞弊、挪用教育经费等，如果严重违法，则有可能构成犯罪，要受到刑事处罚。

第四节 教育法的渊源与体系

知识结构

➤ **教育法的渊源与体系**
- ◇ 教育法的渊源
  - 宪法
  - 法律
  - 行政法规
  - 地方性法规
  - 自治条例和单行条例
  - 规章
- ◇ 教育法的体系
  - 教育专门法
  - 与教育相关的其他法律

一、教育法的渊源

法的渊源，是指国家机关依法制定或认可的，具有不同效力和地位的法的不同表现形式。因为各种教育法律法规的创立机关的地位不同，所以各种教育法律法规的效力也不同。

我国教育法的渊源主要包括以下几种。

1. 宪法

宪法是国家的根本大法，具有最高的法律效力。宪法是法律体系中的“母法”，任何法律法规的制定都要以宪法为依据，不得与宪法相违背，否则无效。

《宪法》作为根本大法，为教育法的制定提供了基本理论与立法依据。

(1)《宪法》把发展教育事业明确纳入国家职责

《宪法》明确规定：“国家发展社会主义的教育事业，提高全国人民的科学文化水平。”

这一规定明确把发展教育事业作为国家的责任。为《教育法》进一步确立教育事业的战略地位,以及政府对教育的管理与投入提供了依据。

(2)《宪法》把接受教育纳入公民的基本权利和义务

《宪法》明确规定:"中华人民共和国公民有受教育的权利和义务。"接受教育是公民的一项基本权利,同时也是公民应尽的义务。这为《教育法》规定公民的受教育权及受教育机会均等的原则提供了依据,也为制定义务教育法提供了依据。

(3)《宪法》确定了我国教育事业的性质和教育基本原则

《宪法》明确规定了我国教育的"社会主义"性质。同时规定"国家培养青年、少年、儿童在品德、智力、体质等方面全面发展","国家通过普及理想教育、道德教育、文化教育、纪律和法制教育……加强社会主义精神文明的建设","进行爱国主义、集体主义和国际主义、共产主义的教育"等。

(4)《宪法》确定了我国的教育制度基本框架

《宪法》描述了我国教育制度分为初等教育、中等教育、职业教育、高等教育以及学前教育的总框架。为我国教育法关于国家"教育基本制度"的设定提供了依据。

2. 法律

法律有广义和狭义之分。广义的法律指各种法律规范的总和;狭义的法律仅仅指最高国家权力机关(全国人民代表大会)及其常务委员会制定的规范性文件。这里所说的法律是狭义的法律。依据制定法律的机构和法律调整对象的不同,法律分为基本法律和基本法律以外的法律。

基本法律由全国人民代表大会制定,1995 年颁布的《教育法》就是全国人民代表大会制定并通过的有关教育方面的基本法律。

基本法律以外的法律由全国人民代表大会常务委员会制定,《中华人民共和国学位条例》(以下简称《学位条例》)、《义务教育法》《教师法》《中华人民共和国职业教育法》(以下简称《职业教育法》)、《中华人民共和国高等教育法》(以下简称《高等教育法》)、《中华人民共和国国家通用语言文字法》《中华人民共和国民办教育促进法》(以下简称《民办教育促进法》)七部法律就属于基本法律以外的教育法。它调整的是教育方面社会关系中比较具体的问题,也可以被称为"单行法律"。

3. 行政法规

行政法规是指最高国家行政机关(国务院)制定和发布的有关国家行政管理活动的各种规范性文件。

目前,由国务院制定颁布的教育行政法规主要包括:《学位条例暂行实施办法》《普通高等学校设置暂行条例》《高等教育自学考试暂行条例》《幼儿园管理条例》《残疾人教育条例》《教师资格条例》《民办教育促进法实施条例》等。

4. 地方性法规

地方性法规是指省、自治区、直辖市等有立法权的地方人民代表大会及其常务委员会依据法定权限制定的规范性文件。如《吉林省义务教育条例》《江苏省幼儿教育暂行条例》《四川省义务教育条例》等教育地方性法规。

5. 自治条例和单行条例

自治条例和单行条例是指民族自治地方的人民代表大会及其常务委员会依据法定权限制定的，适用于本区域的规范性文件。如《楚雄彝族自治州民族教育条例》。

6. 规章

规章分为部门规章和政府规章。

部门规章，即国务院所属各部、各委员会及具有行政管理职能的直属机构，依据法定权限制定的规范性文件。政府规章，即省、自治区、直辖市设区的市、自治州的人民政府，依据法定权限制定的规范性文件。

目前，规章是我国数量最大的教育法表现形式。《学生伤害事故处理办法》《国家教育考试违规处理办法》《普通高等学校学生管理办法》等都属于教育规章。

二、教育法的体系

教育法的体系是指各部分教育法组成的有机联系的统一整体。从内容上来划分，主要包括教育专门法和与教育相关的其他法律。

1. 教育专门法

教育专门法是指那些专门规范教育活动的教育法律法规。主要包括：

(1) 教育基本法

《教育法》是我国的教育基本法，也被称为教育法的“母法”。它全面规定了教育的性质、地位、任务、基本原则和制度，是制定其他教育法律法规的依据。

(2) 基础教育法

我国的基础教育包括学前教育、初等教育、中等教育、义务教育、未成年人教育等。基础教育法就是规范这些教育领域的教育法，其中《义务教育法》处于核心地位。

(3) 高等教育法

高等教育法是规范专科、本科及研究生教育的教育法，其中《高等教育法》是其主体。

(4) 职业教育法

职业教育法是规范职业教育的教育法，其中《职业教育法》是其主体。

(5) 民办教育法

民办教育法是规范民办教育的教育法，其中《民办教育促进法》是其核心。

(6) 教育人员法

教育人员法是专门用来规范教育人员的权利、义务关系的，其中《教师法》是其核心。此外，还包括《学位条例》《教师资格条例》等法律法规。

2. 与教育相关的其他法律

有些法律法规虽然不是专门规范教育活动的教育法，但其中会涉及一些关于教育的法律规定。主要有《中华人民共和国未成年人保护法》(以下简称《未成年人保护法》)、《中华人民共和国预防未成年人犯罪法》(以下简称《预防未成年人犯罪法》)、《中华人民共和国残疾人保障法》《中华人民共和国妇女权益保障法》。

章末练习题

1. 教育法是由国家制定或认可的，并由（　　）保证实施的，调整教育活动所涉及的各种社会关系的行为规范总和。

A. 国家强制力　B. 道德　C. 内心信念　D. 社会舆论

2. 法律是最低限度的道德，这说明（　　）。

A. 法律对人们的要求比道德高　B. 法律对人们的要求比道德低

C. 法律的调节作用比道德大　D. 法律的调节作用比道德小

3. 某"老赖"欠某学校一笔教育服务费，一直拖着不还，经学校申请，法院将"老赖"的房产拍卖，所得款额用于偿还教育服务费。这体现了法律的（　　）作用。

A. 警示　B. 强制　C. 预测　D. 评价

4. 教育法律关系的内容包括（　　）。

A. 教育法律关系主体的权利　B. 教育法律关系主体的义务

C. 教育法律关系主体的权利能力　D. 教育法律关系主体的行为能力

5. 教育法律关系的主体，一般包括（　　）。

A. 学生及其监护人 B. 学校　C. 教师　D. 政府

6. 关于法律关系主体的权利能力和行为能力之间的关系，下列说法正确的是（　　）。

A. 有权利能力则一定有行为能力　B. 有权利能力不一定有行为能力

C. 有行为能力则一定有权利能力　D. 有行为能力不一定有权利能力

7. 教育法律关系的客体是指教育法律关系主体的权利和义务所共同指向的对象。下列属于教育法律关系客体的有（　　）。

A. 学生的财物　B. 教师的著作

C. 学生的健康　D. 教师的人格尊严

8. 学校和图书公司签订了教材订购合同，学校和图书公司之间由此而产生的法律关系属于（　　）。

A. 教育行政法律关系　B. 教育民事法律关系

C. 教育诉讼法律关系　D. 教育刑事法律关系

9. 下列机关有权制定教育法律的是（　　）。

A. 教育部　B. 国务院

C. 全国人民代表大会常务委员会　D. 全国人民代表大会

第二章 教育法律关系主体的权利与义务

通过前面的学习我们知道,法律上的权利与义务是教育法律关系的内容。只有明确了教育法律关系主体(学校、教师、学生等)各自的权利与义务,才能规范各教育法律关系主体在教育活动中的行为,保障教育活动的正常秩序,促进教育事业的健康发展,才能客观正确地认定各教育法律关系主体的行为是否违法,是否要承担相应的法律责任,从而保护各教育法律关系主体的权益。

第一节 学校的权利与义务

知识结构

➤ **学校的权利与义务**

◇ 学校的权利

- 按照章程自主管理
- 组织实施教育教学活动
- 招收学生或其他受教育者
- 对受教育者进行学籍管理,实施奖励或者处分
- 对受教育者颁发相应的学业证书
- 聘任教师及其他职工,实施奖励或者处分
- 管理、使用本单位的设施和经费
- 拒绝任何组织和个人对教育教学活动的非法干涉
- 法律法规规定的其他权利

◇ 学校的义务

- 遵守法律法规

- 贯彻国家的教育方针，执行国家教育教学标准，保证教育教学质量
- 维护受教育者、教师及其他职工的合法权益
- 以适当的方式为受教育者及其监护人了解受教育者的学业成绩及其他有关情况提供便利
- 遵守国家有关规定收取费用并公开收费项目
- 依法接受监督

一、学校的权利

1. 按照章程自主管理

学校依法享有自主管理权。学校章程是学校设立的基本条件之一，也是学校自主管理的基本依据。学校根据本机构章程确立的办学层次、规格、培养目标、管理体制等，可以自主地作出管理决策，实施管理活动。

小思考

如果学校没有自主管理的权利，那么学校还能成为教育法律关系的主体吗？还能对其自身的行为负责吗？

当然不行。有自主管理权才意味着学校是按自己的意志行事的，才能对自己的行为承担责任。所以按照章程自主管理，是学校法人地位的重要体现，也是落实学校法律地位的重要保障。

资料链接

校长负责制

我国中小学实行的内部管理体制是校长负责制。校长负责制主要包括以下几方面的内容：

1. 校长全面负责

校长是学校的法人代表，对学校的各项工作，包括教学、科研、行政管理等全面负责。我国中小学校长一般有以下几个方面的办学自主权：决策权、指挥权、人事权、财经权等。

2. 党组织保证监督

实行校长负责制，党组织对学校工作保证监督，即保证监督党的路线、方针、政策在学校的贯彻落实，保证办学的社会主义方向，保证学校各项任务的顺利完成。

3. 教职工民主管理

实行校长负责制的学校应该建立和健全教职工代表大会制度，发挥教职工民主管理作用是校长负责制的重要组成部分。教代会的职责是对学校各项决策提出意见和建议，对学校工作实行民主管理、民主监督。

总之，校长负责制是由校长、学校党组织和教职工代表大会共同组成的“三位一体”结构。

课堂点睛

“人民民主是社会主义的生命，是全面建设社会主义现代化国家的应有之义。”“全过程人民民主是社会主义民主政治的本质属性，是最广泛、最真实、最管用的民主。”“基层民主是全过程人民民主的重要体现。”“健全以职工代表大会为基本形式的企事业单位民主管理制度”是基层民主的重要形式，是“发展全过程人民民主，保障人民当家作主”的重要途径。

——摘选自党的二十大报告

2. 组织实施教育教学活动

学校依法享有教育教学权，教育教学是学校最基本的活动。学校有权依据国家教育方针、教学计划、课程与专业设置等方面的规定，根据自己的办学目标和任务，自主决定和实施本校的教育教学计划，设置具体课程、专业，选用教材，规划课时和教学进度，进行教学评价，选择学业考核方式，等等。

3. 招收学生或其他受教育者

学校依法享有招生权，学校可以根据自己的实际情况，依据国家和主管部门有关招生的规定，制订本校具体的招生计划，包括专业、人数等，发布招生信息，实施招录。

资料链接

某职业学校以不实宣传、随意承诺的方式（承诺护理专业大专文凭、护士资格证、包分配等）招收护理专业学生，并号称“零门槛入学”（不论中考分数多少），实际招收的是家政服务（护工方向）专业学生。结果，无法兑现招生承诺，引发学生及家长强烈不满，被依法处理。这说明，学校虽然有招生权，但招生工作仍然要依法依规进行，不能想怎么招就怎么招。

4. 对受教育者进行学籍管理，实施奖励或者处分

学校有权根据教育行政部门的学籍管理规定，制定本校具体的学籍管理办法，如入学与报名注册、考勤、休学与复学、转学、退学等，实施学籍管理活动。学校还有权根据国家有关学生奖励、处分的规定，结合本校的实际，制定具体的奖励与处分办法，对学生进行奖励与处分。

5. 对受教育者颁发相应的学业证书

学校依法享有对受教育者颁发学业证书的权利。学业证书是受教育者的受教育程度及其所达到的知识水平和能力水平的凭证。学校有权依据国家有关学业证书的管理规定,对受教育者颁发相应的学业证书。

资料链接

教育机构只对完成学业且考试合格的受教育者颁发毕业证书,而对考试不合格者只能发给结业证书,未完成学业者只能发给肄业证书。

6. 聘任教师及其他职工,实施奖励或者处分

学校有权根据国家有关教师和其他教职工管理的法规,从本校的办学规模、层次等实际情况出发,制定本校的教职员工聘任办法,自主决定聘任、解聘教师和其他职工,并有权对教职工实施奖励与处分等具体管理活动。

资料链接

教师考核与奖励制度

《教师法》第二十二条规定:"学校或者其他教育机构应当对教师的政治思想、业务水平、工作态度和工作成绩进行考核。教育行政部门对教师的考核工作进行指导、监督。"

教师考核制度是指学校以《教师法》为依据,根据自身实际情况制订教师考核方案,对教师的教育教学水平、学生管理水平、学术科研水平等方面所进行的考查和评价。教师考核制度是教师管理科学化、制度化的重要组成部分,是教师受聘任教、晋升工资、实施奖惩的重要依据。

《教师法》第三十三条规定:"教师在教育教学、培养人才、科学研究、教学改革、学校建设、社会服务、勤工俭学等方面成绩优异的,由所在学校予以表彰、奖励。国务院和地方各级人民政府及其有关部门对有突出贡献的教师,应当予以表彰、奖励。对有重大贡献的教师,依照国家有关规定授予荣誉称号。"

教师奖励制度是有效激励教师个体成长的重要方法,也是提升教师队伍整体素质的一项基本制度。学校可以根据《教师法》的规定,制定本校的教师奖励制度,对教师实施奖励。

7. 管理、使用本单位的设施和经费

管理、使用本单位的设施和经费,是学校办学自主权的重要体现,也是学校作为法人依法享有的,维持自身生存和发展,对外承担法律责任的基础。

8. 拒绝任何组织和个人对教育教学活动的非法干涉

学校有权拒绝和抵制行政机关、企事业单位、社会团体、个人等非法干涉学校教育教学活动的行为，如在学校传播宗教、乱收费、乱罚款、乱摊派，随意要求学校停课或妨碍学校正常的教育教学秩序等。

知识拓展

教育与宗教相分离的原则

我国是政教分离的社会主义国家，国家保护正常的宗教活动，任何人不得利用宗教进行破坏社会秩序、损害公民身体健康、妨碍国家教育制度的活动，不得利用宗教干预国家行政、司法、教育等国家职能的实施。《宪法》规定，任何人不得利用宗教进行妨碍国家教育制度的活动。《教育法》规定："国家实行教育与宗教相分离。任何组织和个人不得利用宗教进行妨碍国家教育制度的活动。"

我国坚持宗教与教育相分离的原则，任何组织和个人不得利用宗教进行妨碍国家教育制度的活动，不得在学校进行宗教活动，严禁在校园传播宗教、发展信徒、设立宗教活动场所、建立宗教组织。

抵御宗教对学校的渗透，关系到党的执政地位的巩固，关系到培养中国特色社会主义事业合格建设者和可靠接班人的大计，关系到国家和民族的前途命运，必须严格按照相关法律法规的要求，坚决执行教育与宗教相分离的原则。

9. 法律法规规定的其他权利

除上述权利外，学校还享有法律法规规定的其他权利，如民事权利、诉讼权利等。

以上权利是学校作为教育机构所特有的办学自主权，学校在行使这一公共权利时，必须符合国家和社会的公共利益，不得违反国家的法律、法规和政策。这一权利的实现有利于调动学校的办学积极性，促进学校依法自主办学。

二、学校的义务

1. 遵守法律法规

《宪法》规定："一切国家机关和武装力量、各政党和各社会团体、各企业事业组织都必须以宪法为根本的活动准则，并且负有维护宪法尊严、保证宪法实施的职责。"这是一切组织和个人都必须履行的义务，学校也不例外。

2. 贯彻国家的教育方针，执行国家教育教学标准，保证教育教学质量

此项义务是学校最基本的法律义务。学校要坚持社会主义办学方向，贯彻国家教育方针，执行国家教育教学标准，积极推进素质教育，培养德、智、体等方面全面发展的优秀社会主义建设者。

3. 维护受教育者、教师及其他职工的合法权益

履行这项义务意味着学校不仅不得侵犯受教育者、教师及其他职工的合法权益，而且当学校以外的其他社会组织和个人侵犯受教育者、教师及其他职工的合法权益时，学校应当以合法的方式维护受教育者、教师及其他职工的合法权益。

小思考

假如某位家长到学校闹事，辱骂、殴打教师。班级学生当即向学校的值勤行政人员报告了情况。那么，值勤人员该怎么做?

应当立即赶往现场，同时通知学校保安，甚至报警。如果教师受伤，还应该协助送医治疗。值勤的行政人员如果不闻不问的话，就没有尽到保护教师合法权益的义务，要承担相应的法律责任。

4. 以适当的方式为受教育者及其监护人了解受教育者的学业成绩及其他有关情况提供便利

知情权是受教育者享有的权利，是其在学业成绩和品行上获得公正评价的重要前提。学校不得拒绝受教育者及其监护人行使这项权利，同时应提供便利条件，如可以通过家长会、家访或与学生个别交流等适当的方式来进行。

课堂点睛

需要注意的是，学校在提供受教育者的学业成绩及其他有关情况时，应当避免侵犯到受教育者的隐私权、名誉权等合法权益，不得伤害受教育者的身心健康。如不可以在家长群里发布义务教育阶段学生的考试成绩排名，不可以在班会上透露学生个人及其家庭的私密信息，等等。

5. 遵守国家有关规定收取费用并公开收费项目

学校作为公益性组织，收取任何费用都必须具有相应的法律依据，并公开收费项目。

资料链接

《义务教育法》规定:“实施义务教育，不收学费、杂费。”收取除学费、杂费以外的必要费用的，要有法律法规依据，要公开收费项目，包括收费的具体名称和标准，并坚持受教育者自愿缴费的原则。非义务教育阶段的学校可以依据国家有关规定适当收取学费、杂费或其他费用，同样也要公开收费项目。

小思考

义务教育可以收书本费、住宿费、营养费吗? 课后请查一查相关资料。

6. 依法接受监督

学校应该自觉地接受各级机关依法进行的检查和监督，接受社会公众依法进行的监督。这有利于保证学校教育教学工作的社会主义方向，贯彻国家教育方针，执行国家教育标准，促进教育事业进步。

第二节 教师的权利与义务

知识结构

- **教师的权利与义务**
  - ◇ 教师资格制度
    - 教师资格制度的含义
    - 取得教师资格的条件
    - 教师资格的丧失与撤销
  - ◇ 教师的权利
    - 教育教学权
    - 科学研究与学术活动权
    - 管理与评价学生权
    - 获取报酬与福利待遇权
    - 民主管理权
    - 进修培训权
  - ◇ 教师的义务
    - 遵守宪法、法律和职业道德，为人师表
    - 贯彻国家的教育方针，遵守规章制度，执行学校的教学计划，履行教师聘约，完成教育教学工作任务
    - 对学生进行宪法所确定的基本原则的教育和爱国主义教育、民族团结教育、法制教育以及思想品德、文化、科学技术教育，组织、带领学生开展有益的社会活动
    - 关心、爱护学生，尊重学生人格，促进学生在品德、智力、体质等方面全面发展
    - 制止有害于学生的行为或者其他侵犯学生合法权益的行为，批评和抵制有害于学生健康成长的行为
    - 不断提高思想政治觉悟和教育教学业务水平

国家实行教师资格制度，只有依法取得教师资格，在学校从事教育工作的工作者，才具有教师的权利与义务。

一、教师资格制度

1. 教师资格制度的含义

《教师法》规定："国家实行教师资格制度。中国公民凡遵守宪法和法律，热爱教育事业，具有良好的思想品德，具备本法规定的学历或者经国家教师资格考试合格，有教育教学能力，经认定合格的，可以取得教师资格。"

2. 取得教师资格的条件

根据《教师法》与《教师资格条例》的规定，取得教师资格的条件为：

（1）中国公民。

（2）遵守宪法和法律。

（3）热爱教育事业，具有良好的思想品德。

（4）具备法律规定的学历。

（5）国家教师资格考试合格，有教育教学能力。

（6）经认定合格。

资料链接

取得教师资格的学历条件

（1）要取得幼儿园教师资格，应当具备幼儿师范学校毕业及以上学历。

（2）要取得小学教师资格，应当具备中等师范学校毕业及以上学历。

（3）要取得初级中学教师、初级职业学校文化、专业课教师资格，应当具备高等师范专科学校或者其他大学专科及以上学历。

（4）要取得高级中学教师资格和中等专业学校、技工学校、职业高中文化课、专业课教师资格，应当具备高等师范院校本科或者其他大学本科及以上学历；取得中等专业学校、技工学校和职业高中学生实习指导教师资格，应当具备的学历，由国务院教育行政部门规定。

（5）要取得高等学校教师资格，应当具备研究生或者大学本科学历。

（6）要取得成人教育教师资格，应当按照成人教育的层次、类别，分别具备高等、中等学校毕业及以上学历。不具备规定的教师资格学历的公民，申请获取教师资格，必须通过国家教师资格考试。国家教师资格考试制度由国务院规定。

3. 教师资格的丧失与撤销

《教师法》规定："受到剥夺政治权利或者故意犯罪受到有期徒刑以上刑事处罚的，不能取得教师资格；已经取得教师资格的，丧失教师资格。"

《教师资格条例》规定:“丧失教师资格的,不能重新取得教师资格,其教师资格证书由县级以上人民政府教育行政部门收缴。”

《教师资格条例》规定,有下列情形之一的,由县级以上人民政府教育行政部门撤销其教师资格:

① 弄虚作假、骗取教师资格的;

② 品行不良、侮辱学生,影响恶劣的。

被撤销教师资格的,自撤销之日起5年内不得重新申请认定教师资格,其教师资格证书由县级以上人民政府教育行政部门收缴。

参加教师资格考试有作弊行为的,其考试成绩作废,3年内不得再次参加教师资格考试。

二、教师的权利

1. 教育教学权

教师有“进行教育教学活动,开展教育教学改革和实验”的权利。教育教学权是教师履行职责所必需的最基本权利。教育教学权具有两大特征:

(1) 自主性

教师可以根据教学目标、课程特点以及学生的实际情况等因素选择教学方法,安排教学过程,组织课堂教学,进行教改实验。

(2) 不容侵犯性

教师教育教学的独立性应当得到尊重,任何团体及个人无权随意干涉。教师的教育教学权受法律保护,任何团体及个人无权随意剥夺。

案例点击

赵老师是一名体育老师,他经常不安排学生做热身活动就让学生进行剧烈的运动。校长知道这种情况后,责令他立即改正,可是赵老师依旧我行我素。于是,学校作出对赵老师暂时停课一周的处分。但赵老师说,教师有自主进行教育教学的权利,而学校先是干涉了他教育教学的自主性,后来则剥夺了他的教育教学权。对此,你怎么看?

分析:教师虽然可以自主地开展教育教学活动,但是这种自主性并不是绝对的,必须要限制在法律法规允许的范围之内。赵老师的做法违背了体育课教学的基本规律,明显违反《教育法》。所以学校的改正要求和停课决定完全正确,不是对他的教育教学权的干涉和剥夺。

2. 科学研究与学术活动权

在完成规定的教育教学任务的前提下,教师有“从事科学研究、学术交流,参加专业的学术团体,在学术活动中充分发表意见”的权利。这是教师专业发展的重要保障,是教师作为专业人才的重要权利之一。

3. 管理与评价学生权

管理与评价学生权，是指教师有权“指导学生的学习和发展，评定学生的品行和学业成绩”。这一权利从法律层面赋予了教师教育教学权力，保障了教师在教育教学中的主导地位，有利于教师对学生进行约束与引导，因材施教，个性化培养，从而达到更好的教育教学效果。这一权利具有以下基本内容：

（1）引导与约束学生行为

教师可根据实际情况对学生的学习、生活、活动等行为进行引导与约束，尽力保障学生不断健康成长与进步。

（2）评价学生的品行与学业成绩

教师有权对学生的思想觉悟、品质和学业成绩作出评价。当然，评价学生应该力求客观公正，避免偏颇、武断，夹带私利。

案例点击

武某钢琴课期末考试成绩为59分，要补考。他的室友魏某成绩为60分，顺利通过。武某心想，自己平时的钢琴水平比魏某还要稍微高一点，考试时也弹得和魏某差不多，为什么老师让我挂科而让魏某通过了呢？于是，他认为钢琴老师打分不公平，请求钢琴老师给他补加1分。对此，你怎么看？

分析：有些科目的学业成绩评价是能够做到完全客观公正的，如数学、物理等；但是有些科目的学业成绩评价是做不到绝对客观公正的，如语文、美术、钢琴、舞蹈等，这与不同学科的特点有关系。所以，对于钢琴等主观性很强的考试科目成绩的评价，教师只能尽量做到客观公正。对于主观性强的考试科目，教师具有独立自主地评价考生成绩的权利，不受任何人的干涉，除非存在明显不公平的情况。

武某当然可以对老师的评价提出意见，但是老师的打分并不存在明显的不公平。是否重新打分应该由老师自主决定，老师可以重新打分，也可以坚持不变。

4. 获取报酬与福利待遇权

教师有“按时获取工资报酬，享受国家规定的福利待遇以及寒暑假期的带薪休假”的权利。这是宪法规定的公民享有劳动的权利和劳动者有休息的权利的具体化，为教师正常从事教育教学工作提供了保障。获取报酬与福利待遇权具有以下基本内容：

① 按时足额获取工资报酬；

② 享受医疗、住房、养老等方面的福利待遇；

③ 带薪休假。

小思考

众所周知,公立学校的教师在寒暑假期都是可以带薪休假的。那么,私立(民办)学校的教师是否享有这一权利呢?如果私立学校和教师双方约定好了不给教师寒暑假带薪休假的权利呢?

《教师法》明确规定教师享有寒暑假期带薪休假的权利,无论是公立学校教师还是私立学校教师都一样。即使私立学校与教师双方约定好了教师不享受寒暑假带薪休假的待遇,这种约定也是违法的,是无效的。

5. 民主管理权

教师有"对学校教育教学、管理工作和教育行政部门的工作提出意见和建议,通过教职工代表大会或者其他形式,参与学校的民主管理"的权利。这是宪法赋予公民的民主权利在教育领域的具体体现,是教师参与学校管理的重要法律保障。民主管理权具有以下基本内容:

(1)参与学校管理

参与讨论学校教学与行政、改革与发展等方面的重大事项。

(2)批评与建议

对学校教学与行政等各项工作以及学校行政人员的职务行为进行批评和建议。

(3)参与形式合法

通过教职工代表大会、工会等合法形式参与学校管理。

案例点击

蒋老师一向对学校乱收费问题不满,多次向学校领导提意见,但均没有被采纳。于是,他在家长群里如实说明了学校收费的问题。家长们知道情况后纷纷对学校表示强烈不满,有的家长还将此情况反映给了当地教育局。一时间,学校压力非常大,校领导非常气愤。校领导认为,蒋老师擅自将学校的内部信息透露出去,和学校唱反调,影响了学校的利益。学校作出决定,在学校微信工作群里对蒋老师禁言,以免他又"无事生非"。那么,蒋老师的做法是否恰当?学校的决定是否正确?

分析:蒋老师向学校提出乱收费问题的意见,将学校收费的具体情况如实向家长说明,这都是行使教师民主管理权的表现。蒋老师在此过程中没有造谣、滋事等不法情形,所以其行为完全正当。学校以蒋老师"透露内部信息""影响学校利益""无事生非"为由在微信群里对蒋老师禁言,明显侵犯了蒋老师参与民主管理的权利。

6. 进修培训权

教师有"参加进修或者其他方式的培训"的权利。进修培训是教师提高自身教育教学水平和能力,促进教师专业发展的必要途径与方式。

要指出的是，教师参加进修培训是在完成教育教学任务的前提下，有组织、有计划地进行的，不得影响正常的教育教学秩序。

三、教师的义务

1. 遵守宪法、法律和职业道德，为人师表

遵守宪法和法律是每个公民的基本义务，教师承担教书育人的重任，更应以身作则，自觉守法，成为学生的表率。

教师的职业道德，简称“师德”，它是教师和一切教育工作者在从事教育活动时必须遵守的道德规范和行为准则，以及与之相适应的道德观念、情操和品质。具有高尚道德观念、情操、品质以及人格魅力是师德修养的要求与目标，每一位教师都要力争成为青少年学生道德修养的楷模。

资料链接

中小学教师职业道德规范

一、爱国守法

热爱祖国，热爱人民，拥护中国共产党领导，拥护社会主义。全面贯彻国家教育方针，自觉遵守教育法律法规，依法履行教师职责权利。不得有违背党和国家方针政策的言行。

二、爱岗敬业

忠诚于人民教育事业，志存高远，勤恳敬业，甘为人梯，乐于奉献。对工作高度负责，认真备课上课，认真批改作业，认真辅导学生。不得敷衍塞责。

三、关爱学生

关心爱护全体学生，尊重学生人格，平等公正对待学生。对学生严慈相济，做学生良师益友。保护学生安全，关心学生健康，维护学生权益。不讽刺、挖苦、歧视学生，不体罚或变相体罚学生。

四、教书育人

遵循教育规律，实施素质教育。循循善诱，诲人不倦，因材施教。培养学生良好品行，激发学生创新精神，促进学生全面发展。不以分数作为评价学生的唯一标准。

五、为人师表

坚守高尚情操，知荣明耻，严于律己，以身作则。衣着得体，语言规范，举止文明。关心集体，团结协作，尊重同事，尊重家长。作风正派，廉洁奉公。自觉抵制有偿家教，不利用职务之便谋取私利。

六、终身学习

崇尚科学精神，树立终身学习理念，拓宽知识视野，更新知识结构。潜心钻研业务，勇于探索创新，不断提高专业素养和教育教学水平。

2. 贯彻国家的教育方针，遵守规章制度，执行学校的教学计划，履行教师聘约，完成教育教学工作任务

这项义务的内容主要包括：

首先，教师应全面贯彻《教育法》规定的“教育必须为社会主义现代化建设服务、为人民服务，必须与生产劳动相结合，培养德、智、体等方面全面发展的社会主义建设者和接班人”的教育方针。

其次，教师应遵守教育行政部门和学校制定的各项教育教学规章制度和工作计划。

再次，教师应依法履行教师聘约中约定的教育教学工作职责，完成职责范围内的教育教学工作任务。

3. 对学生进行宪法所确定的基本原则的教育和爱国主义教育、民族团结教育、法制教育以及思想品德、文化、科学技术教育，组织、带领学生开展有益的社会活动

这项义务的主要内容包括：

首先，对学生进行宪法所确定的基本原则的教育。我国宪法的基本原则为：党的领导原则、人民主权原则、尊重和保障人权原则、民主集中制原则、权力监督和制约原则、法治原则。

其次，对学生进行正确的世界观、人生观、价值观以及思想道德教育。

再次，对学生进行爱国主义、法制以及科技文化教育。

4. 关心、爱护学生，尊重学生人格，促进学生在品德、智力、体质等方面全面发展

这项义务的核心就是尊重学生的人格。虽然教师有教育和管理学生的权利，但是教师与学生在人格上是平等的。不能打着教育和管理学生的幌子去侵犯学生的人格尊严。教师与学生之间相互尊重，这才是健康的师生关系。体罚学生、侮辱学生、泄露学生隐私等行为，均构成对学生人格尊严的侵犯，属于违法行为。

5. 制止有害于学生的行为或者其他侵犯学生合法权益的行为，批评和抵制有害于学生健康成长的行为

这项义务概括起来说，就是教师有保护学生的义务。既包括对学生人身与财产安全的保护，也包括对学生思想健康的保护。

资料链接

2008 年 5 月 12 日 14 时 28 分，四川汶川大地震。在这场突如其来的人间灾难面前，在面临生死抉择的紧急关头，我们的人民教师用生命谱写了一首首可歌可泣的诗篇。

结婚刚刚 10 天，还沉浸在新婚喜悦中的 24 岁小学教师苟晓超在教学楼例行巡查。当他来到 3 楼自己所带的教学班时，58 个孩子正在休息。突然，整栋楼剧烈摇晃，“快跑！”苟晓超一边叫学生赶快逃生，一边拉起两名孩子往楼下冲。这两名孩子安全了，苟晓超又冲回教室救出几名孩子。当他第 3 次冲进教学楼抱起两名孩子，到达一楼最后一级楼梯时，大楼轰然坍塌。一段大约一吨的砖墙砸中他的小腿，他将两个孩子“藏”在自己怀中，用身躯挡住从天而降的坠落物。其中一个学生得救了，苟晓超却倒在了血泊中。

谭千秋，一位英雄教师的名字。他的遗体是 13 日 22 时 12 分从废墟中被扒出来的。“我们发现他的时候，他双臂张开着趴在课桌上，用身体死死地护着课桌下的学生！”一位救援人员向记者描述当时的场景。

学校的教学楼在经过 1 分钟的震荡后轰然倒下，粉碎性坍塌，而在里面上课的 700 多名师生在这短短的 1 分钟内几乎全部安全撤离到操场，遗憾的是有 3 名学生和奋不顾身、舍己救人的吴忠洪老师牺牲了。这位英勇的老师和 700 多人 1 分钟撤离的事迹，吸引了众多媒体争先恐后地前来报道。

在这场灾难中，还有张米亚、严蓉、尹琼刚等众多的中小学老师，他们将师爱定格在了生死瞬间。

资料来源：王晋堂.保护学生安全　教师义不容辞[J].人民教育，2008(Z2)：68－70.(有删改)

案例点击

周老师是一名初中老师，一向性格温和。有一次晨跑时无意间看到一位学生在翻墙，但并没有理会，晨跑完就回教师宿舍了。没想到的是，后来这位学生居然从墙头上摔了下来，严重受伤。那么，周老师的行为是否妥当呢？

分析：保护学生安全是教师的法定义务。当学生在校期间进行有危险的活动时，在场的教师作为当事学生的特定利害关系人，显然具有保护学生的法定责任。因此，周老师看到学生翻墙应该当即制止，对学生进行教育、训诫，而不是视而不见。

6. 不断提高思想政治觉悟和教育教学业务水平

教师应当努力学习马克思列宁主义、毛泽东思想、邓小平理论、“三个代表”重要思想、科学发展观、习近平新时代中国特色社会主义思想以及党和政府的方针政策，不断提高思想政治水平与觉悟。同时，加强教育教学专业理论学习和业务学习，不断提高教育教学业务水平，以适应培养合格的社会主义事业的建设者和接班人的职责需要。参加继续教育培训，不断提高自身素质和教育教学水平，既是教师的权利，也是教师的义务。

◆ 第三节 学生的权利与义务 ◆

知 识 结 构

➤ **学生的权利与义务**

◇ 学生的权利

- 参加教育教学活动的权利
- 获得教育物质保障的权利
- 受到公正评价和获得学业证书的权利
- 申诉与诉讼权
- 法律法规规定的其他权利

◇ 学生的义务

- 遵守法律法规的义务
- 遵守学生行为规范，尊敬师长，养成良好的思想品德和行为习惯的义务
- 努力学习，完成规定的学习任务的义务
- 遵守所在学校或者其他教育机构的管理制度的义务

一、学生的权利

1. 参加教育教学活动的权利

《教育法》规定，学生有“参加教育教学计划安排的各种活动，使用教学设施、设备、图书资料”的权利。这是学生作为受教育者所享有的最基本、最重要的权利。

资 料 链 接

侵犯学生受教育权的表现

1. 对学生随意停课

上课的权利是学生最重要的一项权利。但是，有的学校对违纪学生随意停课，这就极可能侵犯了学生这一权利。

出于教育和管理的需要，可以对违纪学生停课。但是，绝不能随意对学生停课。判断

停课是否合理，必须综合考虑学生的年龄，学生的一贯表现，违纪行为的严重程度、频率及再次发生的可能性，学生的认错悔改态度等因素。如果违纪行为频频发生，严重影响了课堂秩序，为维护绝大多数学生的受教育权，可以将违纪学生与其他学生暂时隔离，这种情况不构成侵权，但停课这种惩戒形式，不能随意、无节制地使用。例如，学生偶尔迟到，有的老师就罚学生站到教室外面，这就构成侵权。

2. 不允许学生参加考试

《教育法》规定，受教育者享有"参加教育教学计划安排的各种活动"的权利。考试是学校和教育行政部门安排和组织的教育教学活动之一，但是，有的学校为追求升学率，不让学习成绩差的学生参加升学考试，这就构成侵权。

3. 违规组织学生参加校外活动

《小学管理规程》规定："小学不得组织学生参加商业性的庆典、演出等活动，参加其他社会活动亦不应影响教学秩序和学校正常工作。"学校要严格按照国家颁布的教学计划，建立正常的教育教学秩序。不经批准，不允许任何单位和个人组织学生停课参加社会活动。有的学校未经批准，随意组织学生参加各种名目的社会活动，侵犯了学生参加正常教育教学活动的权利。

4. 阻碍未成年犯罪学生升学、复学

《预防未成年人犯罪法》明确规定，"刑满释放和接受社区矫正的未成年人，在复学、升学、就业等方面依法享有与其他未成年人同等的权利，任何单位和个人不得歧视。"但是有的学校却对未成年犯罪学生升学、复学设置重重障碍。

5. 擅自附加入学条件

《义务教育法》规定："凡年满六周岁的儿童，其父母或者其他法定监护人应当送其入学接受并完成义务教育；条件不具备的地区的儿童，可以推迟到七周岁。"实施义务教育的学校必须依法接受应该在本校就读的适龄儿童入学，但是，有的学校对适龄儿童进行智力测验，拒绝测验成绩不合格的儿童入学，还有的学校对家长进行考试，这就构成侵权。

6. 干涉学生择校

这种行为主要表现为擅自更改学生志愿，不允许学生填报外地学校，等等。

7. 冒名顶替上学

这种行为主要表现为有的学校（教师）与他人串通，篡改学籍档案，让他人冒用学生名义上学，致使学生失去受教育机会。

8. 随意开除学生

这种行为主要表现为有的学校没有经过集体讨论、组织听证、听取申诉等程序就草率地决定开除学生，致使学生失去受教育的机会。

2. 获得教育物质保障的权利

这里主要是指学生可以按照国家有关规定获得奖学金、贷学金和助学金。

奖学金主要是指用于奖励品学兼优的高等学校学生和中等专业学校学生的资金。

贷学金主要是指给经济上有困难的高等学校学生和中等专业学校学生的贷款。

助学金主要是指给予义务教育阶段学生的补助。《义务教育法》规定:“各级人民政府对家庭经济困难的适龄儿童、少年免费提供教科书并补助寄宿生生活费。”

课堂点睛

国家给学生提供奖学金、贷学金、助学金等各种物质保障的目的是什么?是激励、促进、帮助学生顺利地、更好地完成学业,使其成为社会的有用之才。所以,学习刻苦、品德优秀的学生,在评发“三金”的过程中是应该优先考虑的对象。

资料链接

党的二十大报告指出:“从现在起,中国共产党的中心任务就是团结带领全国各族人民全面建成社会主义现代化强国、实现第二个百年奋斗目标,以中国式现代化全面推进中华民族伟大复兴。”

“中国式现代化,是中国共产党领导的社会主义现代化,既有各国现代化的共同特征,更有基于自己国情的中国特色。”

全体人民共同富裕是中国式现代化的重要特色之一。“共同富裕是中国特色社会主义的本质要求,也是一个长期的历史过程。我们坚持把实现人民对美好生活的向往作为现代化建设的出发点和落脚点,着力维护和促进社会公平正义,着力促进全体人民共同富裕,坚决防止两极分化。”

国家建立的奖学金、贷学金、助学金制度就是为了保障困难学生家庭不因学费问题而背上沉重的经济负担,保障困难学生都能顺利完成学业,将来可以在同样的平台上与人竞争。这一制度正是中国式现代化的共同富裕特色的鲜明体现。每一位获得资助的学生都应该懂得感恩,好好珍惜这样的好制度,奋发学习,将来报效国家和人民。

3. 受到公正评价和获得学业证书的权利

这里主要是指学生有权在学业成绩和品行上受到公正评价,在完成规定的学业后获得相应的学业证书的权利。

教师有评价学生学业成绩和品行的权利,而学生则有获得公正的学业成绩和品行评价的权利。学业成绩评价和品行评价对学生的健康成长、升学以及就业具有重大意义。教师应当本着认真负责的精神,科学、客观、公正地对学生进行学业成绩与品行评价。而学生对于评价中失实、失真和不公正的问题,有权通过正当途径,依法要求学校和教育主管部门予以改正。

学生在完成规定的学业以后,有权获得相应的学业证书,包括毕业证书、学位证书等。学业证书实质上代表了对学生品行和阶段性学业成绩所做的总结性评价。

案例点击

某幼儿师范学校在招生宣传资料上明确表示，学校不收学费，而且每学期均给学生发放助学金，学生毕业时拿大专文凭，包推荐就业。范某很心动，于是就填报了这家学校并被顺利录取。在校五年期间范某学习很认真，品行良好，但是毕业考试中范某的钢琴等三门科目成绩不及格，学校决定暂缓给她发大专毕业证书，要求她半年后进行补考且成绩合格后才能颁发毕业证书。眼看着同学们都顺利拿到毕业证书，走上了工作岗位，范某及其父母焦急万分，对学校的做法表示不能接受，要求学校立即兑现“毕业时拿大专文凭”的承诺。那么，对此事你怎么看呢？

分析：取得毕业证书是有条件的，只有当学生的学业成绩与品行被评价为合格时才能取得毕业证书，否则不能取得毕业证书。虽然范某学习认真，品行良好，但是毕业考试多门科目成绩不合格，所以不能按时毕业，学校有权暂缓颁发毕业证。范某及其父母对此可以表示不服，可以要求学校教师考虑重新评价其毕业考试成绩，但是不能直接要求学校授予毕业证书。如果学校教师对其毕业考试成绩的评价没有任何不公正的情形，那么范某只能通过了补考才能取得毕业证书。

4. 申诉与诉讼权

《教育法》明确规定，学生有权对学校给予的处分向有关部门提出申诉，对学校、教师侵犯其人身权、财产权等合法权益的行为，提出申诉或者依法提起诉讼。

5. 法律法规规定的其他权利

学生除了享有教育法规定的作为教育法律关系主体所特有的权利之外，还享有其他法律法规所规定的作为普通公民的权利。对于未成年学生而言，以下几种公民基本权利很容易受到侵犯，应特别注意。

（1）生命权

生命权，是以自然人的生命安全利益为内容的权利，属于自然人最基本的权利。生命权包括生命安全维护权和生命利益支配权。学生作为自然人，理所当然享有生命权。

知识拓展

生命权的内容

生命权包括生命安全维护权和生命利益支配权。

生命安全维护权是指人维护生命延续、保护生命不受非法侵害的权利，具体内容包括：

首先，法律保护自然人的生命安全利益，禁止非法剥夺他人生命，确保人的生命自然延续。

其次，当发生危及生命安全的危险时，生命权人有权采取紧急避险、正当防卫等措施，保护自己的生命免受侵害。

再次，当环境对生命构成危险时，即使该危险尚未实际发生，生命权人有权要求改变环境，消除危险。

生命利益支配权是指自然人有权支配自己的生命，如享受人生的美好，但是这一权利是有限度的，即人不能随意结束自己的生命，法律不能将自杀规定为权利。

（2）健康权

健康权是指自然人享有的维护其生理机能正常运作和功能完善发挥的权利。学生作为自然人，理所当然享有健康权。

知识拓展

健康权的内容与特征

健康权的内容主要包括健康维护权和劳动能力保持权两个方面。当身体健康受到不法侵害时，权利人有权要求侵权人停止侵权、支付医疗费、赔偿损失。

健康权具有以下特征：

首先，健康权以维持人体的正常生理活动为根本利益。这是健康权与生命权的主要区别。

其次，健康权以人体生理机能的正常运作和功能正常发挥为具体内容。这是健康权区别于身体权的重要特征。

对未成年学生生命权和健康权的侵害主要来自教师的体罚与变相体罚，校舍、教育设施的安全隐患，学校安全制度的漏洞，家庭暴力，等等。为了保护好未成年学生的生命健康，相关的教育法律法规作出了许多相应的规定。

资料链接

教育法律法规关于未成年学生生命健康权的规定

1.《义务教育法》的相关规定

各级人民政府及其有关部门依法维护学校周边秩序，保护学生、教师、学校的合法权益，为学校提供安全保障。

学校应当建立、健全安全制度和应急机制，对学生进行安全教育，加强管理，及时消除隐患，预防发生事故。县级以上地方人民政府定期对学校校舍安全进行检查。

教师应当尊重学生的人格，不得歧视学生，不得对学生实施体罚、变相体罚或者其他侮辱人格尊严的行为，不得侵犯学生合法权益。

2.《未成年人保护法》的相关规定

禁止对未成年人实施家庭暴力，禁止虐待、遗弃未成年人，禁止溺婴和其他残害婴儿的行为。

学校、幼儿园、托儿所应当建立安全制度，加强对未成年人的安全教育，采取措施保障未成年人的人身安全。学校、幼儿园、托儿所不得在危及未成年人人身安全、健康的校舍和其他设施、场所中进行教育教学活动。

教育行政等部门和学校、幼儿园、托儿所应当根据需要，制定应对各种灾害、传染性疾病、食物中毒、意外伤害等突发事件的预案，配备相应设施并进行必要的演练，增强未成年人的自我保护意识和能力。

学校对未成年学生在校内或者本校组织的校外活动中发生人身伤害事故的，应当及时救护，妥善处理，并及时向有关主管部门报告。

学校、幼儿园、托儿所和公共场所发生突发事件时，应当优先救护未成年人。

3.《幼儿园工作规程》的相关规定

幼儿园教职工应当尊重、爱护幼儿，严禁虐待、歧视、体罚和变相体罚、侮辱幼儿人格等损害幼儿身心健康的行为。

幼儿园应当严格执行国家和地方幼儿园安全管理的相关规定，建立健全门卫、房屋、设备、消防、交通、食品、药物、幼儿接送交接、活动组织和幼儿就寝值守等安全防护和检查制度，建立安全责任制和应急预案。

幼儿园的园舍应当符合国家和地方的建设标准，以及相关安全、卫生等方面的规范，定期检查维护，保障安全。幼儿园不得设置在污染区和危险区，不得使用危房。幼儿园的设备设施、装修装饰材料、用品用具和玩教具材料等，应当符合国家相关的安全质量标准和环保要求。

幼儿园应当严格执行国家有关食品药品安全的法律法规，保障饮食饮水卫生安全。

幼儿园教职工必须具有安全意识，掌握基本急救常识和防范、避险、逃生、自救的基本方法，在紧急情况下应当优先保护幼儿的人身安全。

幼儿园应当建立幼儿健康检查制度和幼儿健康卡或档案。每年体检一次，每半年测身高、视力一次，每季度量体重一次；注意幼儿口腔卫生，保护幼儿视力。

幼儿园应当建立卫生消毒、晨检、午检制度和病儿隔离制度，配合卫生部门做好计划免疫工作。幼儿园应当建立传染病预防和管理制度，制定突发传染病应急预案，认真做好疾病防控工作。幼儿园应当建立患病幼儿用药的委托交接制度，未经监护人委托或者同意，幼儿园不得给幼儿用药。

（3）身体权

身体权是指自然人依法享有的保持其身体完整性并支配其肢体、器官和其他组织的权利。学生作为自然人，理所当然享有身体权。

知识拓展

身体权的内容

1. 保持身体完整权

任何人都不得侵犯自然人的身体完整性。侵犯身体完整权的主要表现有:

(1) 非法搜查身体。身体的完整性,包括实质上的完整和形式上的完整。身体的形式上的完整体现在自然人对自己的身体进行支配的观念上。非法搜查身体,侵犯了自然人对自己身体形式完整的追求。

(2) 无疼痛的身体组织破坏。强行或偷偷地剪掉他人的头发、眉毛、体毛、趾甲、指甲等行为,不造成肉体痛楚,也不影响健康,但对身体外观有重要影响的,构成对身体权的侵害。

(3) 不破坏身体组织的殴打。一般认为,构成轻微伤的殴打认定为侵害健康权,不构成轻微伤的殴打认定为侵害身体权。这种侵害身体权的情形,一般不需要进行治疗。

(4) 不损坏生理机能的不当外科手术。如果医生实施手术的方法不当或实施过度手术,造成病人身体的损害,则构成侵害身体权。如果损害了病人的生理机能,则构成侵害健康权。

2. 支配身体器官及组织权

自然人有权支配自己的身体、器官或组织,如捐献血液、骨髓、角膜甚至大型器官,但这种支配不得违反法律和伦理,例如,不能对器官和组织进行有偿转让。自然人的身体组成部分,只有本人可以支配,其他任何人无权决定。

案例点击

某中学对学生的发型作出了统一规定:

女生发型:提倡剪短发(短发应整齐、顺贴,不得修剪成各种奇怪样式)。长发应扎起来,不许披肩。刘海不得盖过眉毛。不许烫发、染发。

男生发型:提倡理平头、寸发或其他短发型(要求是:前不遮眼,侧不盖耳,后不过领)。不许剃光头或留长发。不许烫发、染发。

有的学生对此难以接受,认为侵犯了他们身体权。你认为是这样吗?

分析:首先,学校(教师)对学生有教育管理权,对学生发型作出统一规定就是对学生进行教育和管理的体现。其次,学校只是出台了学生发型的管理规定,并没有对不接受的学生强行修剪头发,因而学校的做法并不构成对学生身体权的侵犯。

(4) 姓名权

姓名权是指自然人依法享有的决定、使用和改变自己的姓名,并排除他人干涉、盗用和冒用的权利。姓名权包括三项内容:姓名决定权、姓名使用权、姓名变更权。学生作为自然人,理所当然享有姓名权。

知识拓展

侵犯姓名权的主要表现

(1) 干涉他人决定、使用、改变姓名。

(2) 盗用他人姓名:未经他人同意或授权,擅自利用他人的名义实施某种活动,以谋求某种利益。

(3) 冒用他人姓名:使用他人的姓名,冒充他人进行活动,以谋求某种利益。

盗用与冒用的区别:盗用他人姓名者,并不向对方表示自己就是姓名者本人。例如,甲盗用乙的姓名,向丙说自己是乙的好友,骗取丙的信任从而获得某种利益。冒用他人姓名者,自己扮演的就是姓名者本人。例如,甲说自己就是乙,进行欺骗从而获得某种利益。

侵犯学生姓名权的情形主要有给学生起绰号、利用姓名的谐音嘲讽学生、以编号代替学生姓名、未经学生同意使用学生姓名进行招生宣传等。

(5) 肖像权

肖像权是指自然人对自己的肖像享有再现、使用利益,并排斥他人侵害的权利。学生作为自然人,理所当然享有肖像权。

知识拓展

肖像权的内容

自然人的肖像权包括三个方面的内容:

(1) 肖像制作权:自然人具有决定是否制作、以何种方式制作自己肖像的权利。

(2) 维护肖像完整权:自然人有权维护自己肖像的完整性,禁止他人对自己的肖像进行修改、毁坏及侮辱。

(3) 肖像使用权:自然人具有自己使用或授权他人使用自己的肖像以获得精神满足和物质利益的权利。未经肖像权人同意,任何人不得以营利为目的使用他人的肖像。

(6) 名誉权

名誉权是指民事主体享有依法维护自己获得公正的社会评价的权利。学生作为民事主体,理所当然享有名誉权。

课堂点睛

名誉,也就是名声,是指社会对人的品德、才干及其他素养的综合评价。虽然名誉权不具有直接的财产价值和经济利益,但关系到民事主体的社会地位和人格尊严,关系到民事主体其他相关权利的享有和行使。例如,会影响到民事主体的就业、晋级、加薪等。每个民事主体都有权享有自己的名誉利益,维护自己的社会评价。

侵害名誉权的行为主要表现为侮辱和诽谤。侮辱，即以暴力、语言、文字等方式贬低他人人格，破坏他人名誉。诽谤，即故意无中生有编造虚假事实，并予以散布，使他人的社会评价降低。

案例点击

某天上午司某向班主任报告，说自己课前把钱包放在课桌抽屉内，下课时发现钱包居然不见了。班主任说，上课时所有同学都在班级，谁还敢偷钱包不成？可是，钱包也不可能不翼而飞啊！

经过仔细询问，同学们回忆起来当时上的是美术课，很多同学都离开了座位，趴在地板上画画。有三个同学趁课堂秩序“混乱”提前溜出教室，到琴房占位子去了。学校钢琴数量有限，学生抢着去占个位也无可厚非，但是班主任对此很关心，决定亲自去琴房看看是否能查到蛛丝马迹。在琴房占位子是要登记的，登记簿上显示溜出教室来占位子的学生分别是齐某、施某、褚某。他们各自占了 201 号、508 号、719 号琴房，彼此隔得非常远。班主任到各个琴房里面仔细查看，未见任何可疑之处。正无计可施的时候，他向琴房的窗外看了一眼，心想，不会是哪个学生拿了钱后把空钱包扔到了窗外吧？508 号、719 号琴房的窗外是大路，应该不敢扔，很容易被发现。201 号琴房窗外是杂物院，很隐蔽。于是，班主任直奔那个杂物院。果然，司某的钱包就落在 201 号琴房窗外的草丛里，里面的钱果真一分不剩。

晚上，班主任在开班会的时候，把他查明的实际情况向全班同学做了说明。并且他表示，要向学校报告，等待学校作出处理决定。司某听完班主任介绍的情况后，异常气愤。当即对齐某吼道：“原来是你，原来是你偷我钱。不要脸，贼，快还我钱！”其他同学也纷纷耻笑齐某。

可是齐某及其家长却认为，班主任的做法让齐某遭到了同学的侮辱、耻笑，致使她在同学们面前抬不起头，侵犯了齐某的名誉权。那么，班主任究竟有没有侵犯齐某的名誉权呢？

分析：侵害名誉权的主要方式是侮辱和诽谤。这位班主任只是将查明的客观情况向学生做了说明，既没有编造虚假事实对齐某进行诽谤，也没有断定是齐某偷了钱包从而贬低了齐某的人格。所以，他并没有侵犯齐某的名誉权。不过应该指出的是，班主任的工作方式是不妥当的，容易使学生受到伤害。

其实，真正侵犯齐某名誉权的是司某。因为，班主任查明的情况最多只能说齐某有很大嫌疑，就是公安部门也不能凭此直接认定是齐某偷的钱包，因为没有直接证据。所以，司某的话对齐某是一种很大的侮辱。

（7）荣誉权

荣誉权是指民事主体有保持自己获得的荣誉不受他人非法侵害和剥夺的权利。学生作为民事主体，理所当然享有荣誉权。

小思考

荣誉和名誉有什么不同？

荣誉同名誉一样，也是一种社会评价，但这种评价是政府、单位、社团等组织给予在生活、学习、工作中有突出表现的特定民事主体的积极、正式的评价，如劳动模范、优秀班主任、三好学生等。而名誉则是一种非正式的综合性评价，并不都是积极的评价，也有可能是负面的评价。有的人的名誉好，有的人的名誉可能不好。

（8）隐私权

隐私权是指自然人享有的私人生活安宁与私人信息不受他人知悉或披露的权利。学生作为自然人，理所当然享有隐私权。

课堂点睛

保护个人隐私，是人类文明发展的标志。隐私权实际上保护的是个人精神生活的安宁，这是一个人正常生活的重要条件。隐私的范围包括私人信息、私人活动和私人空间。自然人享有隐私权，以窥视、偷拍、窃听、刺探、披露等方式侵害私人生活安宁与私人信息的，均构成侵害隐私权。例如，教师强行查看学生手机信息，医务人员擅自公开艾滋病患者信息等。

（9）财产所有权

财产所有权是指财产所有人依法对自己的财产享有占有、使用、收益和处分的权利。

知识拓展

财产所有权包括四项权能，即占有权、使用权、收益权、处分权。

占有：对财产的实际占领和控制。

使用：依照财产的性能对财产加以利用。

收益：获取财产所产生的孳息和利润。

处分：对财产进行事实上或法律上的处置，如消耗、出卖。

未成年学生由于年龄、知识和社会经验的欠缺，在民事交往中常处于弱势地位，其财产所有权很容易受到侵犯。

案例点击

某校许多学生在课堂上经常玩手机，无法自控，严重影响课堂秩序和学校教育教学效果。于是，学校出台了关于学生使用手机的规范：

(1) 手机不允许在教室、宿舍充电，只可以在指定的充电室付费充电。

(2) 上课期间，包括晚自习及其他教学活动期间，一律不允许使用手机。手机必须放入专门的密码箱，交由保安保管。

(3) 违反规定的，收缴手机，视情况于2 ~7 天内予以归还。

但还是有一些学生不能自觉遵守学校的这一规定。于是，常有学生手机被收缴的情况。有的学生无法忍受手机被收缴。也有家长因为学校管控学生手机，不能及时联系上孩子而有所怨言。他们认为，学校这种做法侵犯了学生的财产所有权。那么，学校的做法是否真的侵犯了学生的财产所有权呢？

分析：学校（教师）有管理和教育学生的权利。学校为维护正常的教育教学秩序，保证教育教学质量，促进学生健康成长，对学生的手机进行一定程度的管控是行使管教权的表现。

此案例中的学校并没有全时段控制学生的手机，收缴手机并非据为己有，不予归还，也没有任意毁坏，只是给学生适当的限制，有利于学生的学习和成长。所以，学校并没有侵犯学生的财产所有权，学生应该遵守学校的规定。

二、学生的义务

1. 遵守法律法规的义务

每个公民都有遵守法律法规的义务，学生也是公民，不能例外。学生一方面有遵守国家普通的法律法规的义务，另一方面还有遵守其作为受教育者的特殊法律法规的义务。

2. 遵守学生行为规范，尊敬师长，养成良好的思想品德和行为习惯的义务

这里的学生行为规范主要指《中小学生守则》《小学生日常行为规范》《中学生日常行为规范》《大学生日常行为规范》。这些学生行为规范集中体现了对大、中、小学生思想品德和日常行为的基本要求，对学生树立正确的理想信念，养成良好的行为习惯，促进身心健康发展起着重要作用。

尊敬师长，养成良好的思想品德和行为习惯本身就是对学生行为规范的具体要求。

3. 努力学习，完成规定的学习任务的义务

学生的天职就是学习，努力学习，完成规定的学习任务是每一个受教育者应尽的义务。学生一方面要完成各种听课、作业、训练等学习任务，另一方面还应该通过各种考试。只有完成了教育计划规定的学习任务，才能毕业，获得相关学业证书。特别对于义务教育阶段的学生，完成规定学习任务的要求具有国家强制性。

4. 遵守所在学校或者其他教育机构的管理制度的义务

学校有管理、教育学生的权利，那么对应的学生就有遵守所在学校或教育机构的管理

制度的义务。学校管理制度是依法制定的，是教育教学秩序和质量的基本保证，学生应该遵守。学校管理制度主要有教学管理制度、学籍管理制度、就寝管理制度、离校管理制度、实习管理制度等。如果学生违反学校的管理制度，学校有权对其作出相应的处分。

课堂点睛

有的学生总认为学校的各项管理制度约束了他的自由，难以接受。殊不知，教师也要受学校各项管理制度的约束，也是不可以随心所欲的。几乎任何组织和单位都有自己的内部管理制度，其成员都有遵守的义务。

章末练习题

1. 校长负责制是由（　　）共同组成的"三位一体"结构。

A. 教职工代表大会　　B. 校长

C. 书记　　D. 学校党组织

2. 学校依法享有教育教学权，可以自主地组织实施教育教学活动。所以学校可以自主（　　）。

A. 制订教育教学计划　　B. 决定不开设体育课

C. 设置专业与课程　　D. 决定不进行教师考核

3. 下列说法正确的是（　　）。

A. 学校不是教育行政机关，无权给予学生处分

B. 学校不是教育行政机关，无权管理学生学籍

C. 学校有权依据法律法规给予学生处分

D. 学校有权依据法律法规管理学生学籍

4. 某同学一向学习认真，但毕业考试发挥不好，成绩被评定为不合格，学校（　　）。

A. 不能给其颁发毕业证

B. 必须给其颁发毕业证，这是学校的义务

C. 可以给其颁发毕业证，这是学校的权利

D. 应该给其颁发结业证

5. 教师考核制度是教师管理科学化、制度化的重要组成部分，是教师（　　）的重要依据。

A. 受聘任教　　B. 退休待遇　　C. 接受奖惩　　D. 晋升工资

6. 学校或者其他教育机构（　　）对教师的政治思想、业务水平、工作态度和工作成绩进行考核。（　　）对教师的考核工作进行指导、监督。

A. 应当,学校党组织　　B. 可以,学校党组织
C. 应当,教育行政部门　　D. 可以,教育行政部门

7. 学校有权利要求学生(　　)。
A. 不信仰宗教　　B. 不在校园传教
C. 不在校园开展宗教活动　　D. 信仰宗教

8. 某社会人员进入学校,要求某教师偿还其债款,结果起了冲突,该社会人员当即对教师动手,教师受伤。学校(　　)。
A. 可以不作为,因为这是他人私事　　B. 应当不作为,因为这是他人私事
C. 应当制止该社会人员行为　　D. 应当协助教师就医治疗

9. 某初中在自愿的基础上收取了学生的住宿费和书本费,但是没有公开收费项目。该做法(　　)。
A. 错误,因为义务教育不收学费、杂费
B. 错误,因为义务教育不收住宿费和书本费
C. 错误,因为没有公开收费项目
D. 错误,因为义务教育一律不允许收费

10. 外国公民(　　)取得中国教师资格。
A. 具备相应的学历可以　　B. 可以有条件地
C. 通过教师资格考试可以　　D. 不能

11. 宫某是教师,因过失致人死亡被判处三年有期徒刑,那么宫某的教师资格(　　)。
A. 将丧失　　B. 不受影响
C. 将丧失,服刑期满后可以重新申请　　D. 将丧失,五年后自动恢复

12. 教师出现(　　)情形将被撤销教师资格。
A. 品德不良　　B. 侮辱学生　　C. 违法　　D. 骗取教师资格

13. 某语文教师教学水平很高,深受学生和家长的欢迎。于是,学校决定在全校统一推行该教师独创的语文教学法,要求所有的语文教师都按照该教学法上课,以提高全校学生的语文成绩。学校的做法(　　)。
A. 正确,有利于教师专业发展　　B. 正确,有利于学生学习进步
C. 错误,侵犯了教师教育教学的自主性　　D. 错误,侵犯了教师教育教学的独立性

14. 教师有管理学生的权利,所以教师在课堂上可以(　　)。
A. 要求学生关闭手机　　B. 要求学生暂时将手机放到讲台上
C. 随时检查学生手机内文件　　D. 没收学生手机,不予返还

15. 在大家眼里,卞某和花某的思想品德都挺好,难分伯仲。可是卞某的期末德育总评成绩比花某少 1 分,卞某觉得不能接受,要求德育老师重新打分。德育老师(　　)。
A. 应该重新打分　　B. 可以重新打分
C. 不应该重新打分　　D. 可以不重新打分

16. 某学校规定,凡是女教师请产假均扣除部分基本工资。学校的做法(　　)。

A. 正确,少劳少得　　B. 正确,一视同仁
C. 错误,侵犯了教师获取报酬权　　D. 错误,侵犯了教师休息的权利

17. 教师可以通过(　　)的方式或途径参与学校民主管理。
A. 批评　　B. 建议
C. 教职工代表大会　　D. 工会

18. 对于教育行政部门组织的教师业务培训,教师(　　)。
A. 有权利参加
B. 有义务参加
C. 应当优先完成培训任务,然后考虑教学任务
D. 应当优先完成教学任务,然后考虑培训任务

19. 教师遇到未成年(　　)的情形,可以不予过问。
A. 体育特长生爬树　　B. 学生在宣传栏张贴海报
C. 学生自己滑倒摔跤　　D. 武术班学生翻墙

20. 某学生没有交班费。班主任表示,班级的多媒体播放机是用班费购买的,凡是要用上播放机的活动,没交班费的同学不能参加。班主任的做法(　　)。
A. 正确,任何人都不能免费使用他人物品
B. 正确,是该同学自己妨碍了自己参加教育活动
C. 错误,侵犯了该同学参加教育活动的权利
D. 错误,侵犯了该同学的人格尊严

21. 某女同学长发及腰,班主任再三劝说其剪短头发以方便练习舞蹈,可她就是不听。于是班主任趁该女同学不注意,把她的长发从中剪断。班主任的做法(　　)。
A. 侵犯了该同学的健康权　　B. 侵犯了该同学的身体权
C. 侵犯了该同学的名誉权　　D. 侵犯了该同学的人格尊严

22. 某班级有两个学生都叫何荷,为了便于区分,班主任让授课老师和同学们分别喊她们何小荷、何大荷。这一做法(　　)。
A. 处理灵活得当　　B. 利于师生交流
C. 没有嘲讽意味,可取　　D. 侵犯了两同学的姓名权

23. 未经同意,学校将三名市级优秀学生的照片张贴在学校大门口,以展示学校的办学成就。这一做法(　　)。
A. 擅自使用学生肖像,侵犯了学生的肖像权
B. 有利于激励学生,没有侵犯学生的肖像权
C. 如学生不予追究,则不构成侵犯学生肖像权
D. 如学生予以追究,则构成侵犯学生肖像权

24. 某同学向学校领导谎称,自己曾经多次被班主任猥亵,于是学校取消了该班主任的"校优秀班主任"的称号。该班主任的(　　)受到了侵犯。
A. 隐私权　　B. 荣誉权　　C. 名誉权　　D. 人格尊严

25. 某同学上课玩某款手机游戏，授课老师当场查看手机上的相关信息，并锁死了游戏入口，该手机号码再也不能登录这款游戏。老师的做法(　　)。

A. 侵犯了学生的隐私权　　B. 侵犯了学生的财产权

C. 没有侵犯学生的财产权　　D. 体现了老师对学生的管理权

第三章
教育法律责任

第一节 法律责任概述

知识结构

- **法律责任概述**
  - ◇ 法律责任的概念
  - ◇ 产生法律责任的原因
    - 违法
    - 违约
    - 法律规定
  - ◇ 法律责任的构成要件
    - 主体
    - 行为
    - 心理状态
    - 损害事实
    - 因果关系
  - ◇ 法律责任的分类
    - 民事法律责任
    - 行政法律责任
    - 刑事法律责任

法律责任是整个法律制度的核心，当人们的权益受到了侵犯的时候，只有能够对行为人的责任进行认定和追究才能弥补受害人的利益，平衡社会关系，维护社会秩序，促进社会发展。

一、法律责任的概念

法律责任是指行为人由于违法行为、违约行为或者因为法律规定而承受的不利法律后果。法律责任有如下特点。

(1) 法律责任与违法行为相联系

一般来说,违法是承担法律责任的根据,只有对违法者才能追究其法律责任。

(2) 法律责任的内容具有法定性

法律责任的性质、形式、范围、大小等均由法律明确规定。

(3) 法律责任具有国家强制性

法律责任是以国家强制力为后盾保证执行的。

(4) 法律责任必须由国家授权机关依法追究,其他任何组织和个人均无权进行。

二、产生法律责任的原因

1. 违法

违法也称违法行为,是指特定的法律主体由于主观上的过错而导致的,具有一定社会危害性,依法应当追究法律责任的行为。

知识拓展

违法的构成要素

(1) 违法必须侵犯了法律所保护的社会关系。如果没有侵犯法律所保护的社会关系,没有侵犯任何人的合法权益,不具有社会危害性,则不构成违法。

(2) 违法必须表现为一定的行为。违法行为的表现形式多样,概括起来不外乎两种:一是积极的作为,即行为人积极地作出法律所禁止的行为。二是消极的不作为,即行为人没有作出法律要求他作的行为。

单纯的思想意识活动,并不能构成违法。因为如果仅仅是内在的思想意识活动而没有表现为外在行为,就不可能产生危害社会的结果,因而不构成违法行为。

(3) 违法必须是有主观过错的行为。有的行为虽然在客观上造成了危害社会的结果,但这不是行为人故意或因过失造成的,不能认定为违法,如正当防卫行为等。

(4) 违法行为人必须具有法定责任能力或法定行为能力。自然人只有达到法定责任年龄,对自己的行为具有理解力和控制力,才能成为违法的主体,并对自己的行为承担法律后果。

2. 违约

违约是指违反合同约定的作为或不作为。合同的核心原则就是诚实守信,如果违反了合同的约定,则要承担相应的法律责任。

3. 法律规定

仅仅由于出现了法律所规定的某种事实，就要承担赔偿责任。有的行为人从表面上看，没有违反任何法律，也没有违反合同约定，但是法律也可能规定其承担相应的法律责任。例如，《民法典》规定："行为人造成他人民事权益损害，不论行为人有无过错，法律规定应当承担侵权责任的，依照其规定。"

知识拓展

法律直接规定责任的情形列举

《民法典》规定的第一千一百八十八条规定："无民事行为能力人、限制民事行为能力人造成他人损害的，由监护人承担侵权责任。监护人尽到监护职责的，可以减轻其侵权责任。"

《民法典》第一千一百九十一条规定："用人单位的工作人员因执行工作任务造成他人损害的，由用人单位承担侵权责任……劳务派遣期间，被派遣的工作人员因执行工作任务造成他人损害的，由接受劳务派遣的用工单位承担侵权责任；劳务派遣单位有过错的，承担相应的责任。"

《民法典》第一千一百九十二条规定："个人之间形成劳务关系，提供劳务一方因劳务造成他人损害的，由接受劳务一方承担侵权责任。接受劳务一方承担侵权责任后，可以向有故意或者重大过失的提供劳务一方追偿。"

《中华人民共和国道路交通安全法》第七十六条规定："机动车与非机动车驾驶人、行人之间发生交通事故，非机动车驾驶人、行人没有过错的，由机动车一方承担赔偿责任；有证据证明非机动车驾驶人、行人有过错的，根据过错程度适当减轻机动车一方的赔偿责任；机动车一方没有过错的，承担不超过百分之十的赔偿责任。"

三、法律责任的构成要件

法律责任的构成要件，是指构成法律责任必须具备的各种条件或必须符合的标准。根据违法行为的一般特点，法律责任的构成要件可以概括为：主体、过错、违法行为、损害事实和因果关系五个方面。

1. 主体

法律责任必须要由一定的主体来承担，没有适格的主体则不可能产生法律责任。并不是行为人有违法行为就一定要承担法律责任，只有当行为人达到一定的年龄，有一定的认知能力，也就是具备一定的行为能力时，才要对自己的行为负法律责任。

2. 行为

有客观的行为才有责任，单纯的思想意识不会导致法律责任。导致法律责任的行为一般都是违法行为，也存在没有违法，但依照法律规定要承担法律责任的情况。

案例点击

潘某经常违反校纪校规,经常被班主任训诫、扣手机、罚扫地、请家长。逐渐地潘某对班主任由气转恨,想着要好好报复班主任一回。他制订了详细的报复计划,并且把报复计划写在了日记本上:某天某时隐蔽在某阴暗处……用钢棍猛抽……

令潘某没想到的是,他的报复计划被同桌无意间看到了,并且报告了班主任。班主任忍无可忍,怒斥道:"你这是违法,我必须报警。"

那么,潘某的行为是否违法呢?

分析:单纯的思想意识是不可能构成违法的,只有当思想意识转化成行为才有可能构成违法。潘某有报复的想法,这不构成违法。当潘某制订报复计划并把报复计划写在了日记本上的时候,表面上看他似乎已经采取"行动"了,但其实这只不过是思想意识的另一种表达而已,并没有转化为行为。所以,潘某并没有违法。他违反的是道德而已。

3. 心理状态

构成法律责任要件的心理状态,是指行为主体的主观故意和主观过失,通称主观过错。一般来说,没有主观过错则不产生法律责任。但是,也存在没有主观过错,按照法律规定却要承担责任的情形。

知识拓展

主观过错

主观过错分为两种:故意和过失。

故意分为直接故意和间接故意。直接故意是指行为人明知自己的行为会发生危害社会的结果,仍希望这种危害结果发生的心理。例如,顾同学看马同学不顺眼,上去扇马同学的耳光。间接故意是指行为人明知自己的行为可能发生危害社会的结果,仍放任这种危害结果发生的心理。例如,顾同学拿石头砸向人群中的马同学,结果砸中了海同学。顾同学明知可能会砸中马同学之外的其他人,但是他放任了这种结果的发生。

过失分为疏忽大意的过失和过于自信的过失。疏忽大意的过失是指行为人应当预见自己的行为会发生危害社会的结果,但由于疏忽大意而没有预见,以致发生危害结果的心理。例如,幼儿园保育员把滚烫的稀饭桶放在餐厅的地板上,结果幼儿园的小朋友不小心烫伤了手。过于自信的过失是指行为人已经预见自己的行为会发生危害社会的结果,但是以为可以避免,以致发生危害结果的心理。例如,大雾天吕老师开车进校园,同车老师提醒他开慢点,吕老师说:"没事,我技术好得很。"话音刚落,就撞上了一位学生。

4. 损害事实

行为人的违法行为造成的客观损害后果,包括对人身、财产、精神的损害。损害事实应该是已经客观存在的,而不是臆想的、假设的、尚未发生的。损害事实是产生法律责任必不可少的条件。

5. 因果关系

行为与损害事实之间存在因果关系。只有损害事实是由行为人的行为引起的,行为人才需要承担法律责任,否则不承担任何法律责任。

案例点击

包某性格内向孤僻,学习态度不端正,期中考试多门功课成绩不及格。班主任在班会课上点名批评他说:"不认真学习成绩怎么能好呢?天天就知道玩手机,睡大觉,点外卖!不请你家长来是不行了!"

没想到包某被批评后觉得颜面尽失,十分沮丧。趁同学们都去上课了,一个人躲在宿舍里用刀片划开了手腕。幸好不久就被宿管阿姨发现,紧急送到医院,最后花了不少医药费。

包某的家长了解情况后,认为这种情况都是因班主任造成的,要求班主任赔礼道歉,要求学校赔偿损失。那么,包某家长的说法成立吗?

分析:案例中,班主任的批评客观、适度,没有嘲讽、侮辱等不当语言,请家长也是管理学生的重要手段。而且,班主任有教育学生的权利和义务,批评包某是为了教育他。包某割腕自伤主要是因为自身的心理承受能力太低,经不起一点点压力。从因果关系上来说,班主任的批评并不是包某割腕自伤后果的直接原因,班主任和学校均不用承担任何法律责任。所以,包某家长的说法不成立。

四、法律责任的分类

以引起法律责任的行为的性质及危害程度为标准,可以将法律责任划分为:民事法律责任、行政法律责任、刑事法律责任等。

1. 民事法律责任

民事法律责任,简称民事责任,是指由于违反民事法律规范、违约或者由于民法规定而应承担的一种法律责任。民事法律责任的特征可以概括为:

① 具有补偿性;

② 主要是财产责任;

③ 当事人可在法律允许的范围内协商解决。

承担民事法律责任的方式主要有:停止侵害、排除妨碍、消除危险、返还财产、恢复原状、修理、重作、更换、赔偿损失、支付违约金、消除影响、恢复名誉、赔礼道歉等。

课堂点睛

民事责任的归责原则

民事责任的归责原则主要有过错责任原则、无过错责任原则和公平责任原则。

1. 过错责任原则

过错责任原则是指行为人对侵害后果具有过错(故意或过失)才承担法律责任,否则不承担法律责任。行为人是否有过错是行为人是否承担法律责任的依据。

另外,过错责任原则还有一种特别的归责方式:过错推定。过错推定责任,是指对于有的损害情形法律直接推定行为人有过错,行为人不能证明自己没有过错的,则应当承担责任。过错推定责任仅限于法律明文规定的情形。例如,无民事行为能力人在教育机构学习生活期间遭受人身损害,教育机构承担的就是过错推定责任。

过错责任与过错推定责任的最主要区别就是举证义务人不一样。在过错责任原则下,要由受害人来证明行为人有过错。而在过错推定责任原则下,行为人要证明自身无过错才能免责。

2. 无过错责任原则

无过错责任原则是指不论行为人是否具有过错,都要对相关的损害后果承担法律责任。无过错责任必须由法律明文规定。例如,无民事行为能力人、限制民事行为能力人造成他人损害,其监护人无论是否有过错均应承担法律责任。

3. 公平责任原则

公平责任原则是指当事人双方对造成的损害事实均没有过错,而根据公平的观念,由双方分担损失。例如,《民法典》规定:"因保护他人民事权益使自己受到损害的,由侵权人承担民事责任,受益人可以给予适当补偿。没有侵权人、侵权人逃逸或者无力承担民事责任,受害人请求补偿的,受益人应当给予适当补偿。"

2. 行政法律责任

行政法律责任是指行为人由于违反行政法律规范而应当依法承担的行政法律后果。

行政法律责任是基于行政法律关系而发生的,其主体可以概括为两类:行政主体和行政相对人。民事法律责任和刑事法律责任的追究机关都具有单一性,即只能由司法机关来追究。而行政法律责任的追究机关可以包括权力机关、司法机关以及行政机关。

知识拓展

行政制裁方式

承担行政责任的方式包括行政处分和行政处罚。

行政处分是行政机关对公务员或者国家机关工作人员违法失职行为的惩戒措施。主要有警告、记过、记大过、降级、撤职、开除。

行政处罚是特定的行政机关依法惩戒违反行政法律规范但尚不够给予刑事处罚的行政相对人的一种具体行政行为。主要有警告、罚款、没收违法所得、没收非法财物、责令停产停业、暂扣或者吊销许可证、暂扣或者吊销执照、行政拘留。

课堂点睛

党的二十大报告特别强调，我们要扎实推进依法行政。如果出现行政违法行为，均能科学、公正而严肃追究相应行政主体及人员的责任，就一定能建立起高度法治化的政府。因此，完善的行政法律责任立法是依法行政的关键。

党的二十大报告指出，我们要"强化行政执法监督机制和能力建设，严格落实行政执法责任制和责任追究制度"。这预示着，我们必将进一步完善行政法律责任立法，将法治政府建设推向新的高度。

政府依法行政，人民的权利就有保障，人民的生活就有盼头。

3. 刑事法律责任

刑事法律责任是指行为人因违反刑事法律规范所必须承受的刑事法律后果。

刑事法律责任是所有法律责任中性质最严重、制裁最严厉的法律责任。

刑事制裁方式主要分为主刑和附加刑。其中，主刑包括管制、拘役、有期徒刑、无期徒刑、死刑；附加刑包括罚金、剥夺政治权利、没收财产、驱逐出境。

知识拓展

法律责任的免除

法律责任的免除是指行为人本应承担法律责任，但由于法律的特别规定而部分或全部免除其法律责任。主要包括：

(1) 时效免责：违法者在其违法行为发生一定期限后不再承担法律责任。

(2) 不诉免责：所谓"不告不理"，意味着当事人不告诉，违法者就被免除了法律责任。

(3) 自首、立功免责：对于那些违法之后有立功、自首表现的人，免除其部分或全部的法律责任。

(4) 有效补救免责：对于那些实施违法行为，造成一定损害，但在国家机关归责之前采取及时补救措施的人，免除其部分或全部责任。

(5) 协议免责或意定免责：双方当事人在法律允许的范围内通过协商所达成的免责，即所谓"私了"。

(6) 自助免责：对于自助行为所引起的法律责任的减轻或免除。所谓自助行为是指权利人为保护自己的权利，在情势紧迫而又不能及时请求国家机关予以救助的情况下，对他人的财产或自由加以扣押、拘束等措施，而为法律或公共道德所认可的行为。

（7）人道主义免责：对于没有能力履行全部责任的权利相对人，有关的国家机关或权利主体出于人道主义考虑，免除或部分免除其法律责任。

第二节　学生校园伤害的法律责任

知识结构

- **学生校园伤害的法律责任**
  - ◇ 认定学生校园伤害法律责任的依据
    - 《民法典》的相关规定
    - 《学生伤害事故处理办法》的相关规定
  - ◇ 学生校园伤害的类型及法律责任的认定
    - 学校行为所致学生校园伤害
    - 学生行为所致学生校园伤害
    - “第三人”行为所致学生校园伤害
    - 受害学生或其监护人行为所致学生校园伤害
    - 学校不承担责任的学生校园伤害

最为常见的教育法律责任就是学生校园伤害法律责任。正确认定学生校园伤害法律责任意义十分重要，直接关乎学生的权益能否得到充分有效的保障，也关系到各责任主体之间的责任划分。

一、认定学生校园伤害法律责任的依据

小思考

《最高人民法院关于审理人身损害赔偿案件适用法律若干问题的解释》第七条体现了什么归责原则？请结合前面学习的内容进行回答。

1.《民法典》的相关规定

（1）对于教职工过错造成的学生校园伤害，由学校承担责任

《民法典》第一千一百九十一条规定：“用人单位的工作人员因执行工作任务造成他人损害的，由用人单位承担侵权责任。用人单位承担侵权责任后，可以向有故意或者重大

过失的工作人员追偿。”

因而,在执行职务工作的过程中,教职工的过错即学校的过错,因此造成的学生校园伤害由学校承担责任。不过,如果教职工在履行职务中故意或者因为重大过失造成学生伤害事故,学校予以赔偿后,可以向有关责任人员追偿。

案例点击

教师白某在课间去卫生间的途中,正好遇见另外一位教师毛某,便一边与毛某打招呼一边侧身前行,却不小心撞到了学生谢某,谢某眼镜被撞碎,眼角也受伤,各种损失共计600元。谢某家长要求学校报销遭到拒绝后,将学校和教师白某告上法庭。法庭判决白某独自赔偿谢某的各项损失600元。

分析:教师白某在去卫生间的途中,因与同事打招呼,没有注意到前方的学生谢某,致使谢某被撞伤,因而白某对于事故的发生是有过错的,白某应当承担赔偿责任。白某撞伤谢某的行为虽然发生在学校,但与其职务无关,不属于职务行为。因此一切后果应当由白某个人独自承担,学校不承担责任。假如白某是在篮球教学的过程中撞伤了谢某,那么该责任就应该由学校来承担,因为篮球教学属于教师的职务行为。

知识拓展

《民法典》第六十二条规定:“法定代表人因执行职务造成他人损害的,由法人承担民事责任。法人承担民事责任后,依照法律或者法人章程的规定,可以向有过错的法定代表人追偿。”

(2)对于无民事行为能力学生校园伤害,学校承担过错推定责任

《民法典》第一千一百九十九条规定:“无民事行为能力人在幼儿园、学校或者其他教育机构学习、生活期间受到人身损害的,幼儿园、学校或者其他教育机构应当承担责任,但是,能够证明尽到教育、管理职责的,不承担侵权责任。”

课堂点睛

根据《民法典》第一千一百九十九条规定,无民事行为能力的学生如果发生校园伤害,首先应该推定该学生所在的学校(教育机构)有过错,既然有过错,则应当承担法律责任。

但是,推定学校有过错并不意味着学校一定有过错。如果事实上学校没有过错,而学校又不得不承担责任的话,那么这对于学校来说是不公平的。所以该条款给学校规定了一个免责条件,即只要学校“能够证明尽到教育、管理职责的,不承担侵权责任。”

也就是说,若无民事行为能力的学生因发生校园伤害而请求学校赔偿,学生无须证明

学校是否存在过错，学生只要证明存在校园伤害的客观事实即可。学校要想不承担法律责任，必须证明自身无过错。否则，学校就要承担过错推定责任。

（3）对于限制民事行为能力学生校园伤害，学校承担过错责任

《民法典》第一千二百条规定：“限制民事行为能力人在学校或者其他教育机构学习、生活期间受到人身损害，学校或者其他教育机构未尽到教育、管理职责的，应当承担侵权责任。”

案例点击

邢某是某中学初三年级学生，非常顽皮。一天，他看到学校一棵大梧桐树上有个大鸟窝。于是耐不住好奇心萌动，他爬上了梧桐树，想看看鸟窝里是不是有鸟蛋或雏鸟什么的，掏几只下来玩玩。不料，爬树时突然脚下一滑，失去重心，邢某从树上掉了下来，重重地摔在地上。

很巧，邢某在同学杜某的搀扶下一拐一瘸地回教室的路上，遇到了班主任。班主任看他走路的样子不对劲，于是关心地询问道：“你怎么了，是受伤了吗?”杜某着急地答道：“老师，他从学校那棵很高的梧桐树上摔了下来。”可是，邢某担心班主任斥责他，更担心班主任告诉家长。于是，邢某强忍着疼痛，装作没事的样子在班主任面前跳了几跳，还说：“老师，没关系，一会儿就好了。你看我还能跳。”班主任说：“没事就好，看看你，总是不安分。我有点急事，先走了。”

没想到上晚自习的时候，邢某突然昏迷不醒。班主任第一时间将他送到医院救治，但是邢某还是因为脑部出血而导致偏瘫。医生说，如果从树上摔下来后立即来医院就诊就不会这样了。

邢某一纸诉状将学校告上法庭，要求学校承担赔偿责任。那么，学校是否需要承担赔偿责任呢?

分析：初三年级的学生一般是十五六岁，属于限制民事行为能力人。所以，根据《民法典》第一千二百条的规定，邢某在学校发生人身伤害要求学校赔偿，则必须证明学校有过错，否则学校不承担赔偿责任。

那么，此案中学校是否有过错呢？有一定的过错。班主任当时虽然询问了邢某的情况，有所关心，但是不够到位。因为杜某明确告知了班主任邢某是从很高的树上摔下来的，作为老师应当意识到极可能会造成各种严重后果。然而，班主任掉以轻心了，不仅没有当即带邢某去医院，甚至也没有通知邢某的父母，从而导致了邢某的伤情扩大。所以，学校对于邢某来说没有完全尽到保护的义务，应当承担相应的赔偿责任。另外，邢某作为初三的学生，应该知道爬树很危险还去以身试险，其自身也有过错。总之，学校须赔偿其部分损失，其余的损失只能自行承担。

(4) 对于“第三人”造成的未成年学生校园伤害,学校承担补充责任

这里的“第三人”指的是学校和学生这一对法律关系主体之外的自然人或组织。

《民法典》第一千二百零一条规定:“无民事行为能力人或者限制民事行为能力人在幼儿园、学校或者其他教育机构学习、生活期间,受到幼儿园、学校或者其他教育机构以外的第三人人身损害的,由第三人承担侵权责任;幼儿园、学校或者其他教育机构未尽到管理职责的,承担相应的补充责任。幼儿园、学校或者其他教育机构承担补充责任后,可以向第三人追偿。”

课堂点睛

假如学生被进入校园的社会车辆撞伤,该由谁承担责任呢?

根据《民法典》第一千二百零一条规定,如果学生受到校外人员伤害,首先侵权人要承担责任,学校不需要承担责任。但是,现实中往往出现找不到侵权人,侵权人无行为能力或无赔偿能力等情况,从而导致受害学生得到的赔偿不足,甚至完全得不到赔偿。这时,受害学生可以请求学校承担补充责任。当然,学校承担补充责任是有前提的,即学校存在过错。如果学校没有过错,也不用承担补充责任。

学校承担补充责任有一定的顺序性,即先由侵权人承担赔偿责任,不足部分再由学校承担。实施侵权行为的校外人员是第一责任人,而学校则属于第二责任人。学校赔偿之后,可以对侵权行为人进行追偿。

所以,假如学生被进入校园的社会车辆撞伤,首先应该由驾车人进行赔偿。如果驾车人逃逸无法找到,或驾车人赔不起,而学校又存在校内道路无交通标识、没有及时将学生送医等过错,则学校应当承担补充责任。

(5) 未成年学生造成的学生校园伤害,由监护人承担侵权责任(无过错责任)

《民法典》第一千一百八十八条规定:“无民事行为能力人、限制民事行为能力人造成他人损害的,由监护人承担侵权责任。监护人尽到监护职责的,可以减轻其侵权责任。有财产的无民事行为能力人、限制民事行为能力人造成他人损害的,从本人财产中支付赔偿费用;不足部分,由监护人赔偿。”

案例点击

初中生邓某和童某课间在操场上玩“斗鸡”游戏,很是欢快。突然邓某一个猛冲,把童某撞翻在地,造成童某手臂骨折。虽然邓某的监护人对此事并没有过错,但根据《民法典》第一千一百八十八条的规定,因为邓某是限制民事行为能力人,所以邓某的监护人就要对童某承担赔偿责任。这是一种法律直接规定的无过错责任。

2.《学生伤害事故处理办法》的相关规定

《学生伤害事故处理办法》是构建有关学校安全的法律与制度框架的重要组成部分，有利于在校学生人身伤害事故的妥善、正确地处理，维护学生和学校的合法权益。

（1）明确规定了学校不承担监护责任

《学生伤害事故处理办法》第七条第二款规定："学校对未成年学生不承担监护职责，但法律有规定的或者学校依法接受委托承担相应监护职责的情形除外。"

概括各种教育法律法规的规定，学校对学生承担的主要义务是"教育、管理和保护"。学校不是学生的监护人，不对学生承担监护责任。

课堂点睛

当前现实中，不管未成年学生遭遇什么样的校园人身伤害，整个社会都会聚焦于事发学校，家长都会不依不饶地要求学校承担责任。绝大多数学校往往会出于无奈，为了息事宁人而给予受害者适当的补偿。于是，就出现了学校动辄成为众矢之的，莫名其妙而又无可奈何地承担"责任"的奇怪社会现象。

并非说学校不必承担法律责任，而是说学校担责要担得清楚明白，不是稀里糊涂地给予学生补偿后仍然不知自己是否有过错，错在哪里，在今后的安全管理中究竟应该如何尽义务。

其实，《学生伤害事故处理办法》第七条第二款已经明确规定，学校不是未成年学生的监护人，不承担监护责任。监护责任是一种无过错责任，如果学校是未成年学生的监护人，则意味着只要未成年学生在校园受到伤害，不论学校是否有过错都要承担法律责任。而《学生伤害事故处理办法》第七条第二款明确规定，学校不是未成年学生的监护人，也就是说，并非只要未成年学生发生校园伤害，学校就一定要承担责任。因而对于一些家长的胡搅蛮缠、无理取闹，完全可以不予考虑。

（2）明确规定了学校的过错责任

根据《学生伤害事故处理办法》第九条的规定，因学校过错造成的学生伤害事故，学校应当依法承担相应的责任。

课堂点睛

学生校园伤害学校法律责任是过错责任，即有过错就承担责任，没有过错就不承担责任；有多大的过错就承担多大的责任；学校有过错是学校承担法律责任的前提条件。

（3）明确规定了学生及其监护人的过错责任

《学生伤害事故处理办法》第十条规定，学生或者未成年学生监护人由于过错，造成学生伤害事故，应当依法承担相应的责任。

资料链接

《学生伤害事故处理办法》第十条对学生及其监护人的过错进行了列举：

（1）学生违反法律法规的规定，违反社会公共行为准则、学校的规章制度或者纪律，实施按其年龄和认知能力应当知道具有危险或者可能危及他人的行为的；

（2）学生行为具有危险性，学校、教师已经告诫、纠正，但学生不听劝阻、拒不改正的；

（3）学生或者其监护人知道学生有特异体质，或者患有特定疾病，但未告知学校的；

（4）未成年学生的身体状况、行为、情绪等有异常情况，监护人知道或者已被学校告知，但未履行相应监护职责的；

（5）学生或者未成年学生监护人有其他过错的。

二、学生校园伤害的类型及法律责任的认定

学生校园伤害情况极其复杂，情形各异。根据学生校园伤害产生的原因，主要可以分为以下几类。

1. 学校行为所致学生校园伤害

这里的学校行为所致学生校园伤害，是指主要因为学校对受害学生没有尽到教育、管理和保护的义务，存在过错，致使学生受到人身伤害的情形。

《学生伤害事故处理办法》第九条规定，因下列情形之一造成的学生伤害事故，学校应依法承担相应的责任：

① 学校的校舍、场地、其他公共设施，以及学校提供给学生使用的学具、教育教学和生活设施、设备不符合国家规定的标准，或者有明显不安全因素的。

案例点击

某职业中学组织学生进行拔河比赛，因为系在拔河绳中间的红布条随风飘动影响裁判，老师便在红布条上系一个铁螺母。两队的比赛正激烈时，拔河绳突然崩断，铁螺母被甩起，直接飞向章同学的头部，随后，章同学被诊断为重度开放性颅脑损伤，伤残八级。法院认为学校提供的拔河绳质量不合格，从而导致事故的发生，判决学校赔偿12万元。

② 学校的安全保卫、消防、设施设备管理等安全管理制度有明显疏漏，或者管理混乱，存在重大安全隐患，而未及时采取措施的。

案例点击

某职业学校，课间操期间，两帮学生聚集到事先“约架”的操场，打作一团，引来好些学生围着看热闹。呼喊声、叫骂声、争吵声，远远就能听到，许多学生被殴打致伤。可是，从头至尾均不见有老师、其他教职工或者保安到场。法院认为，大白天学校发生如此大的不正常动静，学校竟然一无所知，说明学校安全管理制度有重大漏洞。学校有重大过错，负有赔偿责任。

③ 学校向学生提供的药品、食品、饮用水等不符合国家或者行业的有关标准、要求的。

④ 学校组织学生参加教育教学活动或者校外活动，未对学生进行相应的安全教育，并未在可预见的范围内采取必要的安全措施的。

案例点击

经学校领导批准，班主任蔡老师组织60名学生到海边进行野炊活动。野炊过程中，部分男生向班主任提出下海游泳的要求。刚开始蔡老师不同意，后来禁不住学生再三请求，便同意了学生的要求。不料，才下海几分钟，郑某就不慎被海浪卷走。蔡老师积极抢救，并打“110”“120”求救，郑某还是溺水身亡。蔡老师被判有期徒刑一年，缓刑一年。学校承担50万元的民事赔偿责任。

⑤ 学校知道教师或者其他工作人员患有不适宜担任教育教学工作的疾病，但未采取必要措施的。

⑥ 学校违反有关规定，组织或者安排未成年学生从事不宜未成年人参加的劳动、体育运动或者其他活动的。

案例点击

某高中的校长项某、教师董某带领部分学生春游。忽然，附近的林场着火了。项某当即让董老师带着十几名学生赴火场扑救。在救火过程中，3名学生被烧死。法院认为校长和老师已经构成犯罪，均被判刑。学校也被判承担相应的赔偿责任。

⑦ 学生有特异体质或者特定疾病，不宜参加某种教育教学活动，学校知道或者应当知道，但未予以必要的注意的。

案例点击

初中生李某虽然有轻微的先天性心脏病，但是跳高成绩很好，体育老师知道这个情况。学校开运动会，体育老师就对李某说："你报名参加跳高项目怎么样？我看你平时很轻松就能跳出好成绩。你比赛时就像平时那样随便跳一下就行，应该都能拿奖。"李某答应了体育老师的安排。没想到，李某的荣誉感非常强。为了确保比赛获奖，他独自没日没夜地进行训练，不幸心脏病发作，花费了很多医药费。对此，学校应该承担赔偿责任。因为体育老师明知李某有特定疾病，不能参加竞技性体育比赛，但是没有予以足够的注意。

⑧ 学生在校期间突发疾病或者受到伤害，学校发现，但未根据实际情况及时采取相应措施，导致不良后果加重的。

案例点击

一天上午，一辆运输化学物品的车辆经过某小学校门口时发生了侧翻，化学物品泄露，释放出多种有毒气体。学校刚好处在下风口，有毒气体很快被吹到了学校。毒气刺激性很强，呛鼻难闻。幸好化学物品很快被抢险人员处理干净了，毒气也很快被风吹散了。不过，还是有少数同学出现了咳嗽、胸闷的症状。眼看着就要放学了，学校就交代有不适感的学生回家后告知父母。可是，有的学生回家后并没有提及这件事，结果下午到校后症状越来越重，甚至陷入昏迷。这时，学校立马将他们送医治疗。那么，学校是否有责任呢？

分析：化学物品泄漏，学生受到有毒气体损伤，这是事故车辆驾驶员、车主等相关人员的过错，与学校没有任何关系。但是，学校没有在学生受伤后第一时间内采取救助措施，致使学生的治疗被拖延从而导致伤情扩大，存在明显过错，学校应该就学生伤情扩大所造成的损失承担赔偿责任。

⑨ 学校教师或者其他工作人员体罚或者变相体罚学生，或者在履行职责过程中违反工作要求、操作规程、职业道德或者其他有关规定的。

⑩ 学校教师或者其他工作人员在负有组织、管理未成年学生的职责期间，发现学生行为具有危险性，但未进行必要的管理、告诫或者制止的。

案例点击

某初中体育老师史某完成了当堂的教学任务后，还剩一些时间，于是就让学生们在操场上自由活动。有些学生玩起了"斗鸡"游戏，有些学生玩起了"斗牛"游戏，有些学生玩起了"叠罗汉"游戏。一开始只有几个人玩"叠罗汉"，但是后来玩的人越来越多，有时七八个人压在了一起。史老师心里也怕学生出危险，但是看到学生玩得很欢，而且即将下课，所以就没说什么话。不料，就在下课铃响起的时候，一名学生的肋骨被压断了。那么，史老师对此事故有过错吗？

分析：有的，因为上课期间老师负有管理未成年学生的职责，发现他们的行为有危险性应该及时制止、训诫。所以学校要承担相应的赔偿责任。

⑪ 对未成年学生擅自离校等与学生人身安全直接相关的信息，学校发现或者知道，但未及时告知未成年学生的监护人，导致未成年学生因脱离监护人的保护而发生伤害的。

⑫ 学校有未依法履行职责的其他情形的。

课堂点睛

学校对学生校园伤害承担的是过错责任，所以对于学校行为所致学生校园伤害，学校必然要承担法律责任，这一点毫无疑问。但如果不完全是学校的过错导致的学生校园伤害，则学校只承担与其过错大小相应的责任，其余部分应由有过错的其他责任主体承担。

2. 学生行为所致学生校园伤害

这里的学生行为所致学生校园伤害，是指主要因为在校学生的过错而导致其他学生受到伤害的情形。

对于此类学生校园伤害，如果行为人是未成年学生，则由其监护人承担民事赔偿责任（行政责任和刑事责任只能由行为人自己承担）；如果行为人是成年学生，则由其自己承担一切法律责任。

学校、受害学生及其监护人是否承担责任，关键是要确定学校、受害学生及其监护人对该损害结果的发生是否存在过错。例如，学校是否尽到了及时救助受害学生和告知其监护人的义务，受害学生及其监护人是否有不当行为，等等。如果行为人、学校、受害学生及其监护人均有过错，则三方按照过错的大小分担相应比例的责任。

案例点击

某中学高一学生朱某和林某，课外活动的时候在教室里追逐打闹，疯耍不停。忽然，林某推了朱某一把，朱某恰巧又被桌腿绊了一下，一头撞到了讲台。讲台是铁皮做的，有一道边缘不光滑，非常锐利。朱某的额头被划开一道又长又深的口子，鲜血直流。老师和同学将他紧急送医，缝了十几针。伤口很快好了，但是留下了长长的一道疤痕。那么，谁该对朱某承担赔偿责任呢？

分析：对于朱某的损害后果，应该由林某及其监护人、朱某及其监护人以及学校共同承担赔偿责任，因为三方都有过错。朱某受伤的直接原因是林某推了他一把，所以林某过错是明显的。朱某作为高一年级的学生，理应知道教室里满是桌椅，空间局促，在这样的空间疯耍、打闹具有很大的风险。但是，他却忽视了这种风险的存在，所以也有过错。学校有保障教育教学器材设备安全、合格的义务，但是教室里的讲台有明显瑕疵，存在安全隐患，所以学校也有过错。

3.“第三人”行为所致学生校园伤害

这里的“第三人”行为所致学生校园伤害，主要是指学校和学生这一对法律关系主体之外的自然人或组织的过错所致的学生校园伤害。

对于此类学生校园伤害，首先应当由“第三人”承担侵权责任，学校未尽到教育、管理与保护责任的，承担补充责任。

资料链接

“第三人”所致学生校园伤害的情形

（1）在校园内进行工程建设，因施工方过错造成的学生伤害。

（2）学校附近的公司、企业排放污水、有毒有害气体等，污染学校环境，导致学生伤害。

（3）运输易燃、易爆或化学危险品的车辆在学校附近发生倾覆、泄漏、爆炸导致的学生伤害。

（4）社会人员进入校园，在校内致使学生受到伤害。

（5）在学校组织的校外活动中，场地、设施、设备的提供方提供的场地、设施、设备存在缺陷导致学生伤害的事故。

4.受害学生或其监护人行为所致学生校园伤害

这里的受害学生或其监护人行为所致学生校园伤害，是指主要因为受害学生自身或者其监护人的过错导致的学生校园伤害。这种学生校园伤害，一般由受害学生自己或其监护人承担责任。如果学校存在过错，也应该承担相应的责任。

《学生伤害事故处理办法》第十条规定，学生或者未成年学生监护人由于过错，有下列情形之一，造成学生伤害事故，应当依法承担相应的责任。

① 学生违反法律法规的规定，违反社会公共行为准则、学校的规章制度或者纪律，实施按其年龄和认知能力应当知道具有危险或者可能危及他人的行为的。

案例点击

某中学初三年级老师徐某下课后并没有离开教室。学生牛某搞恶作剧，用脚勾动前排杨某的凳子。凳子没勾着，自己却摔倒了。一屁股坐到凳子的腿角上，立刻感到臂部又疼又麻。徐某发现情况后，立即送牛某去了医院。当天，牛某被诊断为尾椎骨粉碎性骨折。在同学校协商未果的情况下，牛某将学校和徐某告上法庭，要求其赔偿自己的损失。

分析：牛某作为初三的学生，是限制民事行为能力人，完全明白自己勾凳子的行为具有一定的危险性，但是没能克制住恶作剧的念头，他对自己的受伤存在直接过错。老师徐某没有过错，因为事发时间是课间，学生都在自由活动，不可能第一时间发现并制止牛某的行为。而且，徐某及时送牛某去了医院，尽到了保护义务。所以，对于该案学校及徐某无任何法律责任。

② 学生行为具有危险性，学校、教师已经告诫、纠正，但学生不听劝阻、拒不改正的。

③ 学生或者其监护人知道学生有特异体质，或者患有特定疾病，但未告知学校的。

④ 未成年学生的身体状况、行为、情绪等有异常情况，监护人知道或者已被学校告知，但未履行相应监护职责的。

案例点击

某师范学校，因要举行重大活动，报教育行政部门同意后决定周三和周四临时放假两天。周二学校就通知所有家长，让家长关注孩子的回家行程、安全等事项。学生樊某的家长嗜赌如命，在牌场上接到学校通知后就随便“嗯嗯”了两声，根本没把这事放在心上。到了周四下午，他才想起来樊某怎么还没回家。于是就四处寻找，不幸的是樊某周三下午和几个朋友一起去游泳，溺水而亡。樊某的家长认为学校不应该乱放假，要求学校承担赔偿责任。

分析：学校的确不能随意放假，但是该师范学校是经过了教育行政部门的批准才决定放假的，无违规情形。并且，学校已经提前将放假的决定通知家长，学校尽到了告知义务，无过错。作为监护人，樊某的家长有配合学校对樊某进行安全教育、管理和保护的义务。但是，樊某的家长并没有履行好监护职责，应当承担全部法律责任。

⑤ 学生或者未成年学生监护人有其他过错的。

5. 学校不承担责任的学生校园伤害

学校不承担责任的学生校园伤害，是指学校已经履行了教育、管理和保护的职责，没有任何过错，而由不可抗力或学生自身原因导致的学生校园伤害。

《学生伤害事故处理办法》第十二条规定，因下列情形之一造成的学生伤害事故，学校已履行了相应职责，行为并无不当的，无法律责任：

☆ 地震、雷击、台风、洪水等不可抗的自然因素造成的。

知识拓展

不可抗力

所谓不可抗力，是指不能预见、不能避免并不能克服的客观情况。作为人力所不可抗拒的强制力，具有主观上的不可预见性及社会危害性、客观上的偶然性及不可避免性。

不可抗力事件的范围主要由两部分构成：一是由自然原因引起的自然现象，如火灾、旱灾、地震、风灾、洪水、雪崩等；二是由社会原因引起的社会现象，如战争、动乱、政府干预、罢工、禁运等。

《民法典》第一百八十条规定："因不可抗力不能履行民事义务的，不承担民事责任。法律另有规定的，依照其规定。"凡发生不可抗力，当事人已尽其应尽责任仍未能避免债务不能履行或财物毁损时，不负赔偿责任。

☆ 来自学校外部的突发性、偶发性侵害造成的。

☆ 学生有特异体质、特定疾病或者异常心理状态，学校不知道或者难于知道的。

案例点击

某高级中学对新生进行体能测试，不合格者不录取。张某在400米跑测试中突然倒地昏迷不醒，教师及时将张某送往医院，但张某经抢救无效死亡。后经查明张某患有先天性心脏病，但其为了顺利被该高级中学录取故意隐瞒了病情，而且坚持参加了体能测试。

分析：张某死亡是由于自身健康原因所致，学校没有过错，所以学校不应当承担法律责任。张某及其家长为了使其能被学校录取，隐瞒了自己的病情，应承担全部责任。

☆ 学生自杀、自伤的。

☆ 在对抗性或者具有风险性的体育竞赛活动中发生意外伤害的。

案例点击

某职业学校组织学生进行足球比赛。赛前学校进行了安全教育，强调了比赛规则。可是比赛过程中蒋某和曹某还是发生了冲撞，致使蒋某受伤。学校和曹某当即将蒋某送至医院治疗。后蒋某因与曹某、学校对赔偿问题达不成协议而诉至法院。那么，蒋某的损害该由谁负责呢?

分析：曹某和学校都不承担责任。足球比赛具有群体性、对抗性及人身危险性，出现人身伤害事件属于正常现象，应当在预料之中。参与者无一例外均处于潜在危险之中，参与者既是潜在危险的制造者，又是潜在危险的承担者。在激烈的冲撞、抢夺、扑救、冲击等身体对抗中发生人身损害是极有可能的。蒋某作为职业学校学生，对足球比赛这项体育运动的风险应当有明确的认识，他参加比赛的行为就表明自愿承担风险。学校进行了安全教育，曹某并无严重犯规等情形，蒋某也被及时送医，两被告均无过错，不承担责任。

☆ 其他意外因素造成的。

《学生伤害事故处理办法》第十三条规定，下列情形下发生的造成学生人身损害后果的事故，学校行为并无不当的，不承担事故责任；事故责任应当按有关法律法规或者其他有关规定认定：

☆ 在学生自行上学、放学、返校、离校途中发生的。

案例点击

放学途中，学生肖某遇到牛老师骑摩托车，于是主动要求牛老师带他一程。结果出了车祸，两人都受伤了。肖某及其监护人要求学校和牛老师共同承担赔偿责任。那么，学校有责任吗？牛老师呢？

分析：牛老师是学校的老师，表面上看这一学生伤害事故与学校有关。但是牛老师捎带肖某的行为发生在学生放学途中，而且与牛老师的职务工作无关，完全属于牛老师的个人行为。所以，学校没有过错，不承担责任。至于牛老师个人，因为他造成了肖某的损害，所以应当承担相应的责任。

☆ 在学生自行外出或者擅自离校期间发生的。

课堂点睛

一般来说，如果学生是限制民事行为能力人，应该知道自行外出或者擅自离校是违纪行为，存在一定的危险性。所以，只要学校在合理的时间内发现学生离校的情况，并且采取了相应的措施，如通知监护人等，那么学校无过错，不承担责任。如果学生是无民事行为能力人，那么一旦在学校正常工作期间独自离开学校发生伤害事故，则意味着学校存在管理漏洞，应当承担过错责任。

☆ 在放学后、节假日或者假期等学校工作时间以外，学生自行滞留学校或者自行到校发生的。

课堂点睛

放学后、节假日或者假期属于非工作时间，所以一般来说学生应当及时离校，并且尽量不要在假期结束之前返校。否则，发生校园伤害学校一般不承担法律责任，除非学校存在不当情形，如校园内树木倾倒导致学生伤害等。

☆ 其他在学校管理职责范围外发生的。

第三节 其他主要教育法律责任

知识结构

➤ 其他主要教育法律责任

◇《教育法》关于法律责任的主要规定

◇《义务教育法》关于法律责任的主要规定

◇《教师法》关于法律责任的主要规定

◇《未成年人保护法》关于法律责任的主要规定

学生校园伤害法律责任是教育法律责任中的重中之重，不过除此之外，《教育法》《教师法》《义务教育法》等教育法律法规还规定了许多其他类型的教育法律责任。这些法律责任有民事方面的、行政方面的以及刑事方面的，有涉及学生的、教师的、学校的、教育行政部门的以及社会组织和个人的等，构成了一个完整的教育法律责任体系。其中主要的教育法律责任的规定如下：

一、《教育法》关于法律责任的主要规定

一是不按照预算核拨教育经费的，由同级人民政府限期核拨；情节严重的，对直接负责的主管人员和其他直接责任人员，依法给予处分。

二是挪用、克扣教育经费的，由上级机关责令限期归还被挪用、克扣的经费，并对直接负责的主管人员和其他直接责任人员，依法给予处分；构成犯罪的，依法追究刑事责任。

三是明知校舍或者教育教学设施有危险，而不采取措施，造成人员伤亡或者重大财产损失的，对直接负责的主管人员和其他直接责任人员，依法追究刑事责任。

四是违反国家有关规定，举办学校或者其他教育机构的，由教育行政部门或者其他有关行政部门予以撤销；有违法所得的，没收违法所得；对直接负责的主管人员和其他直接责任人员，依法给予处分。

五是学校或者其他教育机构违反国家有关规定招收学生的，由教育行政部门或者其他有关行政部门责令退回招收的学生，退还所收费用；对学校、其他教育机构给予警告，可以处违法所得五倍以下罚款；情节严重的，责令停止相关招生资格一年以上三年以下，直至撤销招生资格、吊销办学许可证；对直接负责的主管人员和其他直接责任人员，依法给予处分；构成犯罪的，依法追究刑事责任。

在招收学生工作中滥用职权、玩忽职守、徇私舞弊的，由教育行政部门或者其他有关

行政部门责令退回招收的不符合入学条件的人员；对直接负责的主管人员和其他直接责任人员，依法给予处分；构成犯罪的，依法追究刑事责任。

盗用、冒用他人身份，顶替他人取得的入学资格的，由教育行政部门或者其他有关行政部门责令撤销入学资格，并责令停止参加相关国家教育考试二年以上五年以下；已经取得学位证书、学历证书或者其他学业证书的，由颁发机构撤销相关证书；已经成为公职人员的，依法给予开除处分；构成违反治安管理行为的，由公安机关依法给予治安管理处罚；构成犯罪的，依法追究刑事责任。

与他人串通，允许他人冒用本人身份，顶替本人取得的入学资格的，由教育行政部门或者其他有关行政部门责令停止参加相关国家教育考试一年以上三年以下；有违法所得的，没收违法所得；已经成为公职人员的，依法给予处分；构成违反治安管理行为的，由公安机关依法给予治安管理处罚；构成犯罪的，依法追究刑事责任。

组织、指使盗用或者冒用他人身份，顶替他人取得的入学资格的，有违法所得的，没收违法所得；属于公职人员的，依法给予处分；构成违反治安管理行为的，由公安机关依法给予治安管理处罚；构成犯罪的，依法追究刑事责任。

入学资格被顶替权利受到侵害的，可以请求恢复其入学资格。

六是学校及其他教育机构违反国家有关规定向受教育者收取费用的，由教育行政部门或者其他有关行政部门责令退还所收费用；对直接负责的主管人员和其他直接责任人员，依法给予处分；构成犯罪的，依法追究刑事责任。

七是考生在国家教育考试中有下列行为之一的，由组织考试的教育考试机构工作人员在考试现场采取必要措施予以制止并终止其继续参加考试；组织考试的教育考试机构可以取消其相关考试资格或者考试成绩；情节严重的，由教育行政部门责令停止参加相关国家教育考试一年以上三年以下，构成违反治安管理行为的，由公安机关依法给予治安管理处罚；构成犯罪的，依法追究刑事责任：

① 非法获取考试试题或者答案的；

② 携带或者使用考试作弊器材、资料的；

③ 抄袭他人答案的；

④ 让他人代替自己参加考试的；

⑤ 其他以不正当手段获得考试成绩的作弊行为。

八是任何组织或者个人在国家教育考试中有下列行为之一，有违法所得的，由公安机关没收违法所得，并处违法所得一倍以上五倍以下罚款；情节严重的，处五日以上十五日以下拘留；构成犯罪的，依法追究刑事责任；属于国家机关工作人员的，还应当依法给予处分：

① 组织作弊的；

② 通过提供考试作弊器材等方式为作弊提供帮助或者便利的；

③ 代替他人参加考试的；

④ 在考试结束前泄露、传播考试试题或者答案的；

⑤ 其他扰乱考试秩序的行为。

九是学校或者其他教育机构违反本法规定，颁发学位证书、学历证书或者其他学业证书的，由教育行政部门或者其他有关行政部门宣布证书无效，责令收回或者予以没收；有违法所得的，没收违法所得；情节严重的，责令停止相关招生资格一年以上三年以下，直至撤销招生资格、颁发证书资格；对直接负责的主管人员和其他直接责任人员，依法给予处分。

以作弊、剽窃、抄袭等欺诈行为或者其他不正当手段获得学位证书、学历证书或者其他学业证书的，由颁发机构撤销相关证书。购买、使用假冒学位证书、学历证书或者其他学业证书，构成违反治安管理行为的，由公安机关依法给予治安管理处罚。

二、《义务教育法》关于法律责任的主要规定

一是县级以上人民政府或者其教育行政部门有下列情形之一的，由上级人民政府或者其教育行政部门责令限期改正、通报批评；情节严重的，对直接负责的主管人员和其他直接责任人员依法给予行政处分：

① 将学校分为重点学校和非重点学校的；

② 改变或者变相改变公办学校性质的。

县级人民政府教育行政部门或者乡镇人民政府未采取措施组织适龄儿童、少年入学或者防止辍学的，依照前款规定追究法律责任。

二是学校违反国家规定收取费用的，由县级人民政府教育行政部门责令退还所收费用；对直接负责的主管人员和其他直接责任人员依法给予处分。

三是学校以向学生推销或者变相推销商品、服务等方式谋取利益的，由县级人民政府教育行政部门给予通报批评；有违法所得的，没收违法所得；对直接负责的主管人员和其他直接责任人员依法给予处分。

四是学校有下列情形之一的，由县级人民政府教育行政部门责令限期改正；情节严重的，对直接负责的主管人员和其他直接责任人员依法给予处分：

① 拒绝接收具有接受普通教育能力的残疾适龄儿童、少年随班就读的；

② 分设重点班和非重点班的；

③ 违反本法规定开除学生的；

④ 选用未经审定的教科书的。

五是适龄儿童、少年的父母或者其他法定监护人无正当理由未依照本法规定送适龄儿童、少年入学接受义务教育的，由当地乡镇人民政府或者县级人民政府教育行政部门给予批评教育，责令限期改正。

六是有下列情形之一的，依照有关法律、行政法规的规定予以处罚：

① 胁迫或者诱骗应当接受义务教育的适龄儿童、少年失学、辍学的；

② 非法招用应当接受义务教育的适龄儿童、少年的；

③ 出版未经依法审定的教科书的。

三、《教师法》关于法律责任的主要规定

一是教师有下列情形之一的，由所在学校、其他教育机构或者教育行政部门给予行政处分或者解聘：

① 故意不完成教育教学任务给教育教学工作造成损失的；

② 体罚学生，经教育不改的；

③ 品行不良、侮辱学生，影响恶劣的。

教师有前款第②项、第③项所列情形之一，情节严重，构成犯罪的，依法追究刑事责任。

二是教师对学校或者其他教育机构侵犯其合法权益的，以及对学校或者其他教育机构作出的处理不服的，可以向教育行政部门提出申诉，教育行政部门应当在接到申诉的三十日内做出处理。

三是教师认为当地人民政府有关行政部门侵犯其根据本法规定享有的权利的，可以向同级人民政府或者上一级人民政府有关部门提出申诉，同级人民政府或者上一级人民政府有关部门应当作出处理。

四、《未成年人保护法》关于法律责任的主要规定

一是违反本法第十一条第二款规定，未履行报告义务造成严重后果的，由上级主管部门或者所在单位对直接负责的主管人员和其他直接责任人员依法给予处分。

二是未成年人的父母或者其他监护人不依法履行监护职责或者侵犯未成年人合法权益的，由其居住地的居民委员会、村民委员会予以劝诫、制止；情节严重的，居民委员会、村民委员会应当及时向公安机关报告。

公安机关接到报告或者公安机关、人民检察院、人民法院在办理案件过程中发现未成年人的父母或者其他监护人存在上述情形的，应当予以训诫，并可以责令其接受家庭教育指导。

三是学校、幼儿园、婴幼儿照护服务等机构及其教职员工违反本法第二十七条、第二十八条、第三十九条规定的，由公安、教育、卫生健康、市场监督管理等部门按照职责分工责令改正；拒不改正或者情节严重的，对直接负责的主管人员和其他直接责任人员依法给予处分。

四是违反本法第五十条、第五十一条规定的，由新闻出版、广播电视、电影、网信等部门按照职责分工责令限期改正，给予警告，没收违法所得，可以并处十万元以下罚款；拒不改正或者情节严重的，责令暂停相关业务、停产停业或者吊销营业执照、吊销相关许可证，违法所得一百万元以上的，并处违法所得一倍以上十倍以下的罚款，没有违法所得或者违法所得不足一百万元的，并处十万元以上一百万元以下罚款。

五是场所运营单位违反本法第五十六条第二款规定、住宿经营者违反本法第五十七条规定的，由市场监督管理、应急管理、公安等部门按照职责分工责令限期改正，给予警

告;拒不改正或者造成严重后果的,责令停业整顿或者吊销营业执照、吊销相关许可证,并处一万元以上十万元以下罚款。

六是相关经营者违反本法第五十八条、第五十九条第一款、第六十条规定的,由文化和旅游、市场监督管理、烟草专卖、公安等部门按照职责分工责令限期改正,给予警告,没收违法所得,可以并处五万元以下罚款;拒不改正或者情节严重的,责令停业整顿或者吊销营业执照、吊销相关许可证,可以并处五万元以上五十万元以下罚款。

七是违反本法第五十九条第二款规定,在学校、幼儿园和其他未成年人集中活动的公共场所吸烟、饮酒的,由卫生健康、教育、市场监督管理等部门按照职责分工责令改正,给予警告,可以并处五百元以下罚款;场所管理者未及时制止的,由卫生健康、教育、市场监督管理等部门按照职责分工给予警告,并处一万元以下罚款。

八是密切接触未成年人的单位违反本法第六十二条规定,未履行查询义务,或者招用、继续聘用具有相关违法犯罪记录人员的,由教育、人力资源和社会保障、市场监督管理等部门按照职责分工责令限期改正,给予警告,并处五万元以下罚款;拒不改正或者造成严重后果的,责令停业整顿或者吊销营业执照、吊销相关许可证,并处五万元以上五十万元以下罚款,对直接负责的主管人员和其他直接责任人员依法给予处分。

九是信息处理者违反本法第七十二条规定,或者网络产品和服务提供者违反本法第七十三条、第七十四条、第七十五条、第七十六条、第七十七条、第八十条规定的,由公安、网信、电信、新闻出版、广播电视、文化和旅游等有关部门按照职责分工责令改正,给予警告,没收违法所得,违法所得一百万元以上的,并处违法所得一倍以上十倍以下罚款,没有违法所得或者违法所得不足一百万元的,并处十万元以上一百万元以下罚款,对直接负责的主管人员和其他责任人员处一万元以上十万元以下罚款;拒不改正或者情节严重的,并可以责令暂停相关业务、停业整顿、关闭网站、吊销营业执照或者吊销相关许可证。

章末练习题

1. 下列说法正确的是(　　)。

A. 没有违法行为就不可能承担法律责任

B. 承担法律责任一定以违法为前提

C. 没有违法行为也可能承担法律责任

D. 只要违法就一定要承担法律责任

2. 下列属于产生法律责任的原因的是(　　)。

A. 违约　　B. 违法　　C. 法律规定　　D. 协议

3. 小鱼4岁,在幼儿园抓伤了小朋友,其监护人为此承担了赔偿责任。该赔偿责任产生的原因是(　　)。

A. 违法　　B. 违约　　C. 法律规定　　D. 协议

4. 下列属于法律责任构成要件的是(　　)。

A. 主体　　B. 违法行为　　C. 因果关系　　D. 损害事实

5. 我国民事法律责任的归责原则有(　　)。

A. 过错责任原则　　B. 无过错责任原则

C. 公平责任原则　　D. 过错推定责任原则

6. 某校长因工作失职,被教育行政部门给予警告处分。该处分属于(　　)。

A. 民事法律责任　　B. 刑事法律责任

C. 行政法律责任　　D. 领导法律责任

7. 根据《学生伤害事故处理办法》等相关法律法规的规定,学校对学生承担(　　)。

A. 监护责任　　B. 过错责任　　C. 无过错责任　　D. 替代责任

8. 某学生在省外上初中,某天上午擅自旷课离校。班主任知悉后,立即通过各种方式联系、寻找该同学,均无果。没想到,下午警方传来消息说该同学遭遇车祸身亡。于是,班主任不得不电话告知家长。对此,学校(　　)。

A. 没有责任,因为老师尽到了管理职责

B. 没有责任,因为学生是自行违规出校的

C. 有责任,因为老师联系、寻找的效果不好

D. 有责任,因为老师没有及时告知监护人

9. 某高一学生忍受不了炎热的天气,偷偷溜到校园的池塘里去游泳。路过的江老师看见后把他叫了上来,并告诫他这种行为很危险。江老师刚离开不久,该同学又去游泳,结果撞上了暗藏在水里的树桩,脾脏破裂。对于该事故,应当承担责任的是(　　)。

A. 该同学　　B. 学校　　C. 江老师　　D. 该同学监护人

10. 幼儿园老师芮某带领小朋友开展游戏活动,芮老师自始至终恪尽职守,时刻注意小朋友的安全。但是,小磊还是被小芸不小心碰伤了额头。下列说法正确的是(　　)。

A. 一定是幼儿园承担责任

B. 一定是小芸的监护人承担责任

C. 芮老师要承担责任

D. 幼儿园可能要承担责任,也可能不要承担责任

11. 幼儿园小朋友小黎在学校摔伤了,她对父母说是因为踩到了学校操场上的一个大坑才摔跤的。可是其父母现场查看后,并没有发现操场上有坑。下列说法错误的是(　　)。

A. 幼儿园不承担责任,因为小黎的监护人没有幼儿园的过错证据

B. 幼儿园不承担责任,因为小黎是自己摔伤的

C. 直接认定幼儿园承担责任

D. 直接认定小黎的监护人承担责任

12. 某学校组织学生进行社会实践活动,在正规客运公司租了一辆有营运资质的大

客车运送学生。结果途中发生交通事故,造成许多学生严重受伤。那么对此事故(　　)。

A. 完全由客运公司承担责任　　B. 完全由学校承担责任
C. 学校承担补充责任　　D. 学校承担部分责任

13. 初三学生邹某恶作剧,趁同学倪某睡着了把他的脚绑在了桌腿上。倪某醒来后起身想走,结果摔了一跤,受伤不轻。那么对此事故应该承担责任的是(　　)。

A. 倪某　　B. 学校　　C. 倪某监护人　　D. 邹某监护人

14. 某高二同学患有癫痫,一旦发作就不省人事。体育老师曹某知晓此事,但是带学生上游泳课时并没有交代该同学不能下水,结果该学生不幸溺亡。那么,对此事故应由(　　)承担责任。

A. 学校　　B. 曹某　　C. 该学生　　D. 该学生监护人

15. 突发地震,教学楼倒塌,师生伤亡惨重。事后查明,该教学楼抗震指标不合格。下列说法错误的是(　　)。

A. 地震属于不可抗力,学校无责任　　B. 地震属于不可抗力,学校有责任
C. 地震属于不可抗力,学校无过错　　D. 地震属于不可抗力,学校有过错

16. 天降大雨,突发洪水。校长让老师们先撤离,自己独自留下来指挥学生避险。结果,校长和好几个学生都不幸遇难了。那么下列说法错误的是(　　)。

A. 洪水属于不可抗力,学校无责任　　B. 洪水属于不可抗力,学校有责任
C. 洪水属于不可抗力,学校无过错　　D. 洪水属于不可抗力,学校有过错

17. 至少同时满足(　　)条件就将对直接负责的主管人员和其他直接责任人员依法追究刑事责任。

A. 明知校舍或者教育教学设施有危险　　B. 不采取安全措施
C. 造成大面积停课　　D. 造成者重大财产损失

18. 考生在国家教育考试中抄袭他人答案,情节严重的,由(　　)责令停止参加相关国家教育考试(　　)。

A. 教育行政部门,一年以上两年以下　　B. 教育行政部门,一年以上三年以下
C. 考试组织机构,一年以上两年以下　　D. 考试组织机构,一年以上三年以下

19. 适龄儿童、少年的父母或者其他法定监护人无正当理由未依法送适龄儿童、少年入学接受义务教育的,由当地(　　)或(　　)给予批评教育,责令限期改正。

A. 村委会,乡镇人民政府
B. 居委会,乡镇人民政府
C. 乡镇人民政府,县级人民政府教育行政部门
D. 乡镇人民政府,县级人民政府公安部门

20. 教师有(　　)情形的,由所在学校、其他教育机构或者教育行政部门给予行政处分或者解聘。

A. 故意不完成教育教学任务　　B. 体罚学生,经教育不改

C. 品行不良、侮辱学生,影响恶劣　　D. 因过失没有完成教育教学任务

21. 教师对学校侵犯其合法权益不服的,可以向(　　)提出申诉;教师认为当地人民政府有关行政部门侵犯其权利的,可以向(　　)提出申诉。

A. 教育行政部门,同级人民政府

B. 教育行政部门,上一级人民政府有关部门

C. 当地人民政府,上一级人民政府

D. 当地人民政府,上一级人民政府教育行政部门

22. 父母或者其他监护人不依法履行监护职责,或者侵害未成年人合法权益的,由其所在(　　)予以劝诫、制止。

A. 单位　　B. 居民委员会　　C. 乡镇人民政府　　D. 村民委员会

第四章 教育法律救济

第一节 教育法律救济概述

知识结构

➤ **教育法律救济概述**
- ◇ 教育法律救济的含义
- ◇ 教育法律救济的作用
- ◇ 教育法律救济的途径
  - 行政救济
  - 司法救济
  - 其他救济

一、教育法律救济的含义

法律救济，是指公民、法人或者其他组织认为自己的合法权益受到侵害，依照法律规定告诉特定机关，以获得恢复和补救的法律制度。那么，教育法律救济，就是指教育法律关系主体的合法权益受到侵害时，获得恢复和补救的法律制度。

《宪法》规定，“中华人民共和国公民对于国家机关和国家工作人员的违法失职行为，有向有关国家机关提出申诉、控告或检举”的权利，“由于国家机关和国家机关工作人员侵犯公民权利而受到损失的人，有依照法律规定取得赔偿的权利”。

法律救济有如下特点：

① 权益受到侵害是法律救济的前提。

如果权益未受侵害，就无所谓救济。相对人只有在合法权益受到侵害的基础上才可提出救济的请求。

② 法律救济具有弥补性。

通过法律救济,受到侵害的权益得以弥补,受到破坏的法律关系得以恢复。

③ 法律救济的根本目的是保证权益的实现和义务的履行。

二、教育法律救济的作用

① 落实《宪法》精神的体现。

② 保护教育法律关系主体,特别是教师、学生及学校在教育活动中的合法权益。

③ 促进教育行政部门依法行政。

④ 推进教育法治建设。

课堂点睛

有一句著名的法律格言:"无救济无权利。"它强调的是,救济对于权利实现的重要性。

如果关注权利的实现,就必须关注权利的救济。仅仅在法律中规定了人们可以享有相应的权利,却没有规定权利受到侵害时的救济途径,那么,权利一旦受到侵害则无法及时得到补救。

可以说,权利自始就与救济紧密相连。没有救济,该权利的存在就不具有法律上的意义,也就相当于没有权利。

三、教育法律救济的途径

教育法律救济的途径,是指权利人认为其合法权益受到侵害时,请求救济的渠道和方式。主要包括行政救济、司法救济和其他救济。

1. 行政救济

通过行政申诉和行政复议等制度,由国家行政机关裁决纠纷。《教育法》和《教师法》分别规定了学生申诉和教师申诉制度。

2. 司法救济

通过诉讼程序,依据纠纷的性质提出民事诉讼、行政诉讼或者刑事诉讼,由人民法院裁决纠纷。

3. 其他救济

主要通过机构内部或民间渠道解决纠纷。例如,校内调解制度等。

第二节 教育行政复议

知识结构

- **教育行政复议**
  - ◇ 教育行政复议的含义
  - ◇ 教育行政复议的特征
    - 教育行政复议以具体行政行为为审查对象
    - 教育行政复议不适用调解
    - 教育行政复议决定不是终局决定
    - 教育行政复议以书面审理为主
  - ◇ 教育行政复议的受案范围
    - 行政机关不作为
    - 教育行政侵权行为
    - 教育行政处罚行为
    - 教育行政强制措施
  - ◇ 教育行政复议的管辖
  - ◇ 教育行政复议的程序
    - 申请
    - 受理
    - 审理
    - 决定
    - 执行

一、教育行政复议的含义

教育行政复议，是指教育行政相对人认为教育行政机关或其工作人员在行使教育行政职权时，侵犯了其合法权益，依法向特定行政机关提出申请，受理机关对该具体教育行政行为进行审查并作出复议决定的活动。

课堂点睛

如果某教育局决定撤销戴老师的教师资格，戴老师对此决定不服，向该教育局的同级人民政府提出复议申请,那么,戴老师就是行政相对人,因为该教育局撤销教师资格的行政行为是对戴老师作出的。该教育局就是行政主体。戴老师提出复议申请后则可以称为申请人,而该教育局则可以称为被申请人。

二、教育行政复议的特征

1. 教育行政复议以具体行政行为为审查对象

教育行政复议只能以具体教育行政行为为审查对象,只有对具体教育行政行为不服时,才能申请教育行政复议。抽象的教育行政行为不属于教育行政复议的审查对象。对抽象教育行政行为不服,不能申请行政复议。

知识拓展

具体行政行为和抽象行政行为

具体行政行为,是指行政主体在国家行政管理活动中行使职权,针对特定的行政相对人,就特定的事项,作出有关该行政相对人权利与义务的单方行为。例如,某学生殴打老师,派出所对其作出行政拘留的处罚。

具体行政行为具有直接产生有关权利与义务的法律效果,使行政相对人的权利与义务发生变化。若对具体行政行为不服,可以申请行政复议。

抽象行政行为是指行政主体非针对特定人、事与物所作出的具有普遍约束力的行政行为。它包括有关政府机关制定行政法规、行政规章或作出具有普遍约束力的决定和命令等。

抽象行政行为只具有间接的法律效果,一般行政相对人的权利与义务并不发生直接变化。它针对以后的行为和事件作出,只对以后的行为和事件发生效力。对于抽象行政行为,行政相对人不能申请行政复议。

2. 教育行政复议不适用调解

调解的基础是双方地位平等,当事人有权自由处分自己的权利。而在教育行政管理过程中,相对人和行政机关之间的地位并不平等。行政机关是代表国家行使权力的,无权自由处分,所以,调解在教育行政复议中没有基础,教育行政复议不适用调解。

3. 教育行政复议决定不是终局决定

一般来说,教育行政复议实行一级复议制。虽然相对人对复议决定不服不得再次申请复议,但是还可以依法向人民法院提起行政诉讼,法院的终审判决才具有终局意义。不过,法律规定由行政机关最终裁决的具体行政行为,行政复议决定则是终局决定。

4. 教育行政复议以书面审理为主

行政复议原则上采取书面审查的办法,但是申请人提出要求或者行政复议机关负责法制工作的机构认为有必要时,可以调查情况,听取有关人员意见。

三、教育行政复议的受案范围

教育行政复议的受案范围,是指教育行政复议机关对哪些具体的教育行政行为具有行政复议审查权。根据《中华人民共和国行政复议法》和有关教育法律的规定,教育行政复议的受案范围包括以下几方面。

1. 行政机关不作为

教育行政相对人申请行政机关颁发许可证或教育资质证书、教育职业技能类资格证书,履行保护教育主体的人身权、财产权、受教育权的法定职责,足额拨付教育经费,等等,行政机关拒绝或者不予答复,可以申请行政复议。

2. 教育行政侵权行为

教育行政相对人认为行政机关侵犯其自主办学权利,违法设定义务,如征收财物、摊派费用、集资等,可以申请行政复议。

3. 教育行政处罚行为

教育行政相对人对教育行政处罚,如拘留、罚款、吊销办学许可证和执照、责令停课、没收学校(教育机构)财产等不服的,可以申请行政复议。

4. 教育行政强制措施

教育行政相对人对教育行政强制措施,如对财产的查封、扣押、冻结或限制人身自由等行政强制措施不服的,可以申请行政复议。

四、教育行政复议的管辖

教育行政复议的管辖,是指某一教育行政行为发生争议后,应由哪一个行政机关来行使行政复议权。

不同的行政机关作出的教育行政行为,其复议机关往往不一样,法律有具体规定。

知识拓展

行政复议管辖

1. 由人民政府作出的具体行政行为

(1) 对各级人民政府的具体行政行为不服的,向上一级地方政府申请行政复议。

(2) 对省级人民政府作出的具体行政行为不服的,向该人民政府申请行政复议;对复议决定不服的,既可以向法院提起行政诉讼,也可以向国务院申请终局裁决(行政相对人可以选择,选择向国务院申请裁决的,国务院作出裁决后就不能再向法院提起行政诉讼)。

2. 由人民政府工作部门作出的具体行政行为

(1) 对于县级以上地方各级人民政府工作部门的具体行政行为不服的,既可以向本级人民政府申请行政复议,也可以向上一级主管部门申请行政复议,法律另有规定的除外。

(2) 对国务院各部门的具体行政行为不服的，向国务院部门申请行政复议；对复议决定不服的，既可以向人民法院起诉，也可以向国务院申请终局裁决。

此外，复议机关对管辖发生争议时，可协商解决或由它们的共同上一级行政机关管辖。申请人向两个或两个以上有管辖权的行政机关申请复议时，由最先收到复议申请书的行政机关管辖。

五、教育行政复议的程序

行政复议的程序包括申请、受理、审理、决定和执行五个步骤。教育行政复议同样如此。

1. 申请

教育法律关系主体认为行政机关的具体行政行为侵犯其教育法律权益，可以依照法律规定的条件提出复议申请。

知识拓展

行政复议的申请条件

(1) 有明确的申请人和符合规定的被申请人。

(2) 申请人认为某具体行政行为侵犯了其权益。

(3) 属于行政复议法规定的行政复议范围。

(4) 在法定申请期限内提出申请——应当在知道该具体行政行为之日起 60 日内提出行政复议申请，法律另有规定的除外，但是延期不得超过 30 日。

(5) 可以是书面申请，也可是口头申请。

(6) 其他行政复议机关尚未受理该行政复议申请。

(7) 人民法院尚未受理该行政诉讼。

2. 受理

行政复议申请自行政复议机关负责法制工作的机构收到之日起即被受理。行政复议机关收到行政复议申请后，应当在五日内进行审查，对不符合行政复议法规定条件的，决定不予受理，并书面告知申请人；对符合行政复议法规定条件的，但不属于本机关管辖的行政复议申请，应当告知申请人向有关行政机关提出复议申请。

3. 审理

教育行政复议机关对依法受理的教育行政案件进行全面审查，通过调查收集证据，审查证据，查清事实真相，确定具体行政行为是否违法、失当。

4. 决定

对案件进行审理后，由教育行政复议机关认定原教育行政行为的合法性、正当性，并在此基础上作出相应的，维持原行政行为或撤销原行政行为等裁决。

5. **执行**

教育行政复议的决定作出后，应将教育复议决定书送达申请人和被申请人。复议决定书一经送达，即发生法定的效力。

除终局性的复议决定外，申请人对教育行政复议决定不服的，可以在收到复议决定书之日起 15 日（法律另有规定的除外）内向人民法院起诉。申请人逾期不起诉又不履行复议决定的，可以由最初作出行政执法决定的行政机关或复议机关依法强制执行，或者申请人民法院强制执行。

第三节　教育申诉

知识结构

- **教育申诉**
  - ◇ 教师申诉
    - 法律依据
    - 教师申诉的特征
    - 教师申诉的范围
    - 教师申诉的受理机关
    - 教师申诉的程序
  - ◇ 学生申诉
    - 法律依据
    - 学生申诉的范围

申诉制度是指当公民在合法权益受到侵害时，向有权处理的国家机关陈述理由，请求处理或重新处理的制度。教育申诉则是教育法律关系主体提出的申诉，主要包括教师申诉和学生申诉。

一、教师申诉

1. **法律依据**

《教师法》第三十九条规定："教师对学校或者其他教育机构侵犯其合法权益的，或者对学校或者其他教育机构作出的处理不服的，可以向教育行政部门提出申诉，教育行政部门应当在接到申诉的三十日内，作出处理。教师认为当地人民政府有关行政部门侵犯其根据本法规定享有的权利的，可以向同级人民政府或者上一级人民政府有关部门提出申诉，同级人民政府或者上一级人民政府有关部门应当作出处理。”

2. 教师申诉的特征

法定性：教师申诉制度是一项法定申诉制度，由《教师法》明确规定。

专门性：教师申诉制度是专门针对教师的一项权利救济制度。

行政性：教师申诉制度是非诉讼意义上的行政申诉制度，由行政机关主管。

3. 教师申诉的范围

教师对学校或者其他教育机构侵犯其合法权益不服的。

对学校或者其他教育机构作出的处理不服的。

教师认为当地人民政府有关行政部门侵犯其权利的。

4. 教师申诉的受理机关

被申诉人是学校或者其他教育机构的，由教育行政部门受理。

被申诉人是当地人民政府有关行政部门的，由同级人民政府或者上一级人民政府有关部门受理。

小思考

某县的一家幼儿师范学校老师付某对学校扣发其绩效工资的处理不服，他可以向谁提出申诉？如果他对县教育局取消其县“优秀教师”称号的决定不服，又该向谁提出申诉呢？

5. 教师申诉的程序

教师申诉程序由提出、受理和处理三个环节组成，并依次进行。

（1）提出

教师应当以书面形式提出申诉。申诉书的内容包括双方当事人的概况、申诉请求、申诉理由、附项（有关证据材料）。

（2）受理

主管的行政机关接到申诉书后进行审查。对于符合教师申诉条件的应予以受理，对于不符合教师申诉条件的不予受理，并书面通知申请人。对于申诉书所写事项有不明之处或者欠缺相关材料的，可以要求申诉人重新提交申诉书或者补交材料。

（3）处理

受理机关应当对教师申诉的教育行政行为进行审查，分不同情况作出处理决定：

① 原教育行政行为合法，维持原处理决定；

② 被申诉人不履行法定职责的，责令限期改正；

③ 部分适用法律错误的，变更或责令重新处理；

④ 原教育行政行为违法的，撤销原处理决定；

⑤ 原教育行政行为依据的内部规章与法律法规相抵触的，责令修改或废止。

教育行政机关应当在收到申诉书的次日起30日内进行处理。人民政府收到教师申诉书,也应及时作出处理,不能拖延推诿。

知识拓展

如果受理机关逾期未处理教师申诉,或者久拖不决,或者教师对申诉处理决定不服,而教师申诉的内容涉及人身权、财产权以及其他属于行政复议、行政诉讼受案范围的,申诉人可依法申请行政复议或提起行政诉讼。

二、学生申诉

1. 法律依据

《教育法》第四十三条第四款规定,学生有权“对学校给予的处分不服向有关部门提出申诉,对学校、教师侵犯其人身权、财产权等合法权益,提出申诉或者依法提起诉讼”。

2. 学生申诉的范围

学生申诉的范围比较广泛,一般来说学校或者教育机构的行为只要涉及学生人身权、财产权、受教育权等权益,均可申诉。主要包括:

① 对学校给予的处分,包括警告、留校察看、开除学籍等不服;

② 对学校或教师侵犯其人身权,如体罚、侮辱等;

③ 对学校或教师侵犯其财产权,如没收财物、罚款、违规收费等;

④ 对学校或教师的评价不服,如认为对其学业成绩评价不公正等。

学生申诉的对象只能是其所在的学校或教育机构。学生申诉和教师申诉一样,具有法定性、专门性、行政性的特征。学生申诉的程序和教师申诉的程序也基本一样。

第四节　诉　讼

知识结构

- **诉讼**
  - ◇ 行政诉讼
    - 行政诉讼的特征
    - 行政诉讼的受案范围
    - 行政诉讼的程序
  - ◇ 民事诉讼
    - 民事诉讼的特征
    - 民事诉讼的受案范围
    - 民事诉讼的程序
  - ◇ 刑事诉讼
    - 刑事诉讼的特征
    - 刑事诉讼的强制措施
    - 刑事诉讼的程序

教育法律主体除了通过教育复议、教育申诉等行政救济途径来维护自己的合法权益外，还可以通过诉讼，即司法救济的途径来维护自己的合法权益。

诉讼是指国家司法机关在当事人和其他诉讼参与人的参加下，依照法定程序处理案件的专门活动，也就是我们俗称的“打官司”。依据所解决问题的性质，诉讼可以分为行政诉讼、民事诉讼和刑事诉讼三种。

知识拓展

诉讼的特征与基本原则

1．诉讼的特征

（1）诉讼属于“公力救济”方式。当合法权益受到侵害，可以寻求的救济途径有两种，即私力救济（民间调解）和公力救济。而诉讼意味着对国家意志及法律权威的接受和服从。公共权力的使用以及对诉讼结果的确认，使诉讼成为一种合法的、最有效的、解决冲突的最终手段。

（2）诉讼具有司法性。诉讼是由国家司法机关，即人民检察院和人民法院主导，在当事人和其他诉讼参与人参加下进行的专门活动。

（3）诉讼具有严格的规范性。这主要体现在：诉讼请求必须符合法律规范；诉讼必须按照法律预先确定的程序进行；诉讼裁决的根据必须是法律规范。

（4）诉讼是一种三元结构系统。参加诉讼的原告和被告在诉讼过程中处于平等的地位，而法官居于中间，作为权威的裁判者，主持解决原告和被告之间的纠纷。

2. 诉讼的基本原则

（1）人民法院依法独立行使职权原则。人民法院作为国家唯一的审判机关，在法律规定的职责范围内是独立的，不受任何行政机关、社会团体和个人的干涉。

（2）以事实为根据，以法律为准绳原则。以事实为根据，就是指法院在审理案件过程中，必须以查证属实的证据证明了的案件事实为根据，不可以主观想象和怀疑猜测对案件作出判断。以法律为准绳，就是以法律规定为标准，指导诉讼的进行，对案件作出裁判。除了法律，不能有别的标准。

（3）当事人在适用法律面前一律平等原则。任何公民的合法权益都平等地受到保护，任何公民的违法行为都毫无例外地受到追究，绝不允许有凌驾于法律之上的特殊人物。

（4）使用本民族语言文字进行诉讼原则。各民族公民，无论是当事人还是其他诉讼参与人，均有权使用本民族语言文字进行诉讼。对不通晓当地通用的语言文字的诉讼参与人，应当为他们提供翻译。

（5）审判公开原则。人民法院审理案件和宣告判决应当向社会公开，除了法庭评议秘密进行外，法庭审理和宣判的全过程都应当公开。

（6）两审终审原则。地方各级人民法院按照第一审程序对案件作出裁判后，这一裁判尚不能立即发生法律效力。只有在法定期限内，没有提出上诉和抗诉，第一审裁判才能发生法律效力。如果有合法的上诉或抗诉，则必须进行二审，二审裁判是终审裁判，立即发生法律效力。

一、行政诉讼

行政诉讼，是指公民、法人或者其他组织认为行政主体的具体行政行为侵犯其合法权益，依法向人民法院提起诉讼，由人民法院依法进行审判的活动。

1. 行政诉讼的特征

（1）行政诉讼审理的是行政案件

这是行政诉讼在受理、制裁的案件上与其他诉讼的区别。刑事诉讼解决的是被追诉者的刑事责任问题，民事诉讼解决的是民商事权益纠纷的问题，而行政诉讼解决的是行政争议问题。

（2）行政诉讼的核心是审查被诉行政行为的合法性

人民法院审查具体行政行为的合法性，具体内容包括：行政机关是否超越权限；具体行政行为证据是否确凿充分、事实清楚；具体行政行为适用法律依据是否正确；具体行政行为程序是否合法；具体行政行为目的是否合法。

（3）行政诉讼当事人具有恒定性

行政诉讼的原告只能是行政相对人，行政诉讼的被告只能是行政主体。不允许行政主体作为原告起诉行政相对人。

（4）行政诉讼由被告负举证责任

《中华人民共和国行政诉讼法》（以下简称《行政诉讼法》）第三十四条规定："被告对作出的行政行为负有举证责任，应当提供作出该行政行为的证据和所依据的规范性文件。"

（5）行政诉讼不适用调解

《行政诉讼法》第六十条规定："人民法院审理行政案件，不适用调解。"行政诉讼的被告是行政机关，行政机关只能代表国家依法行政，而无权自由处分国家权力。

课堂点睛

行政诉讼不适用调解意味着在行政诉讼中法院必须对被诉行政行为的合法性作出审查和认定。如果被诉行政行为被认定为违法，则行政机关就要对行政相对人承担相应的法律责任，相关的行政人员往往也要受到行政处分。如果被诉行政行为被认定为合法，则行政相对人必须服从被诉行政机关对其所作出的行政行为。

如果对合法的行政行为引起的纠纷进行调解，则往往意味着要损害国家的利益；如果对不合法的行政行为引起的纠纷进行调解，则往往意味着要损害行政相对人的利益。如果国家公权力可以自由处分的话，则国家利益和人民利益及两者之间的利益关系都将失去保障。

所以，行政诉讼不适用调解必然使得行政机关及行政人员丢掉通过调解"和稀泥"从而免责的幻想。这对于党的二十大所提出的扎实推动依法行政具有重大意义。

（6）起诉不停止执行

在行政诉讼中，原行政处理决定并不因原告提起诉讼而停止执行。国家行政机关的决定一经作出，就可以推定为合法，具有确定力和执行力，有利于保证行政机关管理的连续性，保障社会和公众利益。

知识拓展

起诉不停止执行的例外

（1）被告认为需要停止执行的。

（2）原告申请停止执行，人民法院认为具体行政行为的执行会造成难以弥补的损失，而停止执行又不损害社会公共利益的。

（3）法律法规直接规定可以停止执行的。

2. 行政诉讼的受案范围

并不是所有行政争议，行政相对人都可以向法院提起行政诉讼，只有当行政争议在法律规定的受案范围之内，行政相对人才可以提起行政诉讼。

知识拓展

行政诉讼的具体受案范围

（1）根据《行政诉讼法》第十二条的规定，人民法院受理公民、法人或者其他组织提起的下列诉讼：

① 对行政拘留、暂扣或者吊销许可证和执照、责令停产停业、没收违法所得、没收非法财物、罚款、警告等行政处罚不服的；

② 对限制人身自由或者对财产的查封、扣押、冻结等行政强制措施和行政强制执行不服的；

③ 申请行政许可，行政机关拒绝或者在法定期限内不予答复，或者对行政机关作出的有关行政许可的其他决定不服的；

④ 对行政机关作出的关于确认土地、矿藏、水流、森林、山岭、草原、荒地、滩涂、海域等自然资源的所有权或者使用权的决定不服的；

⑤ 对征收、征用决定及其补偿决定不服的；

⑥ 申请行政机关履行保护人身权、财产权等合法权益的法定职责，行政机关拒绝履行或者不予答复的；

⑦ 认为行政机关侵犯其经营自主权或者农村土地承包经营权、农村土地经营权的；

⑧ 认为行政机关滥用行政权力排除或者限制竞争的；

⑨ 认为行政机关违法集资、摊派费用或者违法要求履行其他义务的；

⑩ 认为行政机关没有依法支付抚恤金、最低生活保障待遇或者社会保险待遇的；

⑪ 认为行政机关不依法履行、未按照约定履行或者违法变更、解除政府特许经营协议、土地房屋征收补偿协议等协议的；

⑫ 认为行政机关侵犯其他人身权、财产权等合法权益的。

（2）根据《行政诉讼法》第十三条的规定，人民法院不受理公民、法人或者其他组织对下列事项提起的诉讼：

① 国防、外交等国家行为；

② 行政法规、规章或者行政机关制定、发布的具有普遍约束力的决定、命令；

③ 行政机关对行政机关工作人员的奖惩、任免等决定；

④ 法律规定由行政机关最终裁决的行政行为。

3. 行政诉讼的程序

（1）起诉

行政诉讼实行“不告不理”的原则，即当事人不起诉，人民法院不能主动受理。

公民、法人或者其他组织不服复议决定的，可以在收到复议决定书之日起十五日内向人民法院提起诉讼。复议机关逾期不作决定的，申请人可以在复议期满之日起十五日内向人民法院提起诉讼。法律另有规定的除外。

公民、法人或者其他组织直接向人民法院提起诉讼的，应当自知道或者应当知道作出行政行为之日起六个月内提出。法律另有规定的除外。

因不动产提起诉讼的案件自行政行为作出之日起超过二十年，其他案件自行政行为作出之日起超过五年提起诉讼的，人民法院不予受理。

知识拓展

提起行政诉讼的条件

(1) 原告是认为具体行政行为侵犯了其合法权益的公民、法人或自然组织。

(2) 有明确的被告。

(3) 有具体的诉讼请求和事实根据。

(4) 属于人民法院受案范围和受诉人民法院管辖。

(2) 受理

人民法院收到起诉状，应当在七日内立案受理或者裁定不予受理。原告对裁定不服，可以提起上诉。

知识拓展

人民法院在接到起诉状时对符合起诉条件的，应当登记立案。

对当场不能判定是否符合起诉条件的，应当接收起诉状，出具注明收到日期的书面凭证，并在七日内决定是否立案。不符合起诉条件的，作出不予立案的裁定。裁定书应当载明不予立案的理由。原告对裁定不服的，可以提起上诉。

起诉状内容欠缺或者有其他错误的，应当给予指导和释明，并一次性告知当事人需要补正的内容。不得未经指导和释明即以起诉不符合条件为由不接收起诉状。

对于不接收起诉状、接收起诉状后不出具书面凭证，以及不一次性告知当事人需要补正的起诉状内容的，当事人可以向上级人民法院投诉，上级人民法院应当责令改正，并对直接负责的主管人员和其他直接责任人员依法给予处分。

人民法院既不立案，又不作出不予立案裁定的，当事人可以向上一级人民法院起诉。上一级人民法院认为符合起诉条件的，应当立案、审理，也可以指定其他下级人民法院立案、审理。

(3) 审理

人民法院审理行政诉讼的主要内容是对具体行政行为的合法性进行审查。

(4) 裁判

人民法院对行政案件进行审理后,根据不同的情况作出不同的裁定或判决。

知识拓展

人民法院对行政案件进行审理后,根据不同情况,分别作出以下判决:

(1) 具体行政行为证据确凿,适用法律法规正确,符合法定程序的,判决维持。

(2) 具体行政行为主要证据不足,或者适用法律法规错误,或者违反法定程序,或者超越职权,或者滥用职权的,人民法院判决撤销或者部分撤销,并可以判决被告重新作出具体行政行为。

(3) 被告不履行或者拖延履行法定职责的,判决其在一定期限内履行。

(4) 行政处罚显失公正的,判决变更。

当事人不服第一审人民法院判决或者裁定的,有权在判决书送达之日起十五日内,或者在裁定书送达之日起十日内向上一级人民法院提起上诉。逾期不上诉的,人民法院的第一审判决或者裁定发生法律效力。提起上诉后则进入第二审程序,二审判决是终审判决。

(5) 执行

人民法院作出的裁定、判决发生法律效力以后,当事人必须履行法院的裁判。拒不履行的,人民法院根据另一方当事人的申请,实施强制执行,或者由行政机关依照职权采取强制措施。

二、民事诉讼

民事诉讼,是指处于平等地位的法律关系主体之间因财产关系或人身关系产生纠纷,依法向人民法院起诉,人民法院依法审理的活动。

1. 民事诉讼的特征

(1) 公权性

民事诉讼是以司法方式,即由法院代表国家行使审判权解决民事争议。而诉讼外的调解、经济仲裁等解决民事纠纷的方式是民间性质的。

(2) 强制性

只要原告起诉符合民事诉讼法规定的条件,无论被告是否愿意,诉讼均会发生。而调解、仲裁均建立在当事人自愿的基础上,只要有一方不愿意选择上述方式就无从进行。诉讼外调解协议的履行依赖于当事人的自觉,不具有强制力。法院民事裁判则不同,当事人不自动履行的,法院可以依法强制执行。

(3) 自由性

民事主体不论在实体上还是在程序上都有依法处分其权利的自由。处分即自由支配,可以行使权利,也可以放弃权利。

所以,民事诉讼形成了自己特有的机制,即诉讼中的和解制度和调解制度,这对于促进社会和谐意义重大。民事诉讼胜诉方当事人可以申请执行,也可以不申请执行。

2. 民事诉讼的受案范围

《中华人民共和国民事诉讼法》第三条的规定明确了民事诉讼的范围,即针对公民之间、法人之间、其他组织之间以及他们相互之间因财产关系和人身关系提起的民事诉讼。

知识拓展

民事诉讼的具体受案范围

(1) 由民法调整的财产关系和人身关系案件。例如,买卖纠纷、借贷纠纷、肖像权纠纷、赡养费纠纷、离婚纠纷、收养纠纷等。

(2) 商法调整的商事法律关系案件。例如,票据纠纷、股东权益纠纷、破产纠纷等。

(3) 由劳动法调整的部分劳动关系案件。例如,订立、履行劳动合同纠纷等。

(4) 由经济法调整的部分经济关系案件。例如,各类经济合同纠纷、不正当竞争纠纷等。

(5) 由民事诉讼法规定的适用特别程序审理的案件。例如,选民资格案件、宣告公民失踪和宣布公民死亡案件等。

(6) 其他具有诉的利益的民事案件。

3. 民事诉讼的程序

(1) 第一审普通程序

第一审普通程序是人民法院审判第一审民事案件的基本程序,依次包括以下步骤:

起诉和受理:这是原告向人民法院提起诉讼,人民法院对起诉进行审查后,认为符合法定条件,决定立案审理的行为。

开庭审理:其具体程序依次是,宣布开庭、法庭调查、法庭辩论、询问当事人双方最后意见、评议和宣判。

判决和裁定:判决是人民法院就案件的实体问题作出的决定。裁定是人民法院就案件的程序问题作出的决定。

(2) 简易程序

简易程序是基层人民法院及其派出法庭审理简单的民事案件所适用的程序,是第一审普通程序的简化。简单民事案件是指事实清楚、权利义务关系明确、争议不大的民事案件。简易程序具有起诉方式简便,传唤当事人、通知证人的方式简便,实行独任制,审理程序简便,审理期限短等特点。

（3）第二审程序

第二审程序是第二审人民法院审判上诉案件所适用的程序，也称上诉审程序，依次包括以下步骤：

上诉的提出和受理：上诉权是法律赋予当事人的诉讼权利。当事人对一审判决不服，提起上诉的期限为判决书送达之日起十五日内，对裁定不服提起上诉的期限为裁定书送达之日起十日内。

上诉案件的审理：审理上诉案件必须组成合议庭，并以开庭审理为原则。第二审人民法院应对上诉请求的有关事实和适用法律进行审查。二审法院仍然可以根据自愿和合法的原则进行调解。

上诉案件的裁判：第二审人民法院对上诉案件，经过审理，按照不同情形，分别作出不同裁判。

知识拓展

民事二审案件的裁判情形

（1）原判决、裁定认定事实清楚，适用法律正确的，以判决、裁定方式驳回上诉，维持原判决、裁定。

（2）原判决、裁定认定事实错误或者适用法律错误的，以判决、裁定方式依法改判、撤销或者变更。

（3）原判决认定基本事实不清的，裁定撤销原判决，发回原审人民法院重审，或者查清事实后改判。

（4）原判决遗漏当事人或者违法缺席判决等严重违反法定程序的，裁定撤销原判决，发回原审人民法院重审。

原审人民法院对发回重审的案件作出判决后，当事人提起上诉的，第二审人民法院不得再次发回重审。

（4）审判监督程序

最高人民法院对地方各级人民法院已经发生法律效力的判决、裁定、调解书，上级人民法院对下级人民法院已经发生法律效力的判决、裁定、调解书，发现确有错误的，有权提审或者指令下级人民法院再审。当事人对已经发生法律效力的判决、裁定，认为有错误的，可以向上一级人民法院申请再审；当事人一方人数众多或者当事人双方为公民的案件，也可以向原审人民法院申请再审。当事人申请再审的，不停止判决、裁定的执行。

知识拓展

人民法院启动再审的条件

当事人的申请符合下列情形之一的，人民法院应当再审：

(1) 有新的证据，足以推翻原判决、裁定的；

(2) 原判决、裁定认定的基本事实缺乏证据证明的；

(3) 原判决、裁定认定事实的主要证据是伪造的；

(4) 原判决、裁定认定事实的主要证据未经质证的；

(5) 对审理案件需要的主要证据，当事人因客观原因不能自行收集，书面申请人民法院调查收集，人民法院未调查收集的；

(6) 原判决、裁定适用法律确有错误的；

(7) 审判组织的组成不合法或者依法应当回避的审判人员没有回避的；

(8) 无诉讼行为能力人未经法定代理人代为诉讼或者应当参加诉讼的当事人，因不能归责于本人或者其诉讼代理人的事由，未参加诉讼的；

(9) 违反法律规定，剥夺当事人辩论权利的；

(10) 未经传票传唤，缺席判决的；

(11) 原判决、裁定遗漏或者超出诉讼请求的；

(12) 据以作出原判决、裁定的法律文书被撤销或者变更的；

(13) 审判人员审理该案件时有贪污受贿、徇私舞弊、枉法裁判行为的。

(5) 执行程序

这是人民法院强制当事人履行义务，执行生效判决、裁定和其他法律文书所确定的内容的程序。

三、刑事诉讼

刑事诉讼，是指公安机关、人民检察院、人民法院等公安司法机关在当事人及其他诉讼参与人的参加下，依照法定程序、方法和步骤，追诉犯罪，解决被追诉人的刑事责任问题的活动。

1. 刑事诉讼的特征

(1) 侦查权、检察权、审判权由专责机关依法行使

《中华人民共和国刑事诉讼法》(以下简称《刑事诉讼法》)明确规定：“对刑事案件的侦查、拘留、执行逮捕、预审，由公安机关负责。检察、批准逮捕、检察机关直接受理的案件的侦查、提起公诉，由人民检察院负责。审判由人民法院负责。除法律特别规定的以外，其他任何机关、团体和个人都无权行使这些权力。人民法院、人民检察院和公安机关进行刑事诉讼，必须严格遵守本法和其他法律的有关规定。”

（2）犯罪嫌疑人、被告人有权获得辩护

知识拓展

犯罪嫌疑人、被告人在整个刑事诉讼过程中都有权为自己辩护。

根据《刑事诉讼法》第三十四条的规定，犯罪嫌疑人自被侦查机关第一次讯问或者采取强制措施之日起，有权委托辩护人。侦查机关在第一次讯问犯罪嫌疑人或者对犯罪嫌疑人采取强制措施的时候，应当告知犯罪嫌疑人有权委托辩护人。人民检察院自收到移送审查起诉的案件材料之日起三日以内，应当告知犯罪嫌疑人有权委托辩护人。人民法院自受理案件之日起三日以内，应当告知被告人有权委托辩护人。犯罪嫌疑人、被告人在押期间要求委托辩护人的，人民法院、人民检察院和公安机关应当及时转达其要求。

人民法院在审判程序中，应当及时告知未委托辩护人的被告人有权委托辩护人，并在法定情形下（犯罪嫌疑人、被告人是盲、聋、哑人，或者是尚未完全丧失辨认或者控制自己行为能力的精神病人，或可能被判处无期徒刑、死刑，没有委托辩护人的）指定承担法律援助义务的律师为被告人进行辩护。在法庭审判中，人民法院应当保障被告人及其辩护人的依法辩护行为不受干扰。

（3）未经人民法院依法判决，不得确定任何人有罪

除人民法院外，其他任何机关、团体和个人都没有确定某人有罪的权力。未经法院判决不得确定任何人有罪原则体现了国际通行的无罪推定原则的精神。

（4）人民检察院依法对刑事诉讼实行法律监督

在刑事诉讼中，人民检察院对公安机关的立案侦查、法院的审判和执行机关的执行活动是否合法进行监督。这种监督贯穿于刑事诉讼活动的始终。

2. 刑事诉讼的强制措施

这是指公安司法机关在刑事诉讼过程中，为了保障侦查和审判的顺利进行，依法对犯罪嫌疑人、被告人的人身自由进行剥夺或者加以一定限制的方法。

（1）拘传

拘传是公安司法机关对于未被羁押的犯罪嫌疑人、被告人，强制其到指定的地点接受讯问的一种措施。

（2）拘留

拘留是指公安机关或人民检察院在刑事案件侦查中遇到紧急情况时，对现行犯或重大嫌疑分子暂时采取的一种强制措施。

知识拓展

拘留的条件与程序

（1）公安机关对于现行犯或者重大嫌疑分子，如果有下列情形之一的，可以先行

拘留。

① 正在预备犯罪、实行犯罪或者在犯罪后即时被发觉的；

② 被害人或者在场亲眼看见的人指认他犯罪的；

③ 在身边或者住处发现有犯罪证据的；

④ 犯罪后企图自杀、逃跑或者在逃的；

⑤ 有毁灭、伪造证据或者串供可能的；

⑥ 不讲真实姓名、住址，身份不明的；

⑦ 有流窜作案、多次作案、结伙作案重大嫌疑的。

（2）公安机关拘留人的时候，必须出示拘留证。

（3）拘留后，应当立即将被拘留人送看守所羁押，至迟不得超过二十四小时。除无法通知或者涉嫌危害国家安全犯罪、恐怖活动犯罪通知可能有碍侦查的情形以外，应当在拘留后二十四小时以内，通知被拘留人的家属。

（4）公安机关对被拘留的人，应当在拘留后的二十四小时以内进行讯问。在发现其不应当被拘留的时候，必须立即释放，发给释放证明。

（3）取保候审

取保候审是公安司法机关责令犯罪嫌疑人、被告人提出保证人或者缴纳保证金，以保证其在取保候审期间不逃避刑事侦查和审判，并随传随到的一种强制措施。

（4）监视居住

监视居住是公安司法机关责令犯罪嫌疑人、被告人在诉讼过程中，未经批准不得离开住处或指定的居所，并对其行动加以监视的一种措施。

（5）逮捕

逮捕是公安司法机关依法暂时剥夺犯罪嫌疑人、被告人的人身自由，予以羁押的一种措施。逮捕必须具备以下条件：有证据证明有犯罪事实；可能判处有期徒刑以上刑罚；采取取保候审、监视居住等措施尚不足以防止发生社会危险性。

3. 刑事诉讼的程序

刑事诉讼程序总体上依次分为五个阶段：立案、侦查、起诉、审判和执行。

（1）立案

立案是指公安机关、人民检察院、人民法院在确认有犯罪行为发生并且应当追究刑事责任时，决定作为刑事案件进行侦查或审判的活动。

（2）侦查

侦查是指公安机关、人民检察院在办理公诉案件的过程中，依法进行的专门调查和有关的强制性措施。

（3）提起公诉或自诉

公诉是指人民检察院代表国家向人民法院提出追究被告人刑事责任的请求活动。自诉则是指在法律规定的自诉案件范围内，由被害人或其法定代理人直接向人民法院提起诉讼的活动。

（4）第一审程序

第一审程序是指人民法院对刑事案件进行首次审判所遵循的程序，是审判的法定必经程序，包括以下依次进行的环节：开庭、法庭调查、法庭辩论、被告人最后陈述、评议、宣判。

（5）自诉案件的第一审普通程序

自诉案件是指由受害人直接向人民法院起诉的刑事案件。对于自诉案件，可直接向人民法院起诉，经立案后即可进入审判，不需要经过侦查阶段。

知识拓展

自诉案件的范围

（1）告诉才处理的案件（包括侮辱罪、诽谤罪、暴力干涉婚姻自由罪、虐待罪、普通侵占罪）。

（2）被害人有证据证明的轻微刑事案件。

（3）被害人有证据证明对被告人侵犯自己人身、财产权利的行为应当依法追究刑事责任，而公安机关或者人民检察院不予追究被告人刑事责任的案件。

（6）第二审程序

第二审程序是指根据上诉和抗诉，上级人民法院对下级人民法院的第一审未生效的判决或裁定重新进行审判的程序。第二审的处理主要有：裁定驳回上诉或抗诉，维持原判；直接改判；撤销原判，发回重审。

（7）死刑复核程序

死刑复核程序是指对死刑或死刑缓期二年执行判决进行审查核准的程序。死刑由最高人民法院核准，中级人民法院判处死刑缓期二年执行的案件，由高级人民法院核准。

（8）审判监督程序

审判监督程序是指人民法院、人民检察院对确有错误的、已发生法律效力的判决和裁定依法提出并重新审理的程序。当事人及其法定代理人、近亲属对生效的判决、裁定不服，有权进行申诉。

（9）执行程序

执行程序是指人民法院、监狱和公安机关对已发生法律效力的判决、裁定所确定的内容予以实现的诉讼活动。

章末练习题

1. 教育法律救济的途径,主要包括(　　)。

A. 教育行政复议　B. 教师申诉　C. 学生申诉　D. 诉讼

2. 教育行政复议以(　　)为审查对象。

A. 具体行政行为　B. 抽象行政行为

C. 违法行政行为　D. 合法行政行为

3. 薛老师对县教育局的处罚不服,向市教育局申请行政复议。市教育局受理后,觉得该问题很小,于是对薛老师的复议申请进行了调解。该做法(　　)。

A. 不合法

B. 合法,前提是县教育局自愿

C. 合法,前提是薛老师自愿

D. 合法,前提是薛老师和县教育局双方自愿

4. 教育行政相对人对复议决定不服,(　　)再次申请复议,(　　)依法向人民法院提起行政诉讼。

A. 可以,也可以　B. 可以,不可以

C. 不可以,可以　D. 不可以,也不可以

5. 文老师对县教育局的行政处罚不服,他可以向(　　)提出行政复议申请。

A. 县教育局　B. 县人民政府　C. 市教育局　D. 市人民政府

6. 申请人对教育行政复议决定不服的,可以在收到复议决定书之日起(　　)内(法律另有规定的除外)向人民法院起诉。

A. 30 日　B. 15 日　C. 60 日　D. 20 日

7. 教师对学校或者其他教育机构侵犯其合法权益的,或者对学校或者其他教育机构做出的处理不服的,可以向(　　)提出申诉,相关机关应当在接到申诉的(　　)内作出处理。

A. 教育行政部门,15 日　B. 人民政府,15 日

C. 人民政府,30 日　D. 教育行政部门,30 日

8. 诉讼的基本原则包括(　　)。

A. 人民法院依法独立行使职权原则　B. 当事人在适用法律上一律平等原则

C. 审判公开原则　D. 两审终审原则

9. 行政诉讼的原告只能是(　　),行政诉讼的被告只能是(　　)。

A. 行政相对人,行政主体　B. 行政主体,行政相对人

C. 公民,行政机关　D. 行政机关,公民

10. 民事诉讼(　　)调解,(　　)和解。

A. 适用,不适用　　B. 不适用,适用

C. 适用,适用　　D. 不适用,不适用

11. 当事人对已经发生法律效力的民事判决、裁定,认为有错误的,可以向上一级人民法院(　　)。

A. 提起上诉　　B. 提起抗诉　　C. 申请复议　　D. 申请再审

12. 未经(　　)依法判决,不得确定任何人有罪。

A. 人民检察院　　B. 公安机关　　C. 监察机关　　D. 人民法院

第五章
主要教育法律法规解读

第一节 宪 法

知识结构

➢ 宪法

◇《宪法》简介

◇《宪法》主要内容解读

- 总纲
- 公民的基本权利和义务
- 国家机构

一、《宪法》简介

宪法通常规定一个国家的社会制度及其基本原则，国家机关的组织和活动的基本原则，公民的基本权利和义务，国旗、国歌、国徽和首都以及其他的重要制度。

《宪法》是我国的根本大法，具有最高法律效力。《宪法》是制定其他法律的依据，一切法律法规都不得同宪法相抵触。《宪法》是治国安邦的总章程，是保持国家统一、民族团结、经济发展、社会进步和长治久安的法律基础，是中国共产党执政兴国、团结带领全国各族人民建设中国特色社会主义的法律保证。

1949 年 10 月中华人民共和国成立后，第一届、第四届和第五届全国人民代表大会分别于 1954 年 9 月、1975 年 1 月、1978 年 3 月和 1982 年 12 月先后制定、颁布了四部《宪法》。1982 年 12 月 4 日，中华人民共和国第四部宪法在第五届全国人大第五次会议上正式通过并颁布。并根据 1988 年 4 月 12 日第七届全国人民代表大会第一次会议通过的《宪法修正案》，1993 年 3 月 29 日第八届全国人民代表大会第一次会议通过的《宪法修正案》,1999 年 3 月 15 日第九届全国人民代表大会第二次会议通过的《宪法修正案》,2004 年 3 月 14 日第十届全国人民代表大会第二次会议通过的《宪法修正案》进行了修正。2018 年 3 月 11 日第十三届全国人民代表大会第一次会议通过了《宪法修正案》。

课堂点睛

法律须被信仰,否则形同虚设

宪法因民众自由、民主与人权之精神而得以确立,确立之后,更因民众对宪法精神之坚定信仰而得以长存。

"生命诚可贵,爱情价更高。若为自由故,两者皆可抛。"人的自由与尊严具有至高无上的价值,可是人类社会进入阶级社会以后的几千年里,人的自由与尊严却被肆意地侵犯和践踏。古今中外多少仁人志士,多少普通民众为了追求与捍卫这人之所以为人的最基本的权利进行了艰苦而漫长的斗争,甚至为之流血牺牲也在所不惜。最终,才有了近代宪法的产生,全体民众的基本人权才被统治阶级、被全社会所确认。

回望中华民族争取自由、民主与独立的斗争历史,更可谓艰苦卓绝,惊天地,泣鬼神。从戊戌变法到辛亥革命,从五四运动到北伐战争,从抗日战争到解放战争,其间浸透了血雨腥风。中华民族历经百年奋斗才最终在中国共产党的领导下取得了中国民主革命和社会主义革命的伟大胜利。革命胜利的果实最终通过宪法确认和固定下来,从此劳动人民成了自己的主人,成了国家的主人,这是中国历史上最伟大的转折。

"任何一项事业的背后,必然存在着一种无形的精神力量。"宪法就闪耀着民众思想的、斗争的、人性的伟大光辉!没有广大民众对自由、民主与人权精神的坚定信仰与追求,宪法就不会产生。而宪法确立之后要得以长存,得以真正具备最高权威,得以最大限度地保障民众的基本权利,更离不开我们对宪法所蕴含精神的坚定不移的信仰。有了这种信仰,才算具备宪法观念与意识,才会真正以实际行动勇敢地去维护宪法权威,促进宪法的实施。

新时代的人民教师,承担着社会主义法治教育的光荣使命,更应该认真学习宪法,树立宪法意识,维护宪法权威,促进宪法实施。

二、《宪法》主要内容解读

1. 总纲

(1) 国家性质

中华人民共和国是工人阶级领导的、以工农联盟为基础的人民民主专政的社会主义国家。

(2) 根本制度及特征

社会主义制度是中华人民共和国的根本制度。中国共产党领导是中国特色社会主义最本质的特征。

真题再现

《中华人民共和国宪法》规定，我国的根本制度是（　　）。

A. 人民民主协商制度　　B. 民主专政制度

C. 人民代表大会制度　　D. 社会主义制度

(3) 国家权力机关

中华人民共和国的一切权力属于人民。人民行使国家权力的机关是全国人民代表大会和地方各级人民代表大会。

(4) 民主集中制

中华人民共和国的国家机构实行民主集中制的原则。全国人民代表大会和地方各级人民代表大会都由民主选举产生，对人民负责，受人民监督。国家行政机关、监察机关、审判机关、检察机关都由人民代表大会产生，对它负责，受它监督。

(5) 民族平等

中华人民共和国各民族一律平等。

(6) 法治原则

中华人民共和国实行依法治国，建设社会主义法治国家。一切法律、行政法规和地方性法规都不得同宪法相抵触。一切违反宪法和法律的行为，必须予以追究。任何组织或者个人都不得有超越宪法和法律的特权。

资料链接

"坚持依法治国首先要坚持依宪治国，坚持依法执政首先要坚持依宪执政，坚持宪法确定的中国共产党领导地位不动摇，坚持宪法确定的人民民主专政的国体和人民代表大会制度的政体不动摇。加强宪法实施和监督，健全保证宪法全面实施的制度体系，更好发挥宪法在治国理政中的重要作用，维护宪法权威。加强重点领域、新兴领域、涉外领域立法，统筹推进国内法治和涉外法治，以良法促进发展、保障善治。推进科学立法、民主立法、依法立法，统筹立改废释纂，增强立法系统性、整体性、协同性、时效性。完善和加强备案审查制度。坚持科学决策、民主决策、依法决策，全面落实重大决策程序制度。"

——摘自党的二十大报告

真题再现

根据《宪法》规定，任何组织或者个人的权利都不得超越（　　）。

A. 宪法和法规　　B. 宪法和法律　　C. 法律和法规　　D. 政策和法律

(7) 经济基础

中华人民共和国的社会主义经济制度的基础是生产资料的社会主义公有制，即全民所有制和劳动群众集体所有制。社会主义公有制消灭人剥削人的制度，实行各尽所能、按劳分配的原则。

(8) 所有制与分配方式

国家在社会主义初级阶段，坚持公有制为主体、多种所有制经济共同发展的基本经济制度，坚持按劳分配为主体、多种分配方式并存的分配制度。

(9) 国有经济地位

国有经济，即社会主义全民所有制经济，是国民经济中的主导力量。国家保障国有经济的巩固和发展。

真题再现

根据我国《宪法》规定，我国国民经济的主导力量是(　　)。

A. 集体所有制经济　　B. 非公有制经济

C. 互联网经济　　D. 国有经济

(10) 非公有制经济地位

在法律规定范围内的个体经济、私营经济等非公有制经济，是社会主义市场经济的重要组成部分。

(11) 经济体制

国家实行社会主义市场经济。

(12) 教育制度

国家举办各种学校，普及初等义务教育，发展中等教育、职业教育和高等教育，并且发展学前教育。国家推广全国通用的普通话。

(13) 核心价值观

国家倡导社会主义核心价值观，提倡爱祖国、爱人民、爱劳动、爱科学、爱社会主义的公德，在人民中进行爱国主义、集体主义和国际主义、共产主义的教育，进行辩证唯物主义和历史唯物主义的教育，反对资本主义的、封建主义的和其他的腐朽思想。

(14) 就职宣誓

国家工作人员就职时应当依照法律规定公开进行宪法宣誓。

(15) 武装力量性质

中华人民共和国的武装力量属于人民。

(16) 特别行政区

国家在必要时得设立特别行政区。在特别行政区内实行的制度按照具体情况由全国人民代表大会以法律规定。

2. 公民的基本权利和义务

(1) 公民

凡具有中华人民共和国国籍的人都是中华人民共和国公民。

(2) 平等原则

中华人民共和国公民在法律面前一律平等。

(3) 保护人权

国家尊重和保障人权。

(4) 选举权

中华人民共和国年满十八周岁的公民,不分民族、种族、性别、职业、家庭出身、宗教信仰、教育程度、财产状况、居住期限,都有选举权和被选举权;但是依照法律被剥夺政治权利的人除外。

(5) 政治权利与自由

中华人民共和国公民有言论、出版、集会、结社、游行、示威的自由。

(6) 宗教信仰自由

中华人民共和国公民有宗教信仰自由。国家保护正常的宗教活动。任何人不得利用宗教进行破坏社会秩序、损害公民身体健康、妨碍国家教育制度的活动。宗教团体和宗教事务不受外国势力的支配。

(7) 人身自由权

中华人民共和国公民的人身自由不受侵犯。任何公民,非经人民检察院批准或者决定或者人民法院决定,并由公安机关执行,不受逮捕。禁止非法拘禁和以其他方法非法剥夺或者限制公民的人身自由,禁止非法搜查公民的身体。

真题再现

未成年学生孔某在逛超市的时候,管理人员怀疑他偷拿物品,并对他进行了强制搜身。该超市侵犯孔某的权利是(　　)。

A. 名誉权　　B. 人身自由权　　C. 生命健康权　　D. 隐私权

(8) 人格尊严

中华人民共和国公民的人格尊严不受侵犯。禁止用任何方法对公民进行侮辱、诽谤和诬告陷害。中华人民共和国公民的住宅不受侵犯。禁止非法搜查或者非法侵入公民的住宅。

(9) 通信自由

中华人民共和国公民的通信自由和通信秘密受法律的保护。除因国家安全或者追查刑事犯罪的需要,由公安机关或者检察机关依照法律规定的程序对通信进行检查外,任何组织或者个人不得以任何理由侵犯公民的通信自由和通信秘密。

(10) 监督权

中华人民共和国公民对于任何国家机关和国家工作人员,有提出批评和建议的权利;对于任何国家机关和国家工作人员的违法失职行为,有向有关国家机关提出申诉、控告或者检举的权利,但是不得捏造或者歪曲事实进行诬告陷害。

(11) 劳动的权利和义务

中华人民共和国公民有劳动的权利和义务。

(12) 休息权

中华人民共和国劳动者有休息的权利。

(13) 物质帮助权

中华人民共和国公民在年老、疾病或者丧失劳动能力的情况下,有从国家和社会获得物质帮助的权利。国家和社会保障残废军人的生活,抚恤烈士家属,优待军人家属。国家和社会帮助安排盲、聋、哑和其他有残疾的公民的劳动、生活和教育。

(14) 受教育的权利和义务

中华人民共和国公民有受教育的权利和义务。

真题再现

下列选项中,不属于宪法规定的公民基本权利的是(　　)。

A. 人身自由权　　B. 信仰自由权　　C. 通信自由权　　D. 教育自由权

解析: 宪法并没有规定教育自由权,受教育权才是宪法规定的公民基本权利。

(15) 文化自由权

中华人民共和国公民有进行科学研究、文学艺术创作和其他文化活动的自由。

(16) 华侨保护

中华人民共和国保护华侨的正当的权利和利益,保护归侨和侨眷的合法的权利和利益。

(17) 权利限制

中华人民共和国公民在行使自由和权利的时候,不得损害国家的、社会的、集体的利益和其他公民的合法的自由和权利。

课堂点睛

世界上有绝对的自由吗?当然没有。自由都是相对的,都会受到一定的限制,政治权利与自由、宗教信仰自由、人身自由都是这样。没有限制的自由必然会导致社会各主体之间利益关系发生激烈的冲突,乃至整个社会陷于混乱甚至倒退。

疫情期间,我们能想去哪儿就去哪儿吗?当然不行,否则每个人的健康都要受到严重威胁,整个国家和社会的发展都要遭受重大损失。前几年,我国的防疫政策虽然从表面上看是限制了民众当下一定的人身自由，但是从长远上和整体上保护了人民的生命健康利益。我国是世界上最重视防疫工作的国家，为了人民的生命健康安全，党和国家真可谓不惜一切代价。这正生动而鲜明地体现出党的二十大报告所强调的坚持“人民至上”“江山就是人民，人民就是江山”“以人民为中心的发展思想”。

(18) 婚姻家庭义务

婚姻、家庭、母亲和儿童受国家的保护。夫妻双方有实行计划生育的义务。父母有抚养教育未成年子女的义务，成年子女有赡养扶助父母的义务。禁止破坏婚姻自由，禁止虐待老人、妇女和儿童。

(19) 保护国家的义务

中华人民共和国公民有维护国家统一和全国各民族团结的义务。中华人民共和国公民必须遵守宪法和法律，保守国家秘密，爱护公共财产，遵守劳动纪律，遵守公共秩序，尊重社会公德。中华人民共和国公民有维护祖国的安全、荣誉和利益的义务。保卫祖国、抵抗侵略是中华人民共和国每一个公民的神圣职责。依照法律服兵役和参加民兵组织是中华人民共和国公民的光荣义务。

(20) 纳税义务

中华人民共和国公民有依照法律纳税的义务。

3. 国家机构

(1) 最高国家权力机关

中华人民共和国全国人民代表大会是最高国家权力机关。它的常设机关是全国人民代表大会常务委员会。全国人民代表大会和全国人民代表大会常务委员会行使国家立法权。

(2) 全国人大任期

全国人民代表大会每届任期五年。

(3) 全国人大职权

全国人民代表大会行使下列职权：

① 修改宪法；

② 监督宪法的实施；

③ 制定和修改刑事、民事、国家机构的和其他的基本法律；

④ 选举中华人民共和国主席、副主席；

⑤ 根据中华人民共和国主席的提名，决定国务院总理的人选；根据国务院总理的提名，决定国务院副总理、国务委员、各部部长、各委员会主任、审计长、秘书长的人选；

⑥ 选举中央军事委员会主席；根据中央军事委员会主席的提名，决定中央军事委员会其他组成人员的人选；

⑦ 选举国家监察委员会主任；

⑧ 选举最高人民法院院长；
⑨ 选举最高人民检察院检察长；
⑩ 审查和批准国民经济和社会发展计划和计划执行情况的报告；
⑪ 审查和批准国家的预算和预算执行情况的报告；
⑫ 改变或者撤销全国人民代表大会常务委员会不适当的决定；
⑬ 批准省、自治区和直辖市的建置；
⑭ 决定特别行政区的设立及其制度；
⑮ 决定战争和和平的问题；
⑯ 应当由最高国家权力机关行使的其他职权。

（4）全国人大罢免权

全国人民代表大会有权罢免下列人员：
① 中华人民共和国主席、副主席；
② 国务院总理、副总理、国务委员、各部部长、各委员会主任、审计长、秘书长；
③ 中央军事委员会主席和中央军事委员会其他组成人员；
④ 国家监察委员会主任；
⑤ 最高人民法院院长；
⑥ 最高人民检察院检察长。

课堂点睛

凡是由全国人民代表大会选举或决定而产生的国家机关负责人，全国人民代表大会均可罢免。

（5）全国人民代表大会常务委员会职权

全国人民代表大会常务委员会行使下列职权：

① 解释宪法，监督宪法的实施；

② 制定和修改除应当由全国人民代表大会制定的法律以外的其他法律；

③ 在全国人民代表大会闭会期间，对全国人民代表大会制定的法律进行部分补充和修改，但是不得同该法律的基本原则相抵触；

④ 解释法律；

⑤ 在全国人民代表大会闭会期间，审查和批准国民经济和社会发展计划、国家预算在执行过程中所必须作的部分调整方案；

⑥ 监督国务院、中央军事委员会、国家监察委员会、最高人民法院和最高人民检察院的工作；

⑦ 撤销国务院制定的同宪法、法律相抵触的行政法规、决定和命令；

⑧ 撤销省、自治区、直辖市国家权力机关制定的同宪法、法律和行政法规相抵触的地

方性法规和决议；

⑨ 在全国人民代表大会闭会期间，根据国务院总理的提名，决定部长、委员会主任、审计长、秘书长的人选；

⑩ 在全国人民代表大会闭会期间，根据中央军事委员会主席的提名，决定中央军事委员会其他组成人员的人选；

⑪ 根据国家监察委员会主任的提请，任免国家监察委员会副主任、委员；

⑫ 根据最高人民法院院长的提请，任免最高人民法院副院长、审判员、审判委员会委员和军事法院院长；

⑬ 根据最高人民检察院检察长的提请，任免最高人民检察院副检察长、检察员、检察委员会委员和军事检察院检察长，并且批准省、自治区、直辖市的人民检察院检察长的任免；

⑭ 决定驻外全权代表的任免；

⑮ 决定同外国缔结的条约和重要协定的批准和废除；

⑯ 规定军人和外交人员的衔级制度和其他专门衔级制度；

⑰ 规定和决定授予国家的勋章和荣誉称号；

⑱ 决定特赦；

⑲ 在全国人民代表大会闭会期间，如果遇到国家遭受武装侵犯或者必须履行国际共同防止侵略的条约的情况，决定战争状态的宣布；

⑳ 决定全国总动员或者局部动员；

㉑ 决定全国或者个别省、自治区、直辖市进入紧急状态；

㉒ 全国人民代表大会授予的其他职权。

真题再现

依据《宪法》规定，行使解释宪法职权的是(　　)。

A. 最高人民法院　　B. 全国人民代表大会常务委员会

C. 最高人民检察院　　D. 中国人民政治协商会议

(6) 全国人民代表大会常务委员会对全国人民代表大会负责

全国人民代表大会常务委员会对全国人民代表大会负责并报告工作。

(7) 全国人民代表大会代表特别权利

全国人民代表大会代表，非经全国人民代表大会会议主席团许可，在全国人民代表大会闭会期间非经全国人民代表大会常务委员会许可，不受逮捕或者刑事审判。全国人民代表大会代表在全国人民代表大会各种会议上的发言和表决，不受法律追究。

(8) 国家主席职权

中华人民共和国主席根据全国人民代表大会的决定和全国人民代表大会常务委员会

的决定，公布法律，任免国务院总理、副总理、国务委员、各部部长、各委员会主任、审计长、秘书长，授予国家的勋章和荣誉称号，发布特赦令，宣布进入紧急状态，宣布战争状态，发布动员令。中华人民共和国主席代表中华人民共和国，进行国事活动，接受外国使节；根据全国人民代表大会常务委员会的决定，派遣和召回驻外全权代表，批准和废除同外国缔结的条约和重要协定。

（9）最高国家行政机关

中华人民共和国国务院，即中央人民政府，是最高国家权力机关的执行机关，是最高国家行政机关。国务院每届任期同全国人民代表大会每届任期相同。总理、副总理、国务委员连续任职不得超过两届。

（10）国务院职权

国务院行使下列职权：

① 根据宪法和法律，规定行政措施，制定行政法规，发布决定和命令；

② 向全国人民代表大会或者全国人民代表大会常务委员会提出议案；

③ 规定各部和各委员会的任务和职责，统一领导各部和各委员会的工作，并且领导不属于各部和各委员会的全国性的行政工作；

④ 统一领导全国地方各级国家行政机关的工作，规定中央和省、自治区、直辖市的国家行政机关的职权的具体划分；

⑤ 编制和执行国民经济和社会发展计划和国家预算；

⑥ 领导和管理经济工作和城乡建设、生态文明建设；

⑦ 领导和管理教育、科学、文化、卫生、体育和计划生育工作；

⑧ 领导和管理民政、公安、司法行政等工作；

⑨ 管理对外事务，同外国缔结条约和协定；

⑩ 领导和管理国防建设事业；

⑪ 领导和管理民族事务，保障少数民族的平等权利和民族自治地方的自治权利；

⑫ 保护华侨的正当的权利和利益，保护归侨和侨眷的合法的权利和利益；

⑬ 改变或者撤销各部、各委员会发布的不适当的命令、指示和规章；

⑭ 改变或者撤销地方各级国家行政机关的不适当的决定和命令；

⑮ 批准省、自治区、直辖市的区域划分，批准自治州、县、自治县、市的建置和区域划分；

⑯ 依照法律规定决定省、自治区、直辖市的范围内部分地区进入紧急状态；

⑰ 审定行政机构的编制，依照法律规定任免、培训、考核和奖惩行政人员；

⑱ 全国人民代表大会和全国人民代表大会常务委员会授予的其他职权。

（11）国务院对全国人民代表大会或全国人民代表大会常务委员会负责

国务院对全国人民代表大会负责并报告工作；在全国人民代表大会闭会期间，对全国人民代表大会常务委员会负责并报告工作。

（12）中央军事委员会

中华人民共和国中央军事委员会领导全国武装力量。中央军事委员会实行主席负责制。中央军事委员会每届任期同全国人民代表大会每届任期相同。中央军事委员会主席对全国人民代表大会和全国人民代表大会常务委员会负责。

（13）地方各级人民代表大会

地方各级人民代表大会是地方国家权力机关。县级以上的地方各级人民代表大会设立常务委员会。

（14）国家监察制度

中华人民共和国各级监察委员会是国家的监察机关。中华人民共和国设立国家监察委员会和地方各级监察委员会。中华人民共和国国家监察委员会是最高监察机关。监察委员会主任每届任期同本级人民代表大会每届任期相同。国家监察委员会主任连续任职不得超过两届。国家监察委员会领导地方各级监察委员会的工作，上级监察委员会领导下级监察委员会的工作。国家监察委员会对全国人民代表大会和全国人民代表大会常务委员会负责。地方各级监察委员会对产生它的国家权力机关和上一级监察委员会负责。

真题再现

《中华人民共和国宪法》规定，上级监察委员会对下级监察委员会的工作进行（　　）。

A. 监督　　B. 监察　　C. 领导　　D. 指导

课堂点睛

上下级政府、监察委员会、检察院之间都是领导与被领导的关系，而上下级法院之间是监督与被监督的关系。

（15）国家审判机关

中华人民共和国人民法院是国家的审判机关。最高人民法院是最高审判机关。最高人民法院院长每届任期同全国人民代表大会每届任期相同，连续任职不得超过两届。最高人民法院监督地方各级人民法院和专门人民法院的审判工作，上级人民法院监督下级人民法院的审判工作。最高人民法院对全国人民代表大会和全国人民代表大会常务委员会负责。地方各级人民法院对产生它的国家权力机关负责。

（16）国家法律监督机关

中华人民共和国人民检察院是国家的法律监督机关。最高人民检察院是最高检察机关。最高人民检察院检察长每届任期同全国人民代表大会每届任期相同，连续任职不得超过两届。人民检察院的组织由法律规定。最高人民检察院领导地方各级人民检察院和专门人民检察院的工作，上级人民检察院领导下级人民检察院的工作。最高人民检察院对全国人民代表大会和全国人民代表大会常务委员会负责。地方各级人民检察院对产生它的国家权力机关和上级人民检察院负责。

真题再现

根据《宪法》规定，国家的法律监督机关是(　　)。

A. 中华人民共和国人民检察院　　B. 中华人民共和国监察委员会

C. 全国人民代表大会常务委员会　　D. 中华人民共和国人民法院

第二节　教育法

知识结构

➤ **教育法**

◇《教育法》简介

◇《教育法》主要内容解读

- 总则
- 教育基本制度
- 学校及其他教育机构
- 教师和其他教育工作者
- 受教育者
- 教育与社会
- 教育投入与条件保障
- 教育对外交流与合作
- 法律责任

一、《教育法》简介

1995 年 3 月 18 日第八届全国人民代表大会第三次会议通过。根据 2009 年 8 月 27 日第十一届全国人民代表大会常务委员会第十次会议《关于修改部分法律的决定》第一次修正。根据 2015 年 12 月 27 日第十二届全国人民代表大会常务委员会第十八次会议《关于修改〈中华人民共和国教育法〉的决定》第二次修正。根据 2021 年 4 月 29 日第十三届全国人民代表大会常务委员会第二十八次会议《关于修改〈中华人民共和国教育法〉

的决定》第三次修正。

《教育法》的颁布是关系中国教育改革与发展和社会主义现代化建设全局的一件大事，对落实教育优先发展的战略地位，促进教育的改革与发展，建立具有中国特色的社会主义现代化教育制度，维护教育法律关系主体的合法权益，加速教育法治建设，提供了根本的法律保障。

《教育法》的颁布，标志着中国教育工作进入全面依法治教的新阶段，对我国教育事业的改革与发展，以及社会主义物质文明和精神文明建设将产生重大而深远的影响。

二、《教育法》主要内容解读

1. 总则

（1）指导思想

国家坚持中国共产党的领导，坚持以马克思列宁主义、毛泽东思想、邓小平理论、“三个代表”重要思想、科学发展观、习近平新时代中国特色社会主义思想为指导，遵循宪法确定的基本原则，发展社会主义的教育事业。

（2）教育优先

教育是社会主义现代化建设的基础，对提高人民综合素质、促进人的全面发展、增强中华民族创新创造活动、实现中华民族伟大复兴具有决定性意义，国家保障教育事业优先发展。

全社会应当关心和支持教育事业的发展。

全社会应当尊重教师。

真题再现

依据《教育法》，教育是社会主义现代化建设的基础，国家保障教育事业（　　）。

A. 优先发展　　B. 持续发展　　C. 重点发展　　D. 均衡发展

（3）根本任务

教育必须为社会主义现代化建设服务、为人民服务，必须与生产劳动和社会实践相结合，培养德智体美劳全面发展的社会主义建设者和接班人。

（4）德育为先

教育应当坚持立德树人，对受教育者加强社会主义核心价值观教育，增强受教育者的社会责任感、创新精神和实践能力。国家在受教育者中进行爱国主义、集体主义、中国特色社会主义的教育，进行理想、道德、纪律、法治、国防和民族团结的教育。

资料链接

党的二十大报告指出：“教育、科技、人才是全面建设社会主义现代化国家的基础性、战略性支撑”，必须“深入实施科教兴国战略、人才强国战略、创新驱动发展战略，开辟发展新领域新赛道，不断塑造发展新动能新优势”。

“要坚持教育优先发展、科技自立自强、人才引领驱动，加快建设教育强国、科技强国、人才强国，坚持为党育人、为国育才，全面提高人才自主培养质量，着力造就拔尖创新人才，聚天下英才而用之。”

“教育是国之大计、党之大计。培养什么人、怎样培养人、为谁培养人是教育的根本问题。育人的根本在于立德。全面贯彻党的教育方针，落实立德树人根本任务，培养德智体美劳全面发展的社会主义建设者和接班人。坚持以人民为中心发展教育，加快建设高质量教育体系，发展素质教育，促进教育公平。”

有《教育法》的保驾护航，教育事业才能健康蓬勃发展，才能为全面建设社会主义现代化国家提供稳固的基础性、战略性支撑。

（5）兼容并蓄

教育应当继承和弘扬中华优秀传统文化、革命文化、社会主义先进文化，吸收人类文明发展的一切优秀成果。

（6）服从国家与社会利益

教育活动必须符合国家和社会公共利益。

（7）教育与宗教相分离

国家实行教育与宗教相分离。任何组织和个人不得利用宗教进行妨碍国家教育制度的活动。

（8）受教育权利和义务

中华人民共和国公民有受教育的权利和义务。

（9）受教育机会平等

公民不分民族、种族、性别、职业、财产状况、宗教信仰等，依法享有平等的受教育机会。

真题再现

根据《教育法》规定，中华人民共和国公民不分民族、种族、性别、职业、财产状况、宗教信仰等，依法享有（　　）。

A. 平等受教育机会　　B. 平等受教育条件

C. 免试入学机会　　D. 就近入学机会

（10）教育扶持

国家根据各少数民族的特点和需要，帮助各少数民族地区发展教育事业。国家扶持边远贫困地区发展教育事业。国家扶持和发展残疾人教育事业。

(11) 国家推进教育不断发展

国家适应社会主义市场经济发展和社会进步的需要,推进教育改革,推动各级各类教育协调发展、衔接融通,完善现代国民教育体系,健全终身教育体系,提高教育现代化水平。国家采取措施促进教育公平,推动教育均衡发展。国家支持、鼓励和组织教育科学研究,推广教育科学研究成果,促进教育质量提高。

(12) 通用语言文字

国家通用语言文字为学校及其他教育机构的基本教育教学语言文字,学校及其他教育机构应当使用国家通用语言文字进行教育教学。民族自治地方以少数民族学生为主的学校及其他教育机构,从实际出发,使用国家通用语言文字和本民族或者当地民族通用的语言文字实施双语教育。国家采取措施,为少数民族学生为主的学校及其他教育机构实施双语教育提供条件和支持。

(13) 奖励先进

国家对发展教育事业作出突出贡献的组织和个人,给予奖励。

(14) 行政管理体制

国务院和地方各级人民政府根据分级管理、分工负责的原则,领导和管理教育工作。中等及中等以下教育在国务院领导下,由地方人民政府管理。高等教育由国务院和省、自治区、直辖市人民政府管理。

(15) 教育行政主管

国务院教育行政部门主管全国教育工作,统筹规划、协调管理全国的教育事业。县级以上地方各级人民政府教育行政部门主管本行政区域内的教育工作。县级以上各级人民政府其他有关部门在各自的职责范围内,负责有关的教育工作。

(16) 人人对教育的监督

国务院和县级以上地方各级人民政府应当向本级人民代表大会或者其常务委员会报告教育工作和教育经费预算、决算情况,接受监督。

2. 教育基本制度

(1) 学校教育制度

国家实行学前教育、初等教育、中等教育、高等教育的学校教育制度。国家建立科学的学制系统。学制系统内的学校和其他教育机构的设置、教育形式、修业年限、招生对象、培养目标等,由国务院或者由国务院授权教育行政部门规定。

(2) 推进学前教育

国家制定学前教育标准,加快普及学前教育,构建覆盖城乡,特别是农村的学前教育公共服务体系。各级人民政府应当采取措施,为适龄儿童接受学前教育提供条件和支持。

(3) 义务教育制度

国家实行九年制义务教育制度。各级人民政府采取各种措施保障适龄儿童、少年就学。适龄儿童、少年的父母或者其他监护人以及有关社会组织和个人有义务使适龄儿童、少年接受并完成规定年限的义务教育。

(4) 职业教育制度和继续教育制度

国家实行职业教育制度和继续教育制度。各级人民政府、有关行政部门和行业组织以及企业事业组织应当采取措施,发展并保障公民接受职业学校教育或者各种形式的职业培训。国家鼓励发展多种形式的继续教育,使公民接受适当形式的政治、经济、文化、科学、技术、业务等方面的教育,促进不同类型学习成果的互认和衔接,推动全民终身学习。

(5) 教育考试制度

国家实行国家教育考试制度。国家教育考试由国务院教育行政部门确定种类,并由国家批准的实施教育考试的机构承办。

(6) 学业证书制度

国家实行学业证书制度。经国家批准设立或者认可的学校及其他教育机构按照国家有关规定,颁发学历证书或者其他学业证书。

(7) 学位制度

国家实行学位制度。学位授予单位依法对达到一定学术水平或者专业技术水平的人员授予相应的学位,颁发学位证书。

(8) 扫除文盲

各级人民政府、基层群众性自治组织和企业事业组织应当采取各种措施,开展扫除文盲的教育工作。按照国家规定具有接受扫除文盲教育能力的公民,应当接受扫除文盲的教育。

(9) 教育督导与评估

国家实行教育督导制度和学校及其他教育机构教育评估制度。

3. 学校及其他教育机构

(1) 教育规划

国家制定教育发展规划,并举办学校及其他教育机构。国家鼓励企业事业组织、社会团体、其他社会组织及公民个人依法举办学校及其他教育机构。国家举办学校及其他教育机构,应当坚持勤俭节约的原则。以财政性经费、捐赠资产举办或者参与举办的学校及其他教育机构不得设立为营利性组织。

(2) 设立学校条件

设立学校及其他教育机构,必须具备下列基本条件:

① 有组织机构和章程;

② 有合格的教师;

③ 有符合规定标准的教学场所及设施、设备等;

④ 有必备的办学资金和稳定的经费来源。

真题再现

依据《教育法》的相关规定,某地拟设立一所新学校,下列不属于该学校设立必备条件的是(　　)。

A. 有组织机构和章程　　B. 有充足的生源

C. 有合格的教师　　D. 有稳定的经费来源

(3) 办学手续

学校及其他教育机构的设立、变更和终止,应当按照国家有关规定办理审核、批准、注册或者备案手续。

(4) 学校权利

学校及其他教育机构行使下列权利:

① 按照章程自主管理;

② 组织实施教育教学活动;

③ 招收学生或者其他受教育者;

④ 对受教育者进行学籍管理,实施奖励或者处分;

⑤ 对受教育者颁发相应的学业证书;

⑥ 聘任教师及其他职工,实施奖励或者处分;

⑦ 管理、使用本单位的设施和经费;

⑧ 拒绝任何组织和个人对教育教学活动的非法干涉;

⑨ 法律、法规规定的其他权利。

国家保护学校及其他教育机构的合法权益不受侵犯。

(5) 学校义务

学校及其他教育机构应当履行下列义务:

① 遵守法律、法规;

② 贯彻国家的教育方针,执行国家教育教学标准,保证教育教学质量;

③ 维护受教育者、教师及其他职工的合法权益;

④ 以适当方式为受教育者及其监护人了解受教育者的学业成绩及其他有关情况提供便利;

⑤ 遵照国家有关规定收取费用并公开收费项目;

⑥ 依法接受监督。

(6) 自主确定管理体制

学校及其他教育机构的举办者按照国家有关规定,确定其所举办的学校或者其他教育机构的管理体制。

真题再现

为解决新建小区幼儿入学难的问题,某房产开发公司在所建小区引入了一家由某教育发展集团独资举办的幼儿园。根据《教育法》的规定,有权确立该幼儿园管理体制的是

(　　)。

A. 当地人民政府　　　　B. 当地教育行政部门

C. 该教育发展集团　　　D. 该房产开发公司

解析： 学校或教育机构有按照章程自主管理的权利，所以，学校或教育机构内部的管理体制由其自身确立。

(7) 校长负责制

学校及其他教育机构的校长或者主要行政负责人必须由具有中华人民共和国国籍、在中国境内定居、并具备国家规定任职条件的公民担任，其任免按照国家有关规定办理。学校的教学及其他行政管理，由校长负责。

真题再现

某私人企业在某省投资新建了一所中学，学校拟聘请一位外籍人士担任学校校长，这所学校的做法(　　)。

A. 正确，我国学校的校长可以由外籍人士担任

B. 正确，外籍人士经过许可可以担任民办学校的校长

C. 错误，中国学校的校长只能由中国国籍的公民担任

D. 错误，外籍人士必须在中国居住一段时间才可以担任校长

(8) 教职工民主监督

学校及其他教育机构应当按照国家有关规定，通过以教师为主体的教职工代表大会等组织形式，保障教职工参与民主管理和监督。

(9) 学校的法人地位

学校及其他教育机构具备法人条件的，自批准设立或者登记注册之日起取得法人资格。学校及其他教育机构在民事活动中依法享有民事权利，承担民事责任。学校及其他教育机构中的国有资产属于国家所有。学校及其他教育机构兴办的校办产业独立承担民事责任。

知识拓展

法人是具有民事权利能力和民事行为能力，依法独立享有民事权利和承担民事义务的组织。这种组织既可以是人的结合团体，也可以是依特殊目的所组织起来的财产。从根本上讲，法人与其他组织一样，是自然人实现自身特定目标的手段，它们是法律技术的产物，它的存在从根本上减轻了自然人在社会交往中的负担。法人的特征主要有：

(1) 法人是团体，是自然人或财产的集合；

(2) 法人拥有独立的财产；

(3) 法人以自己的名义参加民事法律关系；

(4) 法人独立承担民事责任；

(5) 法人承担有限责任。

法人分为企业法人，如有限公司与股份公司；机关法人，如财政部；事业单位法人，如学校、国家图书馆；社会团体法人，如各种协会、学会、研究会等。

4. 教师和其他教育工作者

(1) 教师的权利与义务

教师享有法律规定的权利，履行法律规定的义务，忠诚于人民的教育事业。

(2) 教师地位与待遇

国家保护教师的合法权益，改善教师的工作条件和生活条件，提高教师的社会地位。教师的工资报酬、福利待遇，依照法律、法规的规定办理。

(3) 基本教师制度

国家实行教师资格、职务、聘任制度，通过考核、奖励、培养和培训，提高教师素质，加强教师队伍建设。

(4) 教育职员制

学校及其他教育机构中的管理人员，实行教育职员制度。

真题再现

梁某受聘在某政府机关举办的幼儿园中从事专职食品安全管理工作。根据《教育法》的规定，对于梁某的管理应该实行(　　)。

A　国家公务员制度　　B. 教育雇员制度

C. 教育职员制度　　D. 教育公务员制度

(5) 专技职务聘任制

学校及其他教育机构中的教学辅助人员和其他专业技术人员，实行专业技术职务聘任制度。

5. 受教育者

(1) 平等受教育权

受教育者在入学、升学、就业等方面依法享有平等权利。学校和有关行政部门应当按照国家有关规定，保障女子在入学、升学、就业、授予学位、派出留学等方面享有同男子平等的权利。

(2) 教育物资保障

国家、社会对符合入学条件、家庭经济困难的儿童、少年、青年，提供各种形式的资助。

(3) 残疾人教育保障

国家、社会、学校及其他教育机构应当根据残疾人身心特性和需要实施教育，并为其提供帮助和便利。

(4) 违法犯罪未成年人教育保障

国家、社会、家庭、学校及其他教育机构应当为有违法犯罪行为的未成年人接受教育创造条件。

(5) 继续教育制度

从业人员有依法接受职业培训和继续教育的权利和义务。国家机关、企业事业组织和其他社会组织,应当为本单位职工的学习和培训提供条件和便利。

(6) 终身教育

国家鼓励学校及其他教育机构、社会组织采取措施,为公民接受终身教育创造条件。

(7) 受教育者权利

受教育者享有下列权利:

① 参加教育教学计划安排的各种活动,使用教育教学设施、设备、图书资料;

② 按照国家有关规定获得奖学金、贷学金、助学金;

③ 在学业成绩和品行上获得公正评价,完成规定的学业后获得相应的学业证书、学位证书;

④ 对学校给予的处分不服向有关部门提出申诉,对学校、教师侵犯其人身权、财产权等合法权益,提出申诉或者依法提起诉讼;

⑤ 法律、法规规定的其他权利。

(8) 受教育者义务

受教育者应当履行下列义务:

① 遵守法律、法规;

② 遵守学生行为规范,尊敬师长,养成良好的思想品德和行为习惯;

③ 努力学习,完成规定的学习任务;

④ 遵守所在学校或者其他教育机构的管理制度。

(9) 保护学生

教育、体育、卫生行政部门和学校及其他教育机构应当完善体育、卫生保健设施,保护学生的身心健康。

6. 教育与社会

(1) 社会保障

国家机关、军队、企业事业组织、社会团体及其他社会组织和个人,应当依法为儿童、少年、青年学生的身心健康成长创造良好的社会环境。

(2) 社会合作

国家鼓励企业事业组织、社会团体及其他社会组织同高等学校、中等职业学校在教学、科研、技术开发和推广等方面进行多种形式的合作。企业事业组织、社会团体及其他社会组织和个人,可以通过适当形式,支持学校的建设,参与学校管理。

(3) 教育实践

国家机关、军队、企业事业组织及其他社会组织应当为学校组织的学生实习、社会实践活动提供帮助和便利。

(4) 参与公益

学校及其他教育机构在不影响正常教育教学活动的前提下,应当积极参加当地的社会公益活动。

(5) 监护人义务

未成年人的父母或者其他监护人应当为其未成年子女或者其他被监护人受教育提供必要条件。未成年人的父母或者其他监护人应当配合学校及其他教育机构,对其未成年子女或者其他被监护人进行教育。学校、教师可以对学生家长提供家庭教育指导。

(6) 社会教育资源

图书馆、博物馆、科技馆、文化馆、美术馆、体育馆(场)等社会公共文化体育设施,以及历史文化古迹和革命纪念馆(地),应当对教师、学生实行优待,为受教育者接受教育提供便利。广播、电视台(站)应当开设教育节目,促进受教育者思想品德、文化和科学技术素质的提高。

(7) 校外教育

国家、社会建立和发展对未成年人进行校外教育的设施。学校及其他教育机构应当同基层群众性自治组织、企业事业组织、社会团体相互配合,加强对未成年人的校外教育工作。

(8) 社会文化教育

国家鼓励社会团体、社会文化机构及其他社会组织和个人开展有益于受教育者身心健康的社会文化教育活动。

7. 教育投入与条件保障

(1) 教育经费体制

国家建立以财政拨款为主、其他多种渠道筹措教育经费为辅的体制,逐步增加对教育的投入,保证国家举办的学校教育经费的稳定来源。企业事业组织、社会团体及其他社会组织和个人依法举办的学校及其他教育机构,办学经费由举办者负责筹措,各级人民政府可以给予适当支持。

(2) 经费增长机制

国家财政性教育经费支出占国内生产总值的比例应当随着国民经济的发展和财政收入的增长逐步提高。具体比例和实施步骤由国务院规定。全国各级财政支出总额中教育经费所占比例应当随着国民经济的发展逐步提高。

(3) 经费支出原则

各级人民政府的教育经费支出,按照事权和财权相统一的原则,在财政预算中单独列项。各级人民政府教育财政拨款的增长应当高于财政经常性收入的增长,并使按在校学生人数平均的教育费用逐步增长,保证教师工资和学生人均公用经费逐步增长。

（4）教育专项资金

国务院及县级以上地方各级人民政府应当设立教育专项资金，重点扶持边远贫困地区、少数民族地区实施义务教育。

（5）教育费附加

税务机关依法足额征收教育费附加，由教育行政部门统筹管理，主要用于实施义务教育。省、自治区、直辖市人民政府根据国务院的有关规定，可以决定开征用于教育的地方附加费，专款专用。

（6）扶持学校产业

国家采取优惠措施，鼓励和扶持学校在不影响正常教育教学的前提下开展勤工俭学和社会服务，兴办校办产业。

（7）鼓励捐资助学

国家鼓励境内、境外社会组织和个人捐资助学。

（8）教育经费专用

国家财政性教育经费、社会组织和个人对教育的捐赠，必须用于教育，不得挪用、克扣。

（9）鼓励融资

国家鼓励运用金融、信贷手段，支持教育事业的发展。

（10）教育经费监管

各级人民政府及其教育行政部门应当加强对学校及其他教育机构教育经费的监督管理，提高教育投资效益。

（11）学校布局规划

地方各级人民政府及其有关行政部门必须把学校的基本建设纳入城乡建设规划，统筹安排学校的基本建设用地及所需物资，按照国家有关规定实行优先、优惠政策。

（12）教育物资保障

各级人民政府对教科书及教学用图书资料的出版发行，对教学仪器、设备的生产和供应，对用于学校教育教学和科学研究的图书资料、教学仪器、设备的进口，按照国家有关规定实行优先、优惠政策。

（13）教育信息化

国家推进教育信息化，加快教育信息基础设施建设，利用信息技术促进优质教育资源普及共享，提高教育教学水平和教育管理水平。县级以上人民政府及其有关部门应当发展教育信息技术和其他现代化教学方式，有关行政部门应当优先安排，给予扶持。国家鼓励学校及其他教育机构推广运用现代化教学方式。

8. 教育对外交流与合作

（1）鼓励教育国际合作

国家鼓励开展教育对外交流与合作，支持学校及其他教育机构引进优质教育资源，依法开展中外合作办学，发展国际教育服务，培养国际化人才。

（2）教育国际合作原则

教育对外交流与合作坚持独立自主、平等互利、相互尊重的原则，不得违反中国法律，不得损害国家主权、安全和社会公共利益。

（3）出国留学管理

中国境内公民出国留学、研究、进行学术交流或者任教，依照国家有关规定办理。

（4）入境留学管理

中国境外个人符合国家规定的条件并办理有关手续后，可以进入中国境内学校及其他教育机构学习、研究、进行学术交流或者任教，其合法权益受国家保护。

（5）认证学历

中国对境外教育机构颁发的学位证书、学历证书及其他学业证书的承认，依照中华人民共和国缔结或者加入的国际条约办理，或者按照国家有关规定办理。

9. 法律责任

（1）不按预算核拨教育经费

违反国家有关规定，不按照预算核拨教育经费的，由同级人民政府限期核拨；情节严重的，对直接负责的主管人员和其他直接责任人员，依法给予处分。

课堂点睛

不按照预算核拨教育经费、挪用或克扣教育经费、违法办学、违规招生、违法颁发学业证书等行为，都要追究直接负责的主管人员和其他直接责任人员的责任。

（2）挪用克扣教育经费

违反国家财政制度、财务制度，挪用、克扣教育经费的，由上级机关责令限期归还被挪用、克扣的经费，并对直接负责的主管人员和其他直接责任人员，依法给予处分；构成犯罪的，依法追究刑事责任。

真题再现

某县教育局局长马某挪用教育经费，建造教育局办公大楼。对于马某，应当依法（　　）。

A. 给予行政处分　　B. 给予行政拘留

C. 责令其具结悔过　　D. 责令其赔礼道歉

（3）扰乱教育秩序

结伙斗殴、寻衅滋事，扰乱学校及其他教育机构教育教学秩序或者破坏校舍、场地及其他财产的，由公安机关给予治安管理处罚；构成犯罪的，依法追究刑事责任。

真题再现

社会人员孙某闯入幼儿园寻衅滋事，扰乱幼儿园教育教学秩序。依据《教育法》，孙某(　　)。

A. 应由公安机关给予治安管理处罚　　B. 应由教育行政部门给予行政处罚

C. 应由人民法院给予司法拘留　　D. 应由人民检察院给予刑事处罚

(4) 侵占学校财产

侵占学校及其他教育机构的校舍、场地及其他财产的，依法承担民事责任。

(5) 放任教育设施安全隐患

明知校舍或者教育教学设施有危险，而不采取措施，造成人员伤亡或者重大财产损失的，对直接负责的主管人员和其他直接责任人员，依法追究刑事责任。

课堂点睛

只有造成人员伤亡或者重大财产损失才可能构成犯罪，并被追究刑事责任。如果损害后果轻微，一般只会承担行政和民事责任。

(6) 违规收取学校费用

违反国家有关规定，向学校或者其他教育机构收取费用的，由政府责令退还所收费用；对直接负责的主管人员和其他直接责任人员，依法给予处分。

(7) 违法办学

违反国家有关规定，举办学校或者其他教育机构的，由教育行政部门或者其他有关行政部门予以撤销；有违法所得的，没收违法所得；对直接负责的主管人员和其他直接责任人员，依法给予处分。

(8) 违法招生

学校或者其他教育机构违反国家有关规定招收学生的，由教育行政部门或者其他有关行政部门责令退回招收的学生，退还所收费用；对学校、其他教育机构给予警告，可以处违法所得五倍以下罚款；情节严重的，责令停止相关招生资格一年以上三年以下，直至撤销招生资格、吊销办学许可证；对直接负责的主管人员和其他直接责任人员，依法给予处分；构成犯罪的，依法追究刑事责任。

(9) 招生舞弊

在招收学生工作中滥用职权、玩忽职守、徇私舞弊的，由教育行政部门或者其他有关行政部门责令退回招收的不符合入学条件的人员；对直接负责的主管人员和其他直接责任人员，依法给予处分；构成犯罪的，依法追究刑事责任。

盗用、冒用他人身份，顶替他人取得的入学资格的，由教育行政部门或者其他有关行政部门责令撤销入学资格，并责令停止参加相关国家教育考试二年以上五年以下；已经取得学位证书、学历证书或者其他学业证书的，由颁发机构撤销相关证书；已经成为公职人员的，依法给予开除处分；构成违反治安管理行为的，由公安机关依法给予治安管理处罚；构成犯罪的，依法追究刑事责任。

与他人串通，允许他人冒用本人身份，顶替本人取得的入学资格的，由教育行政部门或者其他有关行政部门责令停止参加相关国家教育考试一年以上三年以下；有违法所得的，没收违法所得；已经成为公职人员的，依法给予处分；构成违反治安管理行为的，由公安机关依法给予治安管理处罚；构成犯罪的，依法追究刑事责任。

组织、指使盗用或者冒用他人身份，顶替他人取得的入学资格的，有违法所得的，没收违法所得；属于公职人员的，依法给予处分；构成违反治安管理行为的，由公安机关依法给予治安管理处罚；构成犯罪的，依法追究刑事责任。

入学资格被顶替、权利受到侵害的，可以请求恢复其入学资格。

(10) 违规收取学生费用

学校及其他教育机构违反国家有关规定向受教育者收取费用的，由教育行政部门或者其他有关行政部门责令退还所收费用；对直接负责的主管人员和其他直接责任人员，依法给予处分。

真题再现

某初级中学违反国家有关规定向学生收取补课费，依据《教育法》，有权责令该校退还所收费用的是(　　)。

A. 教育行政机关　B. 纪检部门　C. 公安机关　D. 物价部门

(11) 考生违法

考生在国家教育考试中有下列行为之一的，由组织考试的教育考试机构工作人员在考试现场采取必要措施予以制止并终止其继续参加考试；组织考试的教育考试机构可以取消其相关考试资格或者考试成绩；情节严重的，由教育行政部门责令停止参加相关国家教育考试一年以上三年以下；构成违反治安管理行为的，由公安机关依法给予治安管理处罚；构成犯罪的，依法追究刑事责任：

① 非法获取考试试题或者答案的；

② 携带或者使用考试作弊器材、资料的；

③ 抄袭他人答案的；

④ 让他人代替自己参加考试的；

⑤ 其他以不正当手段获得考试成绩的作弊行为。

知识拓展

代替考试罪

代替他人或者让他人代替自己参加法律规定的国家考试的，处拘役或者管制，并处或者单处罚金。

2015 年 11 月 1 日起正式实施的《刑法修正案（九）》正式将代替考试行为入刑，在刑法第二百八十四条后新增加一条，规定代替他人或让他人代替自己参加法律规定的国家考试的行为，将受到法律的制裁。

代替考试罪是典型的对向犯，刑法同时处罚考生和“枪手”双方行为人，且定罪和法定刑都相同。

根据有关法律规定，下列考试属于“法律规定的国家考试”：

（1）高等教育自学考试、成人高等学校招生考试、普通高等学校招生考试、研究生招生考试等国家教育考试。

（2）中央和地方公务员录用考试。

（3）国家教师资格考试、医师资格考试、执业药师职业资格考试、国家统一法律职业资格考试、注册会计师全国统一考试、会计专业技术资格考试、资产评估师资格考试、注册建筑师考试、建造师执业资格考试等专业技术资格考试。

（4）其他依照法律由中央或者地方主管部门以及行业组织的国家考试。

（12）扰乱考试秩序

任何组织或者个人在国家教育考试中有下列行为之一，有违法所得的，由公安机关没收违法所得，并处违法所得一倍以上五倍以下罚款；情节严重的，处五日以上十五日以下拘留；构成犯罪的，依法追究刑事责任；属于国家机关工作人员的，还应当依法给予处分：

① 组织作弊的；

② 通过提供考试作弊器材等方式为作弊提供帮助或者便利的；

③ 代替他人参加考试的；

④ 在考试结束前泄露、传播考试试题或者答案的；

⑤ 其他扰乱考试秩序的行为。

（13）考试管理混乱

举办国家教育考试，教育行政部门、教育考试机构疏于管理，造成考场秩序混乱、作弊情况严重的，对直接负责的主管人员和其他直接责任人员，依法给予处分；构成犯罪的，依法追究刑事责任。

（14）违法颁发学业证书

学校或者其他教育机构违反本法规定，颁发学位证书、学历证书或者其他学业证书的，由教育行政部门或者其他有关行政部门宣布证书无效，责令收回或者予以没收；有违法所得的，没收违法所得；情节严重的，责令停止相关招生资格一年以上三年以下，直至撤销招生资格、颁发证书资格；对直接负责的主管人员和其他直接责任人员，依法给予处分。

(15) 学历造假

前款规定以外的任何组织或者个人制造、销售、颁发假冒学位证书、学历证书或者其他学业证书，构成违反治安管理行为的，由公安机关依法给予治安管理处罚；构成犯罪的，依法追究刑事责任。

以作弊、剽窃、抄袭等欺诈行为或者其他不正当手段获得学位证书、学历证书或者其他学业证书的，由颁发机构撤销相关证书。购买、使用假冒学位证书、学历证书或者其他学业证书，构成违反治安管理行为的，由公安机关依法给予治安管理处罚。

(16) 教育侵权

违反本法规定，侵犯教师、受教育者、学校或者其他教育机构的合法权益，造成损失、损害的，应当依法承担民事责任。

第三节　义务教育法

知识结构

- **义务教育法**
  - ◇《义务教育法》简介
  - ◇《义务教育法》主要内容解读
    - 总则
    - 学生
    - 学校
    - 教师
    - 教育教学
    - 经费保障
    - 法律责任

一、《义务教育法》简介

1986 年 4 月 12 日，由第六届全国人民代表大会第四次会议通过。2006 年 6 月 29 日，第十届全国人民代表大会常务委员会第二十二次会议进行修订。根据 2015 年 4 月 24 日第十二届全国人民代表大会常务委员会第十四次会议《关于修改〈义务教育法〉等五部法律的决定》修正。2018 年 12 月 29 日，第十三届全国人民代表大会常务委员会第七次会议对《义务教育法》作出修正。

《义务教育法》是国家实行九年义务教育的根本大法。国家统一实施的所有适龄儿童、少年必须接受的义务教育，是国家必须予以保障的公益性事业。

2018 年新《义务教育法》的通过，对 21 世纪的中国教育发展来说，是一件具有深远意义的大事。义务教育的发展关乎整个民族素质的提高，对整个教育事业的发展具有奠基性意义和深远的历史作用。新《义务教育法》的出台也是中国教育法制建设一个新的主要标志。

新《义务教育法》对学生、学校、教师等教育法律关系主体的地位及权利义务、教育教学行为、经费保障、法律责任等方面作出了明确系统的规定。指明了义务教育均衡发展这个根本方向。将义务教育的均衡发展纳入了法制的轨道，将均衡教育思想作为新《义务教育法》的根本指导思想。明确了义务教育承担实施素质教育的重大使命。把义务教育纳入实施素质教育的轨道上来，把实施素质教育作为义务教育的一项新的历史使命。注重培养学生的独立思考能力、实践能力和创新能力，并将此作为促进学生全面发展的重点。进一步完善了义务教育的管理体制，强化了省级统筹实施。确立了义务教育经费保障机制，保障接受义务教育的平等权利，规范了义务教育的办学行为。

二、《义务教育法》主要内容解读

1. 总则

（1）立法目的

为了保障适龄儿童、少年接受义务教育的权利，保证义务教育的实施，提高全民族素质，根据宪法和教育法，制定本法。

（2）九年制

国家实行九年义务教育制度。

（3）公益性

义务教育是国家统一实施的所有适龄儿童、少年必须接受的教育，是国家必须予以保障的公益性事业。

（4）免学杂费

实施义务教育，不收学费、杂费。国家建立义务教育经费保障机制，保证义务教育制度实施。

（5）义务教育目标

义务教育必须贯彻国家的教育方针，实施素质教育，提高教育质量，使适龄儿童、少年在品德、智力、体质等方面全面发展，为培养有理想、有道德、有文化、有纪律的社会主义建设者和接班人奠定基础。

（6）平等接受义务教育

凡具有中华人民共和国国籍的适龄儿童、少年，不分性别、民族、种族、家庭财产状况、宗教信仰等，依法享有平等接受义务教育的权利，并履行接受义务教育的义务。

(7) 政府职责

各级人民政府及其有关部门应当履行本法规定的各项职责,保障适龄儿童、少年接受义务教育的权利。

(8) 监护人职责

适龄儿童、少年的父母或者其他法定监护人应当依法保证其按时入学接受并完成义务教育。

(9) 学校职责

依法实施义务教育的学校应当按照规定标准完成教育教学任务,保证教育教学质量。

(10) 社会义务

社会组织和个人应当为适龄儿童、少年接受义务教育创造良好的环境。

(11) 均衡发展

国务院和县级以上地方人民政府应当合理配置教育资源,促进义务教育均衡发展,改善薄弱学校的办学条件,并采取措施,保障农村地区、民族地区实施义务教育,保障家庭经济困难的和残疾的适龄儿童、少年接受义务教育。国家组织和鼓励经济发达地区支援经济欠发达地区实施义务教育。

(12) 管理体制

义务教育实行国务院领导,省、自治区、直辖市人民政府统筹规划实施,县级人民政府为主管理的体制。县级以上人民政府教育行政部门具体负责义务教育实施工作;县级以上人民政府其他有关部门在各自的职责范围内负责义务教育实施工作。

(13) 教育行政督导

人民政府教育督导机构对义务教育工作执行法律法规情况、教育教学质量以及义务教育均衡发展状况等进行督导,督导报告向社会公布。

(14) 社会监督

任何社会组织或者个人有权对违反本法的行为向有关国家机关提出检举或者控告。

(15) 问责机制

发生违反本法的重大事件,妨碍义务教育实施,造成重大社会影响的,负有领导责任的人民政府或者人民政府教育行政部门负责人应当引咎辞职。

真题再现

依据《教育法》的规定,妨碍义务教育实施,造成重大社会影响的,负有领导责任的人民政府或者人民政府教育行政部门的负责人(　　)。

A. 应该引咎辞职　　B. 应被就地免职

C. 应承担刑事责任　　D. 应受行政训诫

（16）奖励

对在义务教育实施工作中作出突出贡献的社会组织和个人，各级人民政府及其有关部门按照有关规定给予表彰、奖励。

2. 学生

（1）入学年龄

凡年满六周岁的儿童，其父母或者其他法定监护人应当送其入学接受并完成义务教育；条件不具备的地区的儿童，可以推迟到七周岁。

（2）延缓入学与休学

适龄儿童、少年因身体状况需要延缓入学或者休学的，其父母或者其他法定监护人应当提出申请，由当地乡镇人民政府或者县级人民政府教育行政部门批准。

（3）免试就近入学

适龄儿童、少年免试入学。地方各级人民政府应当保障适龄儿童、少年在户籍所在地学校就近入学。

（4）非户籍地入学

父母或者其他法定监护人在非户籍所在地工作或者居住的适龄儿童、少年，在其父母或者其他法定监护人工作或者居住地接受义务教育的，当地人民政府应当为其提供平等接受义务教育的条件。具体办法由省、自治区、直辖市规定。

真题再现

在外地打工的陈某向工作所在地的教育行政部门提出申请，请求审批他年满七周岁的孩子晓宝在工作地附近的公立小学就读。对于这一申请，当地教育行政部门应当（　　）。

A. 拒绝，晓宝只能在户籍所在地的学校就读

B. 批准，但要求陈某缴纳额外的学费和杂费

C. 拒绝，晓宝只能选择在当地民办学校就读

D. 批准，并为其提供平等接受义务教育的条件

（5）军人子女入学

县级人民政府教育行政部门对本行政区域内的军人子女接受义务教育予以保障。

真题再现

亮亮是驻某地武警部队现役军人的子女。根据《义务教育法》的规定，对亮亮的义务教育负有保障义务的是（　　）。

A. 中央人民政府教育行政部门　　B. 省级人民政府教育行政部门

C. 市级人民政府教育行政部门　　D. 县级人民政府教育行政部门

(6) 入学督促

县级人民政府教育行政部门和乡镇人民政府组织和督促适龄儿童、少年入学,帮助解决适龄儿童、少年接受义务教育的困难,采取措施防止适龄儿童、少年辍学。

居民委员会和村民委员会协助政府做好工作,督促适龄儿童、少年入学。

真题再现

雯雯还未完成义务教育就辍学回家了。班主任王老师多次上门家访,雯雯的父母总以读了书也找不到工作为由,拒绝让雯雯回学校上学。根据《义务教育法》的规定,对于雯雯的父母,当地居民委员会可以采取的措施是(　　)。

A. 给予批评教育,督促限期改正

B. 给予行政处分,责令赔礼道歉

C. 做好协助工作,督促家长送雯雯接受义务教育

D. 采取强制措施,责令家长送雯雯接受义务教育

(7) 禁招童工

禁止用人单位招用应当接受义务教育的适龄儿童、少年。

(8) 参加特训少年儿童义务教育

根据国家有关规定经批准招收适龄儿童、少年进行文艺、体育等专业训练的社会组织,应当保证所招收的适龄儿童、少年接受义务教育;自行实施义务教育的,应当经县级人民政府教育行政部门批准。

真题再现

某足球学校是专门招收适龄儿童、少年进行足球专门训练的学校。依据《义务教育法》,对该学校自行对适龄儿童、少年实施义务教育具有审批权的主体是(　　)。

A. 市级人民政府　　B. 市级人民政府教育行政部门

C. 县级人民政府　　D. 县级人民政府教育行政部门

3. 学校

(1) 学校规划

县级以上地方人民政府根据本行政区域内居住的适龄儿童、少年的数量和分布状况等因素,按照国家有关规定,制定、调整学校设置规划。新建居民区需要设置学校的,应当与居民区的建设同步进行。

(2) 建设标准

学校建设,应当符合国家规定的办学标准,适应教育教学需要;应当符合国家规定的选址要求和建设标准,确保学生和教职工安全。

（3）寄宿制学校

县级人民政府根据需要设置寄宿制学校，保障居住分散的适龄儿童、少年入学接受义务教育。

（4）民族学校

国务院教育行政部门和省、自治区、直辖市人民政府根据需要，在经济发达地区设置接收少数民族适龄儿童、少年的学校（班）。

（5）特殊义务教育

县级以上地方人民政府根据需要设置相应的实施特殊教育的学校（班），对视力残疾、听力语言残疾和智力残疾的适龄儿童、少年实施义务教育。特殊教育学校（班）应当具备适应残疾儿童、少年学习、康复、生活特点的场所和设施。普通学校应当接收具有接受普通教育能力的残疾适龄儿童、少年随班就读，并为其学习、康复提供帮助。

（6）不良少年义务教育

县级以上地方人民政府根据需要，为具有《预防未成年人犯罪法》规定的严重不良行为的适龄少年设置专门的学校实施义务教育。

（7）未成年犯义务教育

对未完成义务教育的未成年犯和被采取强制性教育措施的未成年人应当进行义务教育，所需经费由人民政府予以保障。

课堂点睛

未成年人不管作出多么恶劣的行为，社会均须保证其完成义务教育。

（8）均衡发展

县级以上人民政府及其教育行政部门应当促进学校均衡发展，缩小学校之间办学条件的差距，不得将学校分为重点学校和非重点学校。学校不得分设重点班和非重点班。

（9）公办学校性质

县级以上人民政府及其教育行政部门不得以任何名义改变或者变相改变公办学校的性质。

（10）学校周边安全

各级人民政府及其有关部门依法维护学校周边秩序，保护学生、教师、学校的合法权益，为学校提供安全保障。

（11）学校安全制度

学校应当建立、健全安全制度和应急机制，对学生进行安全教育，加强管理，及时消除隐患，预防发生事故。学校不得聘用曾经因故意犯罪被依法剥夺政治权利或者其他不适合从事义务教育工作的人担任工作人员。

课堂点睛

请注意区分关于教师聘用和教师资格的相关规定：

(1)《教师法》规定："受到剥夺政治权利或者故意犯罪受到有期徒刑以上刑事处罚的，不能取得教师资格；已经取得教师资格的，丧失教师资格。"

(2)《义务教育法》规定："学校不得聘用曾经因故意犯罪被依法剥夺政治权利或者其他不适合从事义务教育工作的人担任工作人员。"

(3)《中小学幼儿园安全管理办法》规定："学校不得聘用因故意犯罪而受到刑事处罚的人，或者有精神病史的人担任教职工。"

没有教师资格的，学校肯定不会聘用。但是有教师资格的，学校也不一定聘用。因为有的人故意犯罪受到刑事处罚虽然未达到丧失教师资格的条件，但是中小学和幼儿园是不得聘任这种人员的。此类人员只能到其他类型的学校或教育机构任教。

(12) 政府安全督导

县级以上地方人民政府定期对学校校舍安全进行检查；对需要维修、改造的，及时予以维修、改造。

(13) 非法牟利

学校不得违反国家规定收取费用，不得以向学生推销或者变相推销商品、服务等方式牟取利益。

(14) 校长负责制

学校实行校长负责制。校长应当符合国家规定的任职条件。校长由县级人民政府教育行政部门依法聘任。

真题再现

《义务教育法》规定，我国中小学实行(　　)。

A. 校长负责制　　B. 校长责任制

C. 党委领导下的校长负责制　　D. 党委领导下的校长责任制

解析：中小学实行的是校长负责制，高校实行的是党委领导下的校长负责制，没有校长责任制的说法。

(15) 禁止开除学生

对违反学校管理制度的学生，学校应当予以批评教育，不得开除。

真题再现

小学生李某多次违反学校管理制度。对于李某，学校可以采取的管教方式是(　　)。

A. 强制劝退　　B. 批评教育　　C. 开除学籍　　D. 收容教养

解析：无论学生出现什么违规情况，义务教育阶段均不得开除学生。

4. 教师

（1）教师权利义务

教师享有法律规定的权利，履行法律规定的义务，应当为人师表，忠诚于人民的教育事业。全社会应当尊重教师。

（2）教师行为规范

教师在教育教学中应当平等对待学生，关注学生的个体差异，因材施教，促进学生的充分发展。教师应当尊重学生的人格，不得歧视学生，不得对学生实施体罚、变相体罚或者其他侮辱人格尊严的行为，不得侵犯学生合法权益。

（3）教师资格及职称制度

教师应当取得国家规定的教师资格。国家建立统一的义务教育教师职务制度。教师职务分为初级职务、中级职务和高级职务。

（4）教师福利待遇

各级人民政府保障教师工资福利和社会保险待遇，改善教师工作和生活条件；完善农村教师工资经费保障机制。教师的平均工资水平应当不低于当地公务员的平均工资水平。特殊教育教师享有特殊岗位补助津贴。在民族地区和边远贫困地区工作的教师享有艰苦贫困地区补助津贴。

（5）教师培养

县级以上人民政府应当加强教师培养工作，采取措施发展教师教育。

（6）师资均衡

县级人民政府教育行政部门应当均衡配置本行政区域内学校师资力量，组织校长、教师的培训和流动，加强对薄弱学校的建设。

（7）鼓励支教

国务院和地方各级人民政府鼓励和支持城市学校教师和高等学校毕业生到农村地区、民族地区从事义务教育工作。国家鼓励高等学校毕业生以志愿者的方式到农村地区、民族地区缺乏教师的学校任教。县级人民政府教育行政部门依法认定其教师资格，其任教时间计入工龄。

5. 教育教学

（1）教育方针

教育教学工作应当符合教育规律和学生身心发展特点，面向全体学生，教书育人，将德育、智育、体育、美育等有机统一在教育教学活动中，注重培养学生独立思考能力、创新能力和实践能力，促进学生全面发展。

（2）素质教育

国务院教育行政部门根据适龄儿童、少年身心发展的状况和实际情况，确定教学制度、教育教学内容和课程设置，改革考试制度，并改进高级中等学校招生办法，推进实施素质教育。

课堂点睛

虽然当前社会很重视学生的成绩，但是推进素质教育仍然是义务教育的宗旨之一。

学校和教师按照确定的教育教学内容和课程设置开展教育教学活动，保证达到国家规定的基本质量要求。国家鼓励学校和教师采用启发式教育等教育教学方法，提高教育教学质量。

(3) 德育为先

学校应当把德育放在首位，寓德育于教育教学之中，开展与学生年龄相适应的社会实践活动，形成学校、家庭、社会相互配合的思想道德教育体系，促进学生养成良好的思想品德和行为习惯。

课堂点睛

义务教育坚持德育为先的原则，即把德育放在首位，其次才是具体的知识、文化、技能等方面的教育。

(4) 课外活动

学校应当保证学生的课外活动时间，组织开展文化娱乐等课外活动。社会公共文化体育设施应当为学校开展课外活动提供便利。

(5) 教科书编写

教科书根据国家教育方针和课程标准编写，内容力求精简，精选必备的基础知识、基本技能，经济实用，保证质量。国家机关工作人员和教科书审查人员，不得参与或者变相参与教科书的编写工作。

真题再现

国家机关工作人员陈某因参与小学语文教科书的编写工作，被当地人民政府给予行政记过处分，并处没收全部违法所得。当地人民政府作出这一处分的法律依据是(　　)。

A.《教育法》　　B.《教师法》

C.《义务教育法》　　D.《未成年人保护法》

(6) 教科书审定

国家实行教科书审定制度。教科书的审定办法由国务院教育行政部门规定。未经审定的教科书,不得出版、选用。

(7) 教科书微利

教科书价格由省、自治区、直辖市人民政府价格行政部门会同同级出版主管部门按照微利原则确定。国家鼓励教科书循环使用。

6. 经费保障

(1) 基本经费制度

国家将义务教育全面纳入财政保障范围,义务教育经费由国务院和地方各级人民政府依照本法规定予以保障。国务院和地方各级人民政府将义务教育经费纳入财政预算,按照教职工编制标准、工资标准和学校建设标准、学生人均公用经费标准等,及时足额拨付义务教育经费,确保学校的正常运转和校舍安全,确保教职工工资按照规定发放。国务院和地方各级人民政府用于实施义务教育财政拨款的增长比例应当高于财政经常性收入的增长比例,保证按照在校学生人数平均的义务教育费用逐步增长,保证教职工工资和学生人均公用经费逐步增长。

(2) 人均经费标准

学校的学生人均公用经费基本标准由国务院财政部门会同教育行政部门制定,并根据经济和社会发展状况适时调整。制定、调整学生人均公用经费基本标准,应当满足教育教学基本需要。省、自治区、直辖市人民政府可以根据本行政区域的实际情况,制定不低于国家标准的学校学生人均公用经费标准。特殊教育学校(班)学生人均公用经费标准应当高于普通学校学生人均公用经费标准。

(3) 经费承担

义务教育经费投入实行国务院和地方各级人民政府根据职责共同负担,省、自治区、直辖市人民政府负责统筹落实的体制。农村义务教育所需经费,由各级人民政府根据国务院的规定分项目、按比例分担。各级人民政府对家庭经济困难的适龄儿童、少年免费提供教科书并补助寄宿生生活费。义务教育经费保障的具体办法由国务院规定。

(4) 经费单列

地方各级人民政府在财政预算中将义务教育经费单列。

(5) 经费均衡

县级人民政府编制预算,除向农村地区学校和薄弱学校倾斜外,应当均衡安排义务教育经费。

真题再现

在财政经费紧张的情况下,某县人民政府仍然决定对城镇中心小学给予重点投入。该做法(　　)。

A. 违反了应当均衡安排义务教育经费的规定

B. 体现了县级人民政府领导和管理教育的责任

C. 违反了不得挪用义务教育经费的规定

D. 体现了县级人民政府对教育的财政投入责任

(6) 经费转移支付

国务院和省、自治区、直辖市人民政府规范财政转移支付制度，加大一般性转移支付规模和规范义务教育专项转移支付，支持和引导地方各级人民政府增加对义务教育的投入。地方各级人民政府确保将上级人民政府的义务教育转移支付资金按照规定用于义务教育。

(7) 专项资金

国务院和县级以上地方人民政府根据实际需要，设立专项资金，扶持农村地区、民族地区实施义务教育。

(8) 经费捐赠

国家鼓励社会组织和个人向义务教育捐赠，鼓励按照国家有关基金会管理的规定设立义务教育基金。

(9) 禁止侵占挪用经费

义务教育经费严格按照预算规定用于义务教育；任何组织和个人不得侵占、挪用义务教育经费，不得向学校非法收取或者摊派费用。

(10) 经费监督

县级以上人民政府建立健全义务教育经费的审计监督和统计公告制度。

7. 法律责任

(1) 经费保障责任

国务院有关部门和地方各级人民政府违反本法第六章的规定，未履行对义务教育经费保障职责的，由国务院或者上级地方人民政府责令限期改正；情节严重的，对直接负责的主管人员和其他直接责任人员依法给予行政处分。

(2) 地方政府责任

县级以上地方人民政府有下列情形之一的，由上级人民政府责令限期改正；情节严重的，对直接负责的主管人员和其他直接责任人员依法给予行政处分：

① 未按照国家有关规定制定、调整学校的设置规划的；

② 学校建设不符合国家规定的办学标准、选址要求和建设标准的；

③ 未定期对学校校舍安全进行检查，并及时维修、改造的；

④ 未依照本法规定均衡安排义务教育经费的。

(3) 地方政府或教育行政部门责任

县级以上人民政府或者其教育行政部门有下列情形之一的，由上级人民政府或者其教育行政部门责令限期改正、通报批评；情节严重的，对直接负责的主管人员和其他直接责任人员依法给予行政处分：

① 将学校分为重点学校和非重点学校的；

② 改变或者变相改变公办学校性质的。

县级人民政府教育行政部门或者乡镇人民政府未采取措施组织适龄儿童、少年入学或者防止辍学的，依照前款规定追究法律责任。

（4）侵占挪用经费责任

有下列情形之一的，由上级人民政府或者上级人民政府教育行政部门、财政部门、价格行政部门和审计机关根据职责分工责令限期改正；情节严重的，对直接负责的主管人员和其他直接责任人员依法给予处分：

① 侵占、挪用义务教育经费的；

② 向学校非法收取或者摊派费用的。

（5）非法牟利责任

学校违反国家规定收取费用的，由县级人民政府教育行政部门责令退还所收费用；对直接负责的主管人员和其他直接责任人员依法给予处分。学校以向学生推销或者变相推销商品、服务等方式谋取利益的，由县级人民政府教育行政部门给予通报批评；有违法所得的，没收违法所得；对直接负责的主管人员和其他直接责任人员依法给予处分。

真题再现

某初级中学向学生推销学习用品，牟取利益。依据《义务教育法》，下列处理此事的方式不正确的是(　　)。

A. 给予通报批评　　B. 没收违法所得

C. 对直接负责的主管人员依法给予处分　　D. 对其他直接责任人给予行政处罚

国家机关工作人员和教科书审查人员参与或者变相参与教科书编写的，由县级以上人民政府或者其教育行政部门根据职责权限责令限期改正，依法给予行政处分；有违法所得的，没收违法所得。

（6）学校责任

学校有下列情形之一的，由县级人民政府教育行政部门责令限期改正；情节严重的，对直接负责的主管人员和其他直接责任人员依法给予处分：

① 拒绝接收具有接受普通教育能力的残疾适龄儿童、少年随班就读的；

② 分设重点班和非重点班的；

③ 违反本法规定开除学生的；

④ 选用未经审定的教科书的。

（7）监护人责任

适龄儿童、少年的父母或者其他法定监护人无正当理由未依照本法规定送适龄儿童、少年入学接受义务教育的，由当地乡镇人民政府或者县级人民政府教育行政部门给予批评教育，责令限期改正。

（8）失学辍学责任

胁迫或者诱骗应当接受义务教育的适龄儿童、少年失学、辍学的，依照有关法律、行政法规的规定予以处罚。

（9）招用童工责任

非法招用应当接受义务教育的适龄儿童、少年的，依照有关法律、行政法规的规定予以处罚。

（10）非法出版教科书责任

出版未经依法审定的教科书的，依照有关法律、行政法规的规定予以处罚。

（11）刑事责任

违反本法规定，构成犯罪的，依法追究刑事责任。

第四节　职业教育法

知识结构

➢ 职业教育法

- ◇《职业教育法》简介
- ◇《职业教育法》主要内容解读
  - 总则
  - 职业教育体系
  - 职业教育的实施
  - 职业学校和职业培训机构
  - 职业教育的教师与受教育者
  - 职业教育的保障
  - 法律责任

一、《职业教育法》简介

《职业教育法》于 1996 年公布实施，职业教育在支持国家经济和社会发展中发挥了重要作用。如今，我国进入了中国特色社会主义新时代，经济和产业发展模式发生了重大变化，职业教育如何适应新时代经济和产业发展的要求，如何建立得以支持经济和产业发展，培养高素质的技能型劳动者的现代职业教育体系，促进劳动者高质量就业和发展，成为职业教育法要重点考虑的核心问题。在此背景下，2022 年 4 月 20 日，第十三届全国人

民代表大会常务委员会第三十四次会议通过了对《职业教育法》的修订。新《职业教育法》的主要亮点和特色体现在以下几个方面:

1. 明确了职业教育的目标定位

新《职业教育法》强调职业教育是为了培养具有高素质和技术技能水平的劳动者,以便为我国建设教育强国、人力资源强国和技能型社会,推进我国的现代化建设提供合格的人才。我国正处于转变发展方式,推进经济高质量发展,产业向中高端转换的时期,职业教育需要担负起提高劳动者素质和技术技能水平,为国家的现代化建设提供合格的技术技能人才的责任。

2. 明晰了职业教育定义范畴

与职业教育的目标定位相呼应,新《职业教育法》把职业教育定义为"为了培养高素质技术技能人才,使受教育者具备从事某种职业或者实现职业发展所需要的职业道德、科学文化与专业知识、技术技能等职业综合素质和行动能力而实施的教育,包括职业学校教育和职业培训"。这一定义强调职业教育要培养的是高素质的技术技能人才,高素质的技术技能人才包括由职业道德、科学文化与专业知识、技术技能构成的综合素养和行动能力两大部分,以便使受教育者能够胜任某种职业以及职业生涯发展的需要。

3. 凸显了职业教育的地位和作用

新《职业教育法》规定:"职业教育是与普通教育具有同等重要地位的教育类型,是国民教育体系和人力资源开发的重要组成部分,是培养多样化人才、传承技术技能、促进就业创业的重要途径。"这一规定将职业教育确定为与普通教育具有同等重要地位的教育类型,使职业教育与普通教育"平起平坐",全面提升了职业教育的地位,凸显了职业教育在整个国家教育体系中的作用。这将营造职业教育发展的良好环境,促进职业学校教育和职业培训事业的长远发展。

二、《职业教育法》主要内容解读

1. 总则

(1)立法目的

为了推动职业教育高质量发展,提高劳动者素质和技术技能水平,促进就业创业,建设教育强国、人力资源强国和技能型社会,推进社会主义现代化建设,根据宪法,制定本法。

(2)职业教育定义

本法所称职业教育,是指为了培养高素质技术技能人才,使受教育者具备从事某种职业或者实现职业发展所需要的职业道德、科学文化与专业知识、技术技能等职业综合素质和行动能力而实施的教育,包括职业学校教育和职业培训。

(3)职业教育地位

职业教育是与普通教育具有同等重要地位的教育类型,是国民教育体系和人力资源开发的重要组成部分,是培养多样化人才、传承技术技能、促进就业创业的重要途径。国家大力发展职业教育，推进职业教育改革，提高职业教育质量，增强职业教育适应性，建立健全适应社会主义市场经济和社会发展需要、符合技术技能人才成长规律的职业教育制度体系，为全面建设社会主义现代化国家提供有力人才和技能支撑。

课堂点睛

中国特色社会主义现代化建设的实践充分证明，经济、文化和社会发展模式的转型与升级一定离不开技术技能人才的支撑。所以新《职业教育法》将职业教育定位为一种教育类型，赋予其与普通教育同等重要的地位，是时代发展的必然结果和要求。职业教育任重道远，职教学生大有可为。技术技能人才是全面实现中国特色社会主义现代化建设不可或缺的生力军，职教学生应当感到光荣而自信，应当勇敢地与普通教育学生同台竞技，拥抱现代化建设的大潮，绽放人生光彩，实现人生价值。

（4）指导思想

职业教育必须坚持中国共产党的领导，坚持社会主义办学方向，贯彻国家的教育方针，坚持立德树人、德技并修，坚持产教融合、校企合作，坚持面向市场、促进就业，坚持面向实践、强化能力，坚持面向人人、因材施教。实施职业教育应当弘扬社会主义核心价值观，对受教育者进行思想政治教育和职业道德教育，培育劳模精神、劳动精神、工匠精神，传授科学文化与专业知识，培养技术技能，进行职业指导，全面提高受教育者的素质。

（5）发展规划

各级人民政府应当将发展职业教育纳入国民经济和社会发展规划，与促进就业创业和推动发展方式转变、产业结构调整、技术优化升级等整体部署、统筹实施。

（6）管理机制

国务院建立职业教育工作协调机制，统筹协调全国职业教育工作。国务院教育行政部门负责职业教育工作的统筹规划、综合协调、宏观管理。国务院教育行政部门、人力资源社会保障行政部门和其他有关部门在国务院规定的职责范围内，分别负责有关的职业教育工作。省、自治区、直辖市人民政府应当加强对本行政区域内职业教育工作的领导，明确设区的市、县级人民政府职业教育具体工作职责，统筹协调职业教育发展，组织开展督导评估。县级以上地方人民政府有关部门应当加强沟通配合，共同推进职业教育工作。

（7）发展途径

国家鼓励发展多种层次和形式的职业教育，推进多元办学，支持社会力量广泛、平等参与职业教育。国家发挥企业的重要办学主体作用，推动企业深度参与职业教育，鼓励企业举办高质量职业教育。有关行业主管部门、工会和中华职业教育社等群团组织、行业组织、企业、事业单位等应当依法履行实施职业教育的义务，参与、支持或者开展职业教育。

（8）职教证书制度

实施职业教育应当根据经济社会发展需要，结合职业分类、职业标准、职业发展需求，制定教育标准或者培训方案，实行学历证书及其他学业证书、培训证书、职业资格证书和职业技能等级证书制度。国家实行劳动者在就业前或者上岗前接受必要的职业教育的制度。

（9）职业教育活动周

每年5月的第二周为职业教育活动周。

2. 职业教育体系

（1）现代职业教育体系

国家建立健全适应经济社会发展需要，产教深度融合，职业学校教育和职业培训并重，职业教育与普通教育相互融通，不同层次职业教育有效贯通，服务全民终身学习的现代职业教育体系。

（2）职业教育结构

职业学校教育分为中等职业学校教育、高等职业学校教育。中等职业学校教育由高级中等教育层次的中等职业学校（含技工学校）实施。高等职业学校教育由专科、本科及以上教育层次的高等职业学校和普通高等学校实施。根据高等职业学校设置制度规定，将符合条件的技师学院纳入高等职业学校序列。其他学校、教育机构或者符合条件的企业、行业组织按照教育行政部门的统筹规划，可以实施相应层次的职业学校教育或者提供纳入人才培养方案的学分课程。

（3）职业培训结构

职业培训包括就业前培训、在职培训、再就业培训及其他职业性培训，可以根据实际情况分级分类实施。职业培训可以由相应的职业培训机构、职业学校实施。其他学校或者教育机构以及企业、社会组织可以根据办学能力、社会需求，依法开展面向社会的、多种形式的职业培训。

（4）各类教育成果的融通

国家建立健全各级各类学校教育与职业培训学分、资历以及其他学习成果的认证、积累和转换机制，推进职业教育国家学分银行建设，促进职业教育与普通教育的学习成果融通、互认。军队职业技能等级纳入国家职业资格认证和职业技能等级评价体系。

（5）残疾人职业教育

残疾人职业教育除由残疾人教育机构实施外，各级各类职业学校和职业培训机构及其他教育机构应当按照国家有关规定接纳残疾学生，并加强无障碍环境建设，为残疾学生学习、生活提供必要的帮助和便利。国家采取措施，支持残疾人教育机构、职业学校、职业培训机构及其他教育机构开展或者联合开展残疾人职业教育。从事残疾人职业教育的特殊教育教师按照规定享受特殊教育津贴。

3. 职业教育的实施

（1）各政府部门职责

国务院教育行政部门会同有关部门根据经济社会发展需要和职业教育特点，组织制定、修订职业教育专业目录，完善职业教育教学等标准，宏观管理指导职业学校教材建设。

县级以上地方人民政府应当举办或者参与举办发挥骨干和示范作用的职业学校、职业培训机构，对社会力量依法举办的职业学校和职业培训机构给予指导和扶持。

国家根据产业布局和行业发展需要，采取措施，大力发展先进制造等产业需要的新兴专业，支持高水平职业学校、专业建设。

国家采取措施，加快培养托育、护理、康养、家政等方面技术技能人才。

县级人民政府可以根据县域经济社会发展的需要，设立职业教育中心学校，开展多种形式的职业教育，实施实用技术培训。

教育行政部门可以委托职业教育中心学校承担教育教学指导、教育质量评价、教师培训等职业教育公共管理和服务工作。

（2）行业主管部门职责

行业主管部门按照行业、产业人才需求加强对职业教育的指导，定期发布人才需求信息。行业主管部门、工会和中华职业教育社等群团组织、行业组织可以根据需要，参与制定职业教育专业目录和相关职业教育标准，开展人才需求预测、职业生涯发展研究及信息咨询，培育供需匹配的产教融合服务组织，举办或者联合举办职业学校、职业培训机构，组织、协调、指导相关企业、事业单位、社会组织举办职业学校、职业培训机构。

（3）企业职责

企业应当根据本单位实际，有计划地对本单位的职工和准备招用的人员实施职业教育，并可以设置专职或者兼职实施职业教育的岗位。企业应当按照国家有关规定实行培训上岗制度。企业招用的从事技术工种的劳动者，上岗前必须进行安全生产教育和技术培训；招用的从事涉及公共安全、人身健康、生命财产安全等特定职业（工种）的劳动者，必须经过培训并依法取得职业资格或者特种作业资格。企业开展职业教育的情况应当纳入企业社会责任报告。企业可以利用资本、技术、知识、设施、设备、场地和管理等要素，举办或者联合举办职业学校、职业培训机构。

（4）鼓励制度

国家鼓励、指导、支持企业和其他社会力量依法举办职业学校、职业培训机构。地方各级人民政府采取购买服务，向学生提供助学贷款、奖助学金等措施，对企业和其他社会力量依法举办的职业学校和职业培训机构予以扶持；对其中的非营利性职业学校和职业培训机构还可以采取政府补贴、基金奖励、捐资激励等扶持措施，参照同级同类公办学校生均经费等相关经费标准和支持政策给予适当补助。对深度参与产教融合、校企合作，在提升技术技能人才培养质量、促进就业中发挥重要主体作用的企业，按照规定给予奖励；对符合条件认定为产教融合型企业的，按照规定给予金融、财政、土地等支持，落实教育费附加、地方教育附加减免及其他税费优惠。

（5）联合办学

联合举办职业学校、职业培训机构的，举办者应当签订联合办学协议，约定各方权利义务。地方各级人民政府及行业主管部门支持社会力量依法参与联合办学，举办多种形式的职业学校、职业培训机构。行业主管部门、工会等群团组织、行业组织、企业、事业单位等委托学校、职业培训机构实施职业教育的，应当签订委托合同。

(6) 职教基地建设

县级以上人民政府应当加强职业教育实习实训基地建设，组织行业主管部门、工会等群团组织、行业组织、企业等根据区域或者行业职业教育的需要建设高水平、专业化、开放共享的产教融合实习实训基地，为职业学校、职业培训机构开展实习实训和企业开展培训提供条件和支持。

(7) 中国特色学徒制

国家推行中国特色学徒制，引导企业按照岗位总量的一定比例设立学徒岗位，鼓励和支持有技术技能人才培养能力的企业特别是产教融合型企业与职业学校、职业培训机构开展合作，对新招用职工、在岗职工和转岗职工进行学徒培训，或者与职业学校联合招收学生，以工学结合的方式进行学徒培养。有关企业可以按照规定享受补贴。企业与职业学校联合招收学生，以工学结合的方式进行学徒培养的，应当签订学徒培养协议。

(8) 教材开发

国家鼓励行业组织、企业等参与职业教育专业教材开发，将新技术、新工艺、新理念纳入职业学校教材，并可以通过活页式教材等多种方式进行动态更新；支持运用信息技术和其他现代化教学方式，开发职业教育网络课程等学习资源，创新教学方式和学校管理方式，推动职业教育信息化建设与融合应用。

4. 职业学校和职业培训机构

(1) 设立职业学校条件

职业学校的设立，应当符合下列基本条件：

① 有组织机构和章程；

② 有合格的教师和管理人员；

③ 有与所实施职业教育相适应、符合规定标准和安全要求的教学及实习实训场所、设施、设备以及课程体系、教育教学资源等；

④ 有必备的办学资金和与办学规模相适应的稳定经费来源。

设立中等职业学校，由县级以上地方人民政府或者有关部门按照规定的权限审批；设立实施专科层次教育的高等职业学校，由省、自治区、直辖市人民政府审批，报国务院教育行政部门备案；设立实施本科及以上层次教育的高等职业学校，由国务院教育行政部门审批。专科层次高等职业学校设置的培养高端技术技能人才的部分专业，符合产教深度融合、办学特色鲜明、培养质量较高等条件的，经国务院教育行政部门审批，可以实施本科层次的职业教育。

(2) 设立职业培训机构条件

职业培训机构的设立，应当符合下列基本条件：

① 有组织机构和管理制度；

② 有与培训任务相适应的课程体系、教师或者其他授课人员、管理人员；

③ 有与培训任务相适应、符合安全要求的场所、设施、设备；

④ 有相应的经费。

职业培训机构的设立、变更和终止，按照国家有关规定执行。

(3) 校长负责制

公办职业学校实行中国共产党职业学校基层组织领导的校长负责制，中国共产党职业学校基层组织按照中国共产党章程和有关规定，全面领导学校工作，支持校长独立负责地行使职权。民办职业学校依法健全决策机制，强化学校的中国共产党基层组织政治功能，保证其在学校重大事项决策、监督、执行各环节有效发挥作用。

校长全面负责本学校教学、科学研究和其他行政管理工作。校长通过校长办公会或者校务会议行使职权，依法接受监督。

模拟考题

公办职业学校实行中国共产党职业学校基层组织领导的(　　)负责制。

A. 党委　　B. 校长　　C. 书记　　D. 集体

(4) 自主管理权

职业学校应当依法办学，依据章程自主管理。职业学校在办学中可以开展下列活动：

① 根据产业需求，依法自主设置专业；

② 基于职业教育标准制定人才培养方案，依法自主选用或者编写专业课程教材；

③ 根据培养技术技能人才的需要，自主设置学习制度，安排教学过程；

④ 在基本学制基础上，适当调整修业年限，实行弹性学习制度；

⑤ 依法自主选聘专业课教师。

(5) 考试招生制度

国家建立符合职业教育特点的考试招生制度。中等职业学校可以按照国家有关规定，在有关专业实行与高等职业学校教育的贯通招生和培养。高等职业学校可以按照国家有关规定，采取文化素质与职业技能相结合的考核方式招收学生；对有突出贡献的技术技能人才，经考核合格，可以破格录取。省级以上人民政府教育行政部门会同同级人民政府有关部门建立职业教育统一招生平台，汇总发布实施职业教育的学校及其专业设置、招生情况等信息，提供查询、报考等服务。

(6) 校企合作

职业学校、职业培训机构实施职业教育应当注重产教融合，实行校企合作。国家鼓励职业学校在招生就业、人才培养方案制定、师资队伍建设、专业规划、课程设置、教材开发、教学设计、教学实施、质量评价、科学研究、技术服务、科技成果转化以及技术技能创新平台、专业化技术转移机构、实习实训基地建设等方面，与相关行业组织、企业、事业单位等建立合作机制。开展合作的，应当签订协议，明确双方权利义务。

模拟考题

职业学校、职业培训机构与企业开展校企合作的，(　　)签订合作协议。

A. 可以　　B. 应当　　C. 视情况　　D. 不需要

(7) 经营收入的用途

职业学校、职业培训机构开展校企合作、提供社会服务或者以实习实训为目的举办企业、开展经营活动取得的收入用于改善办学条件；收入的一定比例可以用于支付教师、企业专家、外聘人员和受教育者的劳动报酬，也可以作为绩效工资来源，符合国家规定的可以不受绩效工资总量限制。职业学校、职业培训机构实施前款规定的活动，符合国家有关规定的，享受相关税费优惠政策。

(8) 规范收费

职业学校按照规定的收费标准和办法，收取学费和其他必要费用；符合国家规定条件的，应当予以减免；不得以介绍工作、安排实习实训等名义违法收取费用。

(9)教育质量评价制度

职业学校、职业培训机构应当建立健全教育质量评价制度，吸纳行业组织、企业等参与评价，并及时公开相关信息，接受教育督导和社会监督。县级以上人民政府教育行政部门应当会同有关部门、行业组织建立符合职业教育特点的质量评价体系，组织或者委托行业组织、企业和第三方专业机构，对职业学校的办学质量进行评估，并将评估结果及时公开。职业教育质量评价应当突出就业导向，把受教育者的职业道德、技术技能水平、就业质量作为重要指标，引导职业学校培养高素质技术技能人才。

有关部门应当按照各自职责，加强对职业学校、职业培训机构的监督管理。

5. 职业教育的教师与受教育者

(1) 职业教育教师培养培训体系

国家建立健全职业教育教师培养培训体系。各级人民政府应当采取措施，加强职业教育教师专业化培养培训，鼓励设立专门的职业教育师范院校，支持高等学校设立相关专业，培养职业教育教师；鼓励行业组织、企业共同参与职业教育教师培养培训。产教融合型企业、规模以上企业应当安排一定比例的岗位，接纳职业学校、职业培训机构教师实践。

(2) 岗位设置和职务评聘

国家建立健全符合职业教育特点和发展要求的职业学校教师岗位设置和职务(职称)评聘制度。

(3) 职业学校专业课教师资格条件

职业学校的专业课教师(含实习指导教师)应当具有一定年限的相应工作经历或者实践经验，达到相应的技术技能水平。具备条件的企业、事业单位经营管理和专业技术人员，以及其他有专业知识或者特殊技能的人员，经教育教学能力培训合格的，可以担任职业学校的专职或者兼职专业课教师；取得教师资格的，可以根据其技术职称聘任为相应的教师职务。取得职业学校专业课教师资格可以视情况降低学历要求。

模拟考题

具备条件的企业、事业单位经营管理和专业技术人员，以及其他有专业知识或者特殊技能的人员，经教育教学能力培训合格的，取得职业学校专业课教师资格可以视情况（　　）学历要求。

A. 提高　　B. 取消　　C. 设定　　D. 降低

（4）高技能人才聘请制度

国家鼓励职业学校聘请技能大师、劳动模范、能工巧匠、非物质文化遗产代表性传承人等高技能人才，通过担任专职或者兼职专业课教师、设立工作室等方式，参与人才培养、技术开发、技能传承等工作。

（5）教职工配备标准

国家制定职业学校教职工配备基本标准。省、自治区、直辖市应当根据基本标准，制定本地区职业学校教职工配备标准。县级以上地方人民政府应当根据教职工配备标准、办学规模等，确定公办职业学校教职工人员规模，其中一定比例可以用于支持职业学校面向社会公开招聘专业技术人员、技能人才担任专职或者兼职教师。

（6）实习实训管理

国家鼓励企业、事业单位安排实习岗位，接纳职业学校和职业培训机构的学生实习。接纳实习的单位应当保障学生在实习期间按照规定享受休息休假、获得劳动安全卫生保护、参加相关保险、接受职业技能指导等权利；对上岗实习的，应当签订实习协议，给予适当的劳动报酬。职业学校和职业培训机构应当加强对实习实训学生的指导，加强安全生产教育，协商实习单位安排与学生所学专业相匹配的岗位，明确实习实训内容和标准，不得安排学生从事与所学专业无关的实习实训，不得违反相关规定通过人力资源服务机构、劳务派遣单位，或者通过非法从事人力资源服务、劳务派遣业务的单位或个人组织、安排、管理学生实习实训。

模拟考题

职业学校和职业培训机构的学生实习期间，（　　）劳动报酬。

A. 可以要求　　B. 不可以要求　　C. 应当给予　　D. 不用给予

（7）职业教育证书制度

接受职业学校教育，达到相应学业要求，经学校考核合格的，取得相应的学业证书；接受职业培训，经职业培训机构或者职业学校考核合格的，取得相应的培训证书；经符合国家规定的专门机构考核合格的，取得相应的职业资格证书或者职业技能等级证书。学业证书、培训证书、职业资格证书和职业技能等级证书,按照国家有关规定,作为受教育者从业的凭证。接受职业培训取得的职业技能等级证书、培训证书等学习成果,经职业学校认定,可以转化为相应的学历教育学分;达到相应职业学校学业要求的,可以取得相应的学业证书。接受高等职业学校教育,学业水平达到国家规定的学位标准的,可以依法申请相应学位。

模拟考题

接受高等职业学校教育,(　　)取得学业证书,(　　)取得学位证书。

A. 可以,可以　　B. 可以,但不可以

C. 不可以,但可以　　D. 不可以,不可以

(8) 学生奖励和资助制度

国家建立对职业学校学生的奖励和资助制度,对特别优秀的学生进行奖励,对经济困难的学生提供资助,并向艰苦、特殊行业等专业学生适当倾斜。国家根据经济社会发展情况适时调整奖励和资助标准。国家支持企业、事业单位、社会组织及公民个人按照国家有关规定设立职业教育奖学金、助学金,奖励优秀学生,资助经济困难的学生。职业学校应当按照国家有关规定从事业收入或者学费收入中提取一定比例资金,用于奖励和资助学生。省、自治区、直辖市人民政府有关部门应当完善职业学校资助资金管理制度,规范资助资金管理使用。

(9) 平等就业

职业学校学生在升学、就业、职业发展等方面与同层次普通学校学生享有平等机会。高等职业学校和实施职业教育的普通高等学校应当在招生计划中确定相应比例或者采取单独考试办法,专门招收职业学校毕业生。各级人民政府应当创造公平就业环境。用人单位不得设置妨碍职业学校毕业生平等就业、公平竞争的报考、录用、聘用条件。机关、事业单位、国有企业在招录、招聘技术技能岗位人员时,应当明确技术技能要求,将技术技能水平作为录用、聘用的重要条件。事业单位公开招聘中有职业技能等级要求的岗位,可以适当降低学历要求。

模拟考题

事业单位公开招聘中有职业技能等级要求的岗位,(　　)降低学历要求。

A. 可以适当　　B. 不可以　　C. 可以任意　　D. 必须适当

6. 职业教育的保障

(1) 职业教育经费保障制度

国家优化教育经费支出结构,使职业教育经费投入与职业教育发展需求相适应,鼓励通过多种渠道依法筹集发展职业教育的资金。各级人民政府应当按照事权和支出责任相

适应的原则，根据职业教育办学规模、培养成本和办学质量等落实职业教育经费，并加强预算绩效管理，提高资金使用效益。省、自治区、直辖市人民政府应当制定本地区职业学校生均经费标准或者公用经费标准。职业学校举办者应当按照生均经费标准或者公用经费标准按时、足额拨付经费，不断改善办学条件。不得以学费、社会服务收入冲抵生均拨款。民办职业学校举办者应当参照同层次职业学校生均经费标准，通过多种渠道筹措经费。财政专项安排、社会捐赠指定用于职业教育的经费，任何组织和个人不得挪用、克扣。地方各级人民政府安排地方教育附加等方面的经费，应当将其中可用于职业教育的资金统筹使用；发挥失业保险基金作用，支持职工提升职业技能。

（2）职工教育经费制度

企业应当根据国务院规定的标准，按照职工工资总额一定比例提取和使用职工教育经费。职工教育经费可以用于举办职业教育机构、对本单位的职工和准备招用人员进行职业教育等合理用途，其中用于企业一线职工职业教育的经费应当达到国家规定的比例。用人单位安排职工到职业学校或者职业培训机构接受职业教育的，应当在其接受职业教育期间依法支付工资，保障相关待遇。企业设立具备生产与教学功能的产教融合实习实训基地所发生的费用，可以参照职业学校享受相应的用地、公用事业费等优惠。

（3）职业教育科研保障体系

国家鼓励和支持开展职业教育的科学技术研究、教材和教学资源开发，推进职业教育资源跨区域、跨行业、跨部门共建共享。国家逐步建立反映职业教育特点和功能的信息统计和管理体系。县级以上人民政府及其有关部门应当建立健全职业教育服务和保障体系，组织、引导工会等群团组织、行业组织、企业、学校等开展职业教育研究、宣传推广、人才供需对接等活动。

（4）职业教育公益宣传

新闻媒体和职业教育有关方面应当积极开展职业教育公益宣传，弘扬技术技能人才成长成才典型事迹，营造人人努力成才、人人皆可成才、人人尽展其才的良好社会氛围。

7. 法律责任

（1）违反其他法律法规的责任

在职业教育活动中违反《教育法》《劳动法》等有关法律规定的，依照有关法律的规定给予处罚。

（2）违反职工教育经费制度的责任

企业未依照本法规定对本单位的职工和准备招用的人员实施职业教育、提取和使用职工教育经费的，由有关部门责令改正；拒不改正的，由县级以上人民政府收取其应当承担的职工教育经费，用于职业教育。

（3）职业学校及培训机构责任

职业学校、职业培训机构在职业教育活动中违反本法规定的，由教育行政部门或者其他有关部门责令改正；教育教学质量低下或者管理混乱，造成严重后果的，责令暂停招生、限期整顿；逾期不整顿或者经整顿仍达不到要求的，吊销办学许可证或者责令停止办学。

(4) 违反实习实训规定责任

接纳职业学校和职业培训机构学生实习的单位违反本法规定,侵害学生休息休假、获得劳动安全卫生保护、参加相关保险、接受职业技能指导等权利的,依法承担相应的法律责任。职业学校、职业培训机构违反本法规定,通过人力资源服务机构、劳务派遣单位或者非法从事人力资源服务、劳务派遣业务的单位或个人组织、安排、管理学生实习实训的,由教育行政部门、人力资源社会保障行政部门或者其他有关部门责令改正,没收违法所得,并处违法所得一倍以上五倍以下的罚款;违法所得不足一万元的,按一万元计算。对前款规定的人力资源服务机构、劳务派遣单位或者非法从事人力资源服务、劳务派遣业务的单位或个人,由人力资源社会保障行政部门或者其他有关部门责令改正,没收违法所得,并处违法所得一倍以上五倍以下的罚款;违法所得不足一万元的,按一万元计算。

(5) 职教管理人员责任

教育行政部门、人力资源社会保障行政部门或者其他有关部门的工作人员违反本法规定,滥用职权、玩忽职守、徇私舞弊的,依法给予处分;构成犯罪的,依法追究刑事责任。

第五节 教师法

知识结构

- **教师法**
  - ◇《教师法》简介
  - ◇《教师法》主要内容解读
    - 总则
    - 权利和义务
    - 资格和任用
    - 培养和培训
    - 考核
    - 待遇
    - 奖励
    - 法律责任

一、《教师法》简介

1993 年 10 月 31 日,《教师法》由中华人民共和国第八届全国人民代表大会常务委员会第四次会议通过，由中华人民共和国主席令第15号公布，自1994年1月1日起施行。

《教师法》是我国教育史上第一部关于教师的单行法律，它的制定和颁布体现了党和国家对人民教师的重视。它的立法宗旨就是维护教师的合法权益，规范教师队伍建设，提高教师素质，从而推进教育事业的发展和社会主义现代化建设。振兴民族的希望在教育，振兴教育的希望在教师。把教育放在优先发展的战略地位是我国实现社会主义现代化建设的根本大计。能否培养出适应社会主义现代化建设事业的接班人，关系到社会主义现代化建设事业的成败。教育能否振兴和健康地发展，关键在于能否建设一支具有良好思想品德和业务素质的教师队伍。

《教师法》适用于在各级各类学校和其他教育机构中专门从事教育教学工作的教师。这里所指的"各级各类学校"是指实施学前教育、普通初中教育、普通高中教育、职业教育、普通高等教育以及特殊教育、成人教育的学校。这里所指的"其他教育机构"是指与中小学的教育教学工作紧密联系的少年宫、地方中小学教研室、电化教育馆等教育机构。这里所指的"教师"是指在学校中传递人类文化科学知识和技能、进行思想品德教育，把受教育者培养成社会主义社会需要的专业人员。

《教师法》主要规定了教师的权利和义务、教师资格和任用、教师的培养和培训、教师的考核和评价、教师的待遇和奖励、违法责任等内容。

二、《教师法》主要内容解读

1. 总则

（1）立法目的

为了保障教师的合法权益，建设具有良好思想品德修养和业务素质的教师队伍，促进社会主义教育事业的发展，制定本法。

（2）适用范围

本法适用于在各级各类学校和其他教育机构中专门从事教育教学工作的教师。

（3）教师使命

教师是履行教育教学职责的专业人员，承担教书育人，培养社会主义事业建设者和接班人、提高民族素质的使命。教师应当忠诚于人民的教育事业。

（4）教师地位

各级人民政府应当采取措施，加强教师的思想政治教育和业务培训，改善教师的工作条件和生活条件，保障教师的合法权益，提高教师的社会地位。全社会都应当尊重教师。

（5）教师管理

国务院教育行政部门主管全国的教师工作。国务院有关部门在各自职权范围内负责有关的教师工作。学校和其他教育机构根据国家规定，自主进行教师管理工作。

（6）教师节

每年九月十日为教师节。

2. 权利和义务

（1）教师权利

教师享有下列权利：

① 进行教育教学活动，开展教育教学改革和实验；

② 从事科学研究、学术交流，参加专业的学术团体，在学术活动中充分发表意见；

③ 指导学生的学习和发展，评定学生的品行和学业成绩；

④ 按时获取工资报酬，享受国家规定的福利待遇以及寒暑假期的带薪休假；

⑤ 对学校教育教学、管理工作和教育行政部门的工作提出意见和建议，通过教职工代表大会或者其他形式，参与学校的民主管理；

⑥ 参加进修或者其他方式的培训。

（2）教师义务

教师应当履行下列义务：

① 遵守宪法、法律和职业道德，为人师表；

② 贯彻国家的教育方针，遵守规章制度，执行学校的教学计划，履行教师聘约，完成教育教学工作任务；

③ 对学生进行宪法所确定的基本原则的教育和爱国主义、民族团结的教育，法制教育以及思想品德、文化、科学技术教育，组织、带领学生开展有益的社会活动；

④ 关心、爱护全体学生，尊重学生人格，促进学生在品德、智力、体质等方面全面发展；

⑤ 制止有害于学生的行为或者其他侵犯学生合法权益的行为，批评和抵制有害于学生健康成长的现象；

⑥ 不断提高思想政治觉悟和教育教学业务水平。

真题再现

某中学老师黄某认为自己学历和能力都已达标，拒绝参加教育行政部门利用假期组织的教师培训活动，黄某的做法（　　）。

A. 正确，教师可以放弃个人权利

B. 不正确，教师不能放弃培训的权利

C. 正确，教师享有专业自主权利

D. 不正确，提高业务水平是教师义务

解析： 权利可以放弃，但是义务不能放弃。参加继续教育培训，提高教育教学水平虽然是教师的权利，但也是教师的义务。从义务的角度来说，教师必须参加教育行政部门组织的教师培训活动，以不断提高教育教学水平。

（3）教师工作保障

为保障教师完成教育教学任务，各级人民政府、教育行政部门、有关部门、学校和其他教育机构应当履行下列职责：

① 提供符合国家安全标准的教育教学设施和设备；

② 提供必需的图书、资料及其他教育教学用品；

③ 对教师在教育教学、科学研究中的创造性工作给予鼓励和帮助；

④ 支持教师制止有害于学生的行为或者其他侵犯学生合法权益的行为。

3. 资格和任用

（1）教师资格制度

国家实行教师资格制度。中国公民凡遵守宪法和法律，热爱教育事业，具有良好的思想品德，具备本法规定的学历或者经国家教师资格考试合格，有教育教学能力，经认定合格的，可以取得教师资格。

（2）教师学历条件

取得教师资格应当具备的相应学历是：

① 取得幼儿园教师资格，应当具备幼儿师范学校毕业及其以上学历；

② 取得小学教师资格，应当具备中等师范学校毕业及其以上学历；

③ 取得初级中学教师、初级职业学校文化、专业课教师资格，应当具备高等师范专科学校或者其他大学专科毕业及其以上学历；

④ 取得高级中学教师资格和中等专业学校、技工学校、职业高中文化课、专业课教师资格，应当具备高等师范院校本科或者其他大学本科毕业及其以上学历；取得中等专业学校、技工学校和职业高中学生实习指导教师资格应当具备的学历，由国务院教育行政部门规定；

⑤ 取得高等学校教师资格，应当具备研究生或者大学本科毕业学历；

⑥ 取得成人教育教师资格，应当按照成人教育的层次、类别，分别具备高等、中等学校毕业及其以上学历。

不具备本法规定的教师资格学历的公民，申请获取教师资格，必须通过国家教师资格考试。国家教师资格考试制度由国务院规定。

（3）教师资格过渡

本法实施前已经在学校或者其他教育机构中任教的教师，未具备本法规定学历的，由国务院教育行政部门规定教师资格过渡办法。

（4）教师资格认定

中小学教师资格由县级以上地方人民政府教育行政部门认定。中等专业学校、技工学校的教师资格由县级以上地方人民政府教育行政部门组织有关主管部门认定。普通高等学校的教师资格由国务院或者省、自治区、直辖市教育行政部门或者由其委托的学校认定。具备本法规定的学历或者经国家教师资格考试合格的公民，要求有关部门认定其教师资格的，有关部门应当依照本法规定的条件予以认定。取得教师资格的人员首次任教时，应当有试用期。

(5) 教师资格丧失

受到剥夺政治权利或者故意犯罪受到有期徒刑以上刑事处罚的,不能取得教师资格;已经取得教师资格的,丧失教师资格。

真题再现

1. 教师张某因为醉驾被人民法院判处有期徒刑。张某(　　)。

A. 将永远丧失教师资格　　B. 教师资格不受此影响

C. 张某五年内不得从事教师职业　　D. 只能在民办学校从事教师职业

2. 教师李某因盗窃被法院判处有期徒刑一年缓刑一年。下列说法中正确的是(　　)。

A. 李某服刑期满可以继续从事教师职业

B. 李某可在民办幼儿园从事教师职业

C. 李某五年内不得从事教师职业

D. 李某终身不能从事教师职业

解析: 首先盗窃罪是故意犯罪,没有过失盗窃的。其次,缓刑只是一种执行方式,并不改变李某被判处了有期徒刑的刑罚等级。所以,李某符合丧失教师资格的条件。丧失教师资格意味着永远不能从事教师工作。

(6) 教师职务制度

国家实行教师职务制度,具体办法由国务院规定。

(7) 教师聘任制

学校和其他教育机构应当逐步实行教师聘任制。教师的聘任应当遵循双方地位平等的原则,由学校和教师签订聘任合同,明确规定双方的权利、义务和责任。

4. 培养和培训

(1) 教师培养

各级人民政府和有关部门应当办好师范教育,并采取措施,鼓励优秀青年进入各级师范学校学习。各级教师进修学校承担培训中小学教师的任务。各级师范学校学生享受专业奖学金。各级人民政府应当采取措施,为少数民族地区和边远贫困地区培养、培训教师。非师范学校应当承担培养和培训中小学教师的任务。

(2) 教师培训

各级人民政府教育行政部门、学校主管部门和学校应当制定教师培训规划,对教师进行多种形式的思想政治、业务培训。

(3) 教师社会实践

国家机关、企业事业单位和其他社会组织应当为教师的社会调查和社会实践提供方便,给予协助。

5. 考核

（1）教师考核

学校或者其他教育机构应当对教师的政治思想、业务水平、工作态度和工作成绩进行考核。教育行政部门对教师的考核工作进行指导、监督。

（2）考核原则

考核应当客观、公正、准确，充分听取教师本人、其他教师以及学生的意见。

（3）考核作用

教师考核结果是受聘任教、晋升工资、实施奖惩的依据。

6. 待遇

（1）教师工资

教师的平均工资水平应当不低于或者高于国家公务员的平均工资水平，并逐步提高。建立正常晋级增薪制度，具体办法由国务院规定。

（2）教师津贴

中小学教师和职业学校教师享受教龄津贴和其他津贴，具体办法由国务院教育行政部门会同有关部门制定。

（3）教师补贴

地方各级人民政府对教师以及具有中专以上学历的毕业生到少数民族地区和边远贫困地区从事教育教学工作的，应当予以补贴。

真题再现

张老师大学本科毕业后自愿到少数民族地区从事教育工作。依据《教师法》，应当依法对张老师(　　)。

A. 给予补贴　　B. 予以表彰　　C. 进行奖励　　D. 提高津贴

（4）教师住房

地方各级人民政府和国务院有关部门，对城市教师住房的建设、租赁、出售实行优先、优惠。县、乡两级人民政府应当为农村中小学教师解决住房提供方便。

（5）教师医疗

教师的医疗同当地国家公务员享受同等的待遇；定期对教师进行身体健康检查，并因地制宜安排教师进行休养。医疗机构应当对当地教师的医疗提供方便。

（6）退休待遇

教师退休或者退职后，享受国家规定的退休或者退职待遇。县级以上地方人民政府可以适当提高长期从事教育教学工作的中小学退休教师的退休金比例。

（7）非公办教师待遇

各级人民政府应当采取措施，改善国家补助、集体支付工资的中小学教师的待遇，逐步做到在工资收入上与国家支付工资的教师同工同酬,具体办法由地方各级人民政府根据本地区的实际情况规定。

(8) 民办学校教师待遇

社会力量所办学校的教师的待遇,由举办者自行确定并予以保障。

7. 奖励

(1) 国家奖励

教师在教育教学、培养人才、科学研究、教学改革、学校建设、社会服务、勤工俭学等方面成绩优异的,由所在学校予以表彰、奖励。国务院和地方各级人民政府及其有关部门对有突出贡献的教师,应当予以表彰、奖励。对有重大贡献的教师,依照国家有关规定授予荣誉称号。

(2) 社会奖励

国家支持和鼓励社会组织或者个人向依法成立的奖励教师的基金组织捐助资金,对教师进行奖励。

8. 法律责任

(1) 侮辱殴打教师

侮辱、殴打教师的,根据不同情况,分别给予行政处分或者行政处罚;造成损害的,责令赔偿损失;情节严重,构成犯罪的,依法追究刑事责任。

(2) 打击报复教师

对依法提出申诉、控告、检举的教师进行打击报复的,由其所在单位或者上级机关责令改正;情节严重的,可以根据具体情况给予行政处分。国家工作人员对教师打击报复构成犯罪的,依照刑法第一百四十六条的规定追究刑事责任。

真题再现

某幼儿园教师钱某实名举报园长的违法乱纪行为,园长知晓后,找社会人员殴打钱某,致使钱某重伤。对该园长的行为应依法(　　)。

A. 给予行政处罚　　B. 追究其刑事责任

C. 给予其行政处分　　D. 追究其治安责任

解析: 故意伤害他人致使他人轻伤以上等级伤害的就构成故意伤害罪,要被追究刑事责任。钱某已经被殴打致重伤,所以,园长和相关社会人员已经构成共同犯罪即故意伤害罪。

(3) 教师法律责任

教师有下列情形之一的,由所在学校、其他教育机构或者教育行政部门给予行政处分或者解聘:

① 故意不完成教育教学任务给教育教学工作造成损失的;

② 体罚学生,经教育不改的;

③ 品行不良，侮辱学生，影响恶劣的。

教师有前款第(2) 项、第(3) 项所列情形之一，情节严重，构成犯罪的，依法追究刑事责任。

真题再现

1. 幼儿园教师张某多次申报职称未果，认为是幼儿园领导故意为难他。此后，张某经常迟到、早退、教学敷衍了事。园长对其进行批评教育，但张某仍然我行我素，幼儿园上报教育主管部门后将其解聘。该幼儿园的做法(　　)。

A. 正确，张某的行为给教学造成损失　　B. 正确，应同时追究张某的民事责任

C. 不正确，侵犯了张某的教育教学权　　D. 不正确，事业单位的人员不能解聘

2. 依据《教师法》，下列情形中，学校不能给予教师行政处分或者解聘的是(　　)。

A. 故意旷课，损害教学的　　B. 体罚学生，屡犯不改的

C. 穿戴不整，影响仪表的　　D. 侮辱学生，影响恶劣的

(4) 拖欠教师工资

地方人民政府对违反本法规定，拖欠教师工资或者侵犯教师其他合法权益的，应当责令其限期改正。违反国家财政制度、财务制度，挪用国家财政用于教育的经费，严重妨碍教育教学工作，拖欠教师工资，损害教师合法权益的，由上级机关责令限期归还被挪用的经费，并对直接责任人员给予行政处分；情节严重，构成犯罪的，依法追究刑事责任。

(5) 教师申诉权

教师对学校或者其他教育机构侵犯其合法权益的，或者对学校或者其他教育机构作出的处理不服的，可以向教育行政部门提出申诉，教育行政部门应当在接到申诉的三十日内，作出处理。教师认为当地人民政府有关行政部门侵犯其根据本法规定享有的权利的，可以向同级人民政府或者上一级人民政府有关部门提出申诉，同级人民政府或者上一级人民政府有关部门应当作出处理。

真题再现

教师赵某因当地教育行政部门侵犯其合法权益，依法提出了申诉。对于赵某的申诉，有权受理的机关是(　　)。

A. 同级人民政府或上级人民政府有关部门

B. 所在地区中级人民法院或者省高级人民法院

C. 所在地区人民检察院或者最高人民检察院

D. 上一级人民政府或者中央人民政府有关部门

◆ 第六节　未成年人保护法 ◆

知 识 结 构

➢ **未成年人保护法**

◇《未成年人保护法》简介

◇《未成年人保护法》主要内容解读

- 总则
- 家庭保护
- 学校保护
- 社会保护
- 网络保护
- 政府保护
- 司法保护
- 法律责任
- 附则

一、《未成年人保护法》简介

为了保护未成年人的身心健康，保障未成年人的合法权益，促进未成年人在品德、智力、体质等方面全面发展，培养有理想、有道德、有文化、有纪律的社会主义建设者和接班人，我国制定了《未成年人保护法》。1991 年 9 月 4 日，第七届全国人民代表大会常务委员会第二十一次会议通过。2006 年 12 月 29 日，第十届全国人民代表大会常务委员会第二十五次会议第一次修订。根据 2012 年 10 月 26 日第十一届全国人民代表大会常务委员会第二十九次会议《关于修改〈中华人民共和国未成年人保护法〉的决定》修正。2020 年 10 月 17 日，第十三届全国人民代表大会常务委员会第二十二次会议第二次修订。

《未成年人保护法》主要规定了未成年人享有的权利，如生存权、发展权、受保护权、受教育权、参与权等；优先保护未成年人合法权益的原则；保护未成年人的工作原则；尊重未成年人的人格尊严，适应未成年人身心发展的规律和特点，教育与保护相结合；未成年人权益的家庭保护、学校保护、社会保护、司法保护；相关法律责任等内容。

少年强，则国强。未成年人是祖国的未来和希望，他们的健康成长关系到每一个孩子、每一个家庭乃至整个民族与社会的未来。未成年人是一个特别的群体，特别之处即在于他们在社会中处于弱势地位。他们正处于从无知到有知、从不成熟到成熟的转变时期，心理脆弱而敏感，极易受到外界的诱惑和侵害。他们尚未形成稳固成熟的人生观、世界观。当面对正与邪、真与假、善与恶、美与丑相互交织和相互较量的时候，他们往往迷茫、疑惑、无奈、恐惧，甚至一失足而酿成大错。因此，全社会应该积极地给予未成年人特别的法律保护，而《未成年人保护法》就是这一保护的最好体现。它告诉我们，家庭、学校、社会必须让孩子学会做人、学会做事、学会求知，让孩子懂得尊重和善待生命，懂得遵守规则和秩序，懂得对自己的行为后果负责。这样未成年人才能在将来成为真正的国之栋梁。

二、《未成年人保护法》主要内容解读

1. 总则

(1) 立法目的

为了保护未成年人身心健康，保障未成年人合法权益，促进未成年人德智体美劳全面发展，培养有理想、有道德、有文化、有纪律的社会主义建设者和接班人，培养担当民族复兴大任的时代新人，根据宪法，制定本法。

(2) 未成年人定义

本法所称未成年人是指未满十八周岁的公民。

(3) 未成年人权利

国家保障未成年人的生存权、发展权、受保护权、参与权等权利。未成年人依法平等地享有各项权利，不因本人及其父母或者其他监护人的民族、种族、性别、户籍、职业、宗教信仰、教育程度、家庭状况、身心健康状况等受到歧视。

(4) 未成年人保护原则

保护未成年人，应当坚持最有利于未成年人的原则。处理涉及未成年人事项，应当符合下列要求：

① 给予未成年人特殊、优先保护；
② 尊重未成年人人格尊严；
③ 保护未成年人隐私权和个人信息；
④ 适应未成年人身心健康发展的规律和特点；
⑤ 听取未成年人的意见；
⑥ 保护与教育相结合。

真题再现

我国未成年人保护工作应当遵循的原则不包括(　　)。

A. 尊重未成年人的人格尊严　　B. 适应未成年人身心发展规律
C. 教育与保护相结合　　D. 未成年人利益最大化

(5) 未成年人教育内容概述

国家、社会、学校和家庭应当对未成年人进行理想教育、道德教育、科学教育、文化教育、法治教育、国家安全教育、健康教育、劳动教育,加强爱国主义、集体主义和中国特色社会主义的教育,培养爱祖国、爱人民、爱劳动、爱科学、爱社会主义的公德,抵制资本主义、封建主义和其他腐朽思想的侵蚀,引导未成年人树立和践行社会主义核心价值观。

(6) 未成年人保护责任概述

保护未成年人,是国家机关、武装力量、政党、人民团体、企业事业单位、社会组织、城乡基层群众性自治组织、未成年人的监护人以及其他成年人的共同责任。国家、社会、学校和家庭应当教育和帮助未成年人维护自身合法权益,增强自我保护的意识和能力。

(7) 监护职责

未成年人的父母或者其他监护人依法对未成年人承担监护职责。国家采取措施指导、支持、帮助和监督未成年人的父母或者其他监护人履行监护职责。

(8) 未成年人保护工作经费预算

县级以上人民政府应当将未成年人保护工作纳入国民经济和社会发展规划,相关经费纳入本级政府预算。

(9) 未成年人保护工作协调机制

县级以上人民政府应当建立未成年人保护工作协调机制,统筹、协调、督促和指导有关部门在各自职责范围内做好未成年人保护工作。协调机制具体工作由县级以上人民政府民政部门承担,省级人民政府也可以根据本地实际情况确定由其他有关部门承担。

(10) 社会团体保护职责

中国共产主义青年团、妇女联合会、工会、残疾人联合会、关心下一代工作委员会、青年联合会、学生联合会、少年先锋队以及其他人民团体、有关社会组织,应当协助各级人民政府及其有关部门、人民检察院、人民法院做好未成年人保护工作,维护未成年人合法权益。

(11) 未成年人权益受侵害情形的报告责任

任何组织或者个人发现不利于未成年人身心健康或者侵犯未成年人合法权益的情形,都有权劝阻、制止或者向公安、民政、教育等有关部门提出检举、控告。国家机关、居民委员会、村民委员会、密切接触未成年人的单位及其工作人员,在工作中发现未成年人身心健康受到侵害、疑似受到侵害或者面临其他危险情形的,应当立即向公安、民政、教育等有关部门报告。有关部门接到涉及未成年人的检举、控告或者报告,应当依法及时受理、处置,并以适当方式将处理结果告知相关单位和人员。

模拟考题

根据《未成年人保护法》的规定,下列(　　)主体在工作中发现未成年人身心健康受到侵害,应当立即向公安、民政、教育等有关部门报告。

A. 文化局　　B. 国有企业　　C. 民营企业　　D. 地铁站

2. 家庭保护

（1）监护职责具体范围

未成年人的父母或者其他监护人应当学习家庭教育知识，接受家庭教育指导，创造良好、和睦、文明的家庭环境。共同生活的其他成年家庭成员应当协助未成年人的父母或者其他监护人抚养、教育和保护未成年人。

未成年人的父母或者其他监护人应当履行下列监护职责：

① 为未成年人提供生活、健康、安全等方面的保障；

② 关注未成年人的生理、心理状况和情感需求；

③ 教育和引导未成年人遵纪守法、勤俭节约，养成良好的思想品德和行为习惯；

④ 对未成年人进行安全教育，提高未成年人的自我保护意识和能力；

⑤ 尊重未成年人受教育的权利，保障适龄未成年人依法接受并完成义务教育；

⑥ 保障未成年人休息、娱乐和体育锻炼的时间，引导未成年人进行有益身心健康的活动；

⑦ 妥善管理和保护未成年人的财产；

⑧ 依法代理未成年人实施民事法律行为；

⑨ 预防和制止未成年人的不良行为和违法犯罪行为，并进行合理管教；

⑩ 其他应当履行的监护职责。

（2）违反监护职责的行为

未成年人的父母或者其他监护人不得实施下列行为：

① 虐待、遗弃、非法送养未成年人或者对未成年人实施家庭暴力；

② 放任、教唆或者利用未成年人实施违法犯罪行为；

③ 放任、唆使未成年人参与邪教、迷信活动或者接受恐怖主义、分裂主义、极端主义等侵害，

④ 放任、唆使未成年人吸烟（含电子烟，下同）、饮酒、赌博、流浪乞讨或者欺凌他人；

⑤ 放任或者迫使应当接受义务教育的未成年人失学、辍学；

⑥ 放任未成年人沉迷网络，接触危害或者可能影响其身心健康的图书、报刊、电影、广播电视节目、音像制品、电子出版物和网络信息等；

⑦ 放任未成年人进入营业性娱乐场所、酒吧、互联网上网服务营业场所等不适宜未成年人活动的场所；

⑧ 允许或者迫使未成年人从事国家规定以外的劳动；

⑨ 允许、迫使未成年人结婚或者为未成年人订立婚约；

⑩ 违法处分、侵吞未成年人的财产或者利用未成年人牟取不正当利益；

⑪ 其他侵犯未成年人身心健康、财产权益或不依法履行未成年人保护义务的行为。

（3）监护人安全保护职责

未成年人的父母或者其他监护人应当为未成年人提供安全的家庭生活环境，及时排除引发触电、烫伤、跌落等伤害的安全隐患；采取配备儿童安全座椅、教育未成年人遵守交通规则等措施，防止未成年人受到交通事故的伤害；提高户外安全保护意识，避免未成年

人发生溺水、动物伤害等事故。

(4) 尊重未成年人意见

未成年人的父母或者其他监护人应当根据未成年人的年龄和智力发展状况,在作出与未成年人权益有关的决定前,听取未成年人的意见,充分考虑其真实意愿。

(5) 保护未成年人身心健康的义务

未成年人的父母或者其他监护人发现未成年人身心健康受到侵害、疑似受到侵害或者其他合法权益受到侵犯的,应当及时了解情况并采取保护措施;情况严重的,应当立即向公安、民政、教育等部门报告。

(6) 禁止使未成年人脱离监护

未成年人的父母或者其他监护人不得使未满八周岁或者由于身体、心理原因需要特别照顾的未成年人处于无人看护状态,或者将其交由无民事行为能力、限制民事行为能力、患有严重传染性疾病或者其他不适宜的人员临时照护。

未成年人的父母或者其他监护人不得使未满十六周岁的未成年人脱离监护单独生活。

(7) 委托照护

未成年人的父母或者其他监护人因外出务工等原因在一定期限内不能完全履行监护职责的,应当委托具有照护能力的完全民事行为能力人代为照护;无正当理由的,不得委托他人代为照护。未成年人的父母或者其他监护人在确定被委托人时,应当综合考虑其道德品质、家庭状况、身心健康状况、与未成年人生活情感上的联系等情况,并听取有表达意愿能力未成年人的意见。

具有下列情形之一的,不得作为被委托人:

① 曾实施性侵害、虐待、遗弃、拐卖、暴力伤害等违法犯罪行为;

② 有吸毒、酗酒、赌博等恶习;

③ 曾拒不履行或者长期怠于履行监护、照护职责;

④ 其他不适宜担任被委托人的情形。

未成年人的父母或者其他监护人应当及时将委托照护情况书面告知未成年人所在学校、幼儿园和实际居住地的居民委员会、村民委员会,加强和未成年人所在学校、幼儿园的沟通;与未成年人、被委托人至少每周联系和交流一次,了解未成年人的生活、学习、心理等情况,并给予未成年人亲情关爱。未成年人的父母或者其他监护人接到被委托人、居民委员会、村民委员会、学校、幼儿园等关于未成年人心理、行为异常的通知后,应当及时采取干预措施。

真题再现

15 岁学生张某的父母都在外地打工,留张某一个人独自在家生活和学习。下列说法正确的是(　　)。

A. 留张某独自在家可锻炼其生活能力

B. 父母在外地也可以履行其监护责任
C. 不得让生活能力差的孩子独立生活
D. 不得让张某脱离监护单独居住生活

(8) 父母离婚时未成年人的权益保障

未成年人的父母离婚时，应当妥善处理未成年子女的抚养、教育、探望、财产等事宜，听取有表达意愿能力未成年人的意见。不得以抢夺、藏匿未成年子女等方式争夺抚养权。未成年人的父母离婚后，不直接抚养未成年子女的一方应当依照协议、人民法院判决或者调解确定的时间和方式，在不影响未成年人学习、生活的情况下探望未成年子女，直接抚养的一方应当配合，但被人民法院依法中止探望权的除外。

3. 学校保护

(1) 教育方针

学校应当全面贯彻国家教育方针，坚持立德树人，实施素质教育，提高教育质量，注重培养未成年学生认知能力、合作能力、创新能力和实践能力，促进未成年学生全面发展。学校应当建立未成年学生保护工作制度，健全学生行为规范，培养未成年学生遵纪守法的良好行为习惯。

(2) 尊重未成年人人格

学校、幼儿园的教职员工应当尊重未成年人人格尊严，不得对未成年人实施体罚、变相体罚或者其他侮辱人格尊严的行为。

(3) 保障未成年人受教育权

学校应当保障未成年学生受教育的权利，不得违反国家规定开除、变相开除未成年学生。学校应当对尚未完成义务教育的辍学未成年学生进行登记并劝返复学；劝返无效的，应当及时向教育行政部门书面报告。

(4) 关爱困难未成年学生

学校应当关心、爱护未成年学生，不得因家庭、身体、心理、学习能力等情况歧视学生。对家庭困难、身心有障碍的学生，应当提供关爱；对行为异常、学习有困难的学生，应当耐心帮助。学校应当配合政府有关部门建立留守未成年学生、困境未成年学生的信息档案，开展关爱帮扶工作。

(5) 尊重未成年人身心规律

学校应当根据未成年学生身心发展特点，进行社会生活指导、心理健康辅导、青春期教育和生命教育。

(6) 劳动教育

学校应当组织未成年学生参加与其年龄相适应的日常生活劳动、生产劳动和服务性劳动，帮助未成年学生掌握必要的劳动知识和技能，养成良好的劳动习惯。

(7) 勤俭品格教育

学校、幼儿园应当开展勤俭节约、反对浪费、珍惜粮食、文明饮食等宣传教育活动，帮助未成年人树立浪费可耻、节约为荣的意识,养成文明健康、绿色环保的生活习惯。

(8) 减轻未成年学生学习负担

学校应当与未成年学生的父母或者其他监护人互相配合,合理安排未成年学生的学习时间,保障其休息、娱乐和体育锻炼的时间。学校不得占用国家法定节假日、休息日及寒暑假期,组织义务教育阶段的未成年学生集体补课,加重其学习负担。

幼儿园、校外培训机构不得对学龄前未成年人进行小学课程教育。

(9) 卫生保健

学校、幼儿园应当提供必要的卫生保健条件,协助卫生健康部门做好在校、在园未成年人的卫生保健工作。

(10) 安全管理

学校、幼儿园应当建立安全管理制度,对未成年人进行安全教育,完善安保设施、配备安保人员,保障未成年人在校、在园期间的人身和财产安全。学校、幼儿园不得在危及未成年人人身安全、身心健康的校舍和其他设施、场所中进行教育教学活动。学校、幼儿园安排未成年人参加文化娱乐、社会实践等集体活动,应当保护未成年人的身心健康,防止发生人身伤害事故。

(11) 校车安全管理

使用校车的学校、幼儿园应当建立健全校车安全管理制度,配备安全管理人员,定期对校车进行安全检查,对校车驾驶人进行安全教育,并向未成年人讲解校车安全乘坐知识,培养未成年人校车安全事故应急处理技能。

(12) 安全演练

学校、幼儿园应当根据需要,制定应对自然灾害、事故灾难、公共卫生事件等突发事件和意外伤害的预案,配备相应设施并定期进行必要的演练。

(13) 人身伤害处理规则

未成年人在校内、园内或者本校、本园组织的校外、园外活动中发生人身伤害事故的,学校、幼儿园应当立即救护,妥善处理,及时通知未成年人的父母或者其他监护人,并向有关部门报告。

(14) 禁止安排未成年学生参加商业活动

学校、幼儿园不得安排未成年人参加商业性活动,不得向未成年人及其父母或者其他监护人推销或者要求其购买指定的商品和服务。学校、幼儿园不得与校外培训机构合作为未成年人提供有偿课程辅导。

模拟考题

下列说法错误的是(　　)。

A. 未成年人在校内无论因为什么原因发生人身伤害事故,学校都应当立即救护

B. 学校不得占用暑假,组织义务教育阶段的未成年学生集体补课

C. 学校可以安排未成年人参加商业性活动，但不能借此营利
D. 学校不得向未成年人父母推销指定的家庭教育读物

(15) 学生欺凌防控

学校应当建立学生欺凌防控工作制度，对教职员工、学生等开展防治学生欺凌的教育和培训。学校对学生欺凌行为应当立即制止，通知实施欺凌和被欺凌未成年学生的父母或者其他监护人参与欺凌行为的认定和处理；对相关未成年学生及时给予心理辅导、教育和引导；对相关未成年学生的父母或者其他监护人给予必要的家庭教育指导。对实施欺凌的未成年学生，学校应当根据欺凌行为的性质和程度，依法加强管教。对严重的欺凌行为，学校不得隐瞒，应当及时向公安机关、教育行政部门报告，并配合相关部门依法处理。

(16) 预防性侵害、性骚扰未成年人工作制度

学校、幼儿园应当建立预防性侵害、性骚扰未成年人工作制度。对性侵害、性骚扰未成年人等违法犯罪行为，学校、幼儿园不得隐瞒，应当及时向公安机关、教育行政部门报告，并配合相关部门依法处理。学校、幼儿园应当对未成年人开展适合其年龄的性教育，提高未成年人防范性侵害、性骚扰的自我保护意识和能力。对遭受性侵害、性骚扰的未成年人，学校、幼儿园应当及时采取相关的保护措施。

4. 社会保护

(1) 良好社会风尚

全社会应当树立关心、爱护未成年人的良好风尚。国家鼓励、支持和引导人民团体、企业事业单位、社会组织以及其他组织和个人，开展有利于未成年人健康成长的社会活动和服务。

(2) 基层组织保护制度

居民委员会、村民委员会应当设置专人专岗负责未成年人保护工作，协助政府有关部门宣传未成年人保护方面的法律法规，指导、帮助和监督未成年人的父母或者其他监护人依法履行监护职责，建立留守未成年人、困境未成年人的信息档案并给予关爱帮扶。居民委员会、村民委员会应当协助政府有关部门监督未成年人委托照护情况，发现被委托人缺乏照护能力、怠于履行照护职责等情况，应当及时向政府有关部门报告，并告知未成年人的父母或者其他监护人，帮助、督促被委托人履行照护职责。

(3) 公益组织和场馆服务制度

爱国主义教育基地、图书馆、青少年宫、儿童活动中心、儿童之家应当对未成年人免费开放；博物馆、纪念馆、科技馆、展览馆、美术馆、文化馆、社区公益性互联网上网服务场所以及影剧院、体育场馆、动物园、植物园、公园等场所，应当按照有关规定对未成年人免费或者优惠开放。国家鼓励爱国主义教育基地、博物馆、科技馆、美术馆等公共场馆开设未成年人专场，为未成年人提供有针对性的服务。国家鼓励国家机关、企业事业单位、部队等开发自身教育资源，设立未成年人开放日，为未成年人主题教育、社会实践、职业体验等提供支持。国家鼓励科研机构和科技类社会组织对未成年人开展科学普及活动。

（4）交通费优惠

城市公共交通以及公路、铁路、水路、航空客运等应当按照有关规定对未成年人实施免费或者优惠票价。

（5）文化产品健康

新闻媒体应当加强未成年人保护方面的宣传，对侵犯未成年人合法权益的行为进行舆论监督。新闻媒体采访报道涉及未成年人事件应当客观、审慎和适度，不得侵犯未成年人的名誉、隐私和其他合法权益。禁止制作、复制、出版、发布、传播含有宣扬淫秽、色情、暴力、邪教、迷信、赌博、引诱自杀、恐怖主义、分裂主义、极端主义等危害未成年人身心健康内容的图书、报刊、电影、广播电视节目、舞台艺术作品、音像制品、电子出版物和网络信息等。任何组织或者个人出版、发布、传播的图书、报刊、电影、广播电视节目、舞台艺术作品、音像制品、电子出版物或者网络信息，包含可能影响未成年人身心健康内容的，应当以显著方式作出提示。禁止制作、复制、发布、传播或者持有有关未成年人的淫秽色情物品和网络信息。任何组织或者个人不得刊登、播放、张贴或者散发含有危害未成年人身心健康内容的广告；不得在学校、幼儿园播放、张贴或者散发商业广告；不得利用校服、教材等发布或者变相发布商业广告。

（6）禁止人身侵害

禁止拐卖、绑架、虐待、非法收养未成年人，禁止对未成年人实施性侵害、性骚扰。禁止胁迫、引诱、教唆未成年人参加黑社会性质组织或者从事违法犯罪活动。禁止胁迫、诱骗、利用未成年人乞讨。

（7）未成年人用品安全

生产、销售用于未成年人的食品、药品、玩具、用具和游戏游艺设备、游乐设施等，应当符合国家或者行业标准，不得危害未成年人的人身安全和身心健康。上述产品的生产者应当在显著位置标明注意事项，未标明注意事项的不得销售。

（8）公共场所安全

未成年人集中活动的公共场所应当符合国家或者行业安全标准，并采取相应安全保护措施。对可能存在安全风险的设施，应当定期进行维护，在显著位置设置安全警示标志并标明适龄范围和注意事项；必要时应当安排专门人员看管。大型的商场、超市、医院、图书馆、博物馆、科技馆、游乐场、车站、码头、机场、旅游景区景点等场所运营单位应当设置搜寻走失未成年人的安全警报系统。场所运营单位接到求助后，应当立即启动安全警报系统，组织人员进行搜寻并向公安机关报告。公共场所发生突发事件时，应当优先救护未成年人。

（9）宾馆酒店接待未成年人规范

旅馆、宾馆、酒店等住宿经营者接待未成年人入住，或者接待未成年人和成年人共同入住时，应当询问父母或者其他监护人的联系方式、入住人员的身份关系等有关情况；发现有违法犯罪嫌疑的，应当立即向公安机关报告，并及时联系未成年人的父母或者其他监护人。

（10）娱乐场所经营规范

学校、幼儿园周边不得设置营业性娱乐场所、酒吧、互联网上网服务营业场所等不适宜未成年人活动的场所。营业性歌舞娱乐场所、酒吧、互联网上网服务营业场所等不适宜未成年人活动场所的经营者，不得允许未成年人进入；游艺娱乐场所设置的电子游戏设备，除国家法定节假日外，不得向未成年人提供。经营者应当在显著位置设置未成年人禁入、限入标志；对难以判明是否是未成年人的，应当要求其出示身份证件。

（11）禁售烟酒彩票

学校、幼儿园周边不得设置烟、酒、彩票销售网点。禁止向未成年人销售烟、酒、彩票或者兑付彩票奖金。烟、酒和彩票经营者应当在显著位置设置不向未成年人销售烟、酒或者彩票的标志；对难以判明是否是未成年人的，应当要求其出示身份证件。任何人不得在学校、幼儿园和其他未成年人集中活动的公共场所吸烟、饮酒。

真题再现

某小学王校长发现校门口有商贩向学生兜售散装香烟。他应该采取的做法是（　　）。

A. 禁止学生购买香烟，立即将商贩劝离

B. 允许学生购买香烟，禁止其校内吸烟

C. 禁止学生购买香烟，对商贩处以罚款

D. 允许学生购买香烟，对商贩不予干涉

解析：首先，《未成年人保护法》规定，禁止向未成年人出售香烟，校园内也不允许吸烟。其次，学校没有对商贩进行行政处罚的权力。所以答案是A。

（12）禁售管制刀具

禁止向未成年人提供、销售管制刀具或者其他可能致人严重伤害的器具等物品。经营者难以判明购买者是否是未成年人的，应当要求其出示身份证件。

（13）未成年人就业限制及保护

任何组织或者个人不得招用未满十六周岁未成年人，国家另有规定的除外。营业性娱乐场所、酒吧、互联网上网服务营业场所等不适宜未成年人活动的场所不得招用已满十六周岁的未成年人。招用已满十六周岁未成年人的单位和个人应当执行国家在工种、劳动时间、劳动强度和保护措施等方面的规定，不得安排其从事过重、有毒、有害等危害未成年人身心健康的劳动或者危险作业。任何组织或者个人不得组织未成年人进行危害其身心健康的表演等活动。经未成年人的父母或者其他监护人同意，未成年人参与演出、节目制作等活动，活动组织方应当根据国家有关规定，保障未成年人合法权益。

真题再现

15 岁的小江辍学到王某所办的电子厂打工。王某的行为(　　)。

A. 合法,王某有自主招工的权利　　B. 合法,王某有管理工人的权利

C. 不合法,工厂不得招用童工　　D. 不合法,须经家长同意才可招用

(14) 密切接触未成年人的单位招聘工作人员规范

密切接触未成年人的单位招聘工作人员时,应当向公安机关、人民检察院查询应聘者是否具有性侵害、虐待、拐卖、暴力伤害等违法犯罪记录;发现其具有前述行为记录的,不得录用。密切接触未成年人的单位应当每年定期对工作人员是否具有上述违法犯罪记录进行查询。通过查询或者其他方式发现其工作人员具有上述行为的,应当及时解聘。

(15) 隐私保护

任何组织或者个人不得隐匿、毁弃、非法删除未成年人的信件、日记、电子邮件或者其他网络通信内容。

除下列情形外,任何组织或者个人不得开拆、查阅未成年人的信件、日记、电子邮件或者其他网络通信内容:

① 无民事行为能力未成年人的父母或者其他监护人代未成年人开拆、查阅;

② 因国家安全或者追查刑事犯罪依法进行检查;

③ 紧急情况下为了保护未成年人本人的人身安全。

真题再现

某幼儿园中班把班里每个孩子的体检结果公布在教室门口,上面除了身高、体重等项目外,还包括血液检查结果等内容。该幼儿园的做法(　　)。

A. 正确,方便家长了解孩子身体状况

B. 正确,贯彻了重视幼儿身心健康的理念

C. 不正确,侵犯了幼儿的隐私权

D. 不正确,侵犯了幼儿的人格尊严

5. 网络保护

(1) 网络素养宣传教育

国家、社会、学校和家庭应当加强未成年人网络素养宣传教育,培养和提高未成年人的网络素养,增强未成年人科学、文明、安全、合理使用网络的意识和能力,保障未成年人在网络空间的合法权益。

(2) 鼓励创作健康的网络内容

国家鼓励和支持有利于未成年人健康成长的网络内容的创作与传播,鼓励和支持专门以未成年人为服务对象、适合未成年人身心健康特点的网络技术、产品、服务的研发、生

产和使用。

(3) 网络环境督查

网信部门及其他有关部门应当加强对未成年人网络保护工作的监督检查,依法惩处利用网络从事危害未成年人身心健康的活动,为未成年人提供安全、健康的网络环境。

(4) 不健康网络信息的界定

网信部门会同公安、文化和旅游、新闻出版、电影、广播电视等部门根据保护不同年龄阶段未成年人的需要,确定可能影响未成年人身心健康网络信息的种类、范围和判断标准。

(5) 沉迷网络的防范

新闻出版、教育、卫生健康、文化和旅游、网信等部门应当定期开展预防未成年人沉迷网络的宣传教育,监督网络产品和服务提供者履行预防未成年人沉迷网络的义务,指导家庭、学校、社会组织互相配合,采取科学、合理的方式对未成年人沉迷网络进行预防和干预。

任何组织或者个人不得以侵害未成年人身心健康的方式对未成年人沉迷网络进行干预。

(6) 未成年人网络保护软件

学校、社区、图书馆、文化馆、青少年宫等场所为未成年人提供的互联网上网服务设施,应当安装未成年人网络保护软件或者采取其他安全保护技术措施。智能终端产品的制造者、销售者应当在产品上安装未成年人网络保护软件,或者以显著方式告知用户未成年人网络保护软件的安装渠道和方法。

(7) 禁止带手机进课堂

学校应当合理使用网络开展教学活动。未经学校允许,未成年学生不得将手机等智能终端产品带入课堂,带入学校的应当统一管理。

学校发现未成年学生沉迷网络的,应当及时告知其父母或者其他监护人,共同对未成年学生进行教育和引导,帮助其恢复正常的学习生活。

模拟考题

根据《未成年人保护法》关于未成年学生使用手机等智能终端产品的规定,下列说法正确的是(　　)。

A. 律不允许未成年学生在学校使用手机

B. 学校统一管理未成年学生手机是侵权行为

C. 经学校允许,未成年学生可以将手机带入学校

D. 不经允许,未成年学生也可以将手机带入学校,但是不能带入课堂

（8）监护人表率及监督义务

未成年人的父母或者其他监护人应当提高网络素养，规范自身使用网络的行为，加强对未成年人使用网络行为的引导和监督。未成年人的父母或者其他监护人应当通过在智能终端产品上安装未成年人网络保护软件、选择适合未成年人的服务模式和管理功能等方式，避免未成年人接触危害或者可能影响其身心健康的网络信息，合理安排未成年人使用网络的时间，有效预防未成年人沉迷网络。

（9）未成年人个人信息处理规范

信息处理者通过网络处理未成年人个人信息的，应当遵循合法、正当和必要的原则。处理不满十四周岁未成年人个人信息的，应当征得未成年人的父母或者其他监护人同意，但法律、行政法规另有规定的除外。未成年人、父母或者其他监护人要求信息处理者更正、删除未成年人个人信息的，信息处理者应当及时采取措施予以更正、删除，但法律、行政法规另有规定的除外。

（10）私密信息的保护

网络服务提供者发现未成年人通过网络发布私密信息的，应当及时提示，并采取必要的保护措施。

（11）未成年人网络产品和服务规范

网络产品和服务提供者不得向未成年人提供诱导其沉迷的产品和服务。网络游戏、网络直播、网络音视频、网络社交等网络服务提供者应当针对未成年人使用其服务设置相应的时间管理、权限管理、消费管理等功能。以未成年人为服务对象的在线教育网络产品和服务，不得插入网络游戏链接，不得推送广告等与教学无关的信息。

（12）网络游戏运营规范

网络游戏经依法审批后方可运营。国家建立统一的未成年人网络游戏电子身份认证系统。网络游戏服务提供者应当要求未成年人以真实身份信息注册并登录网络游戏。网络游戏服务提供者应当按照国家有关规定和标准，对游戏产品进行分类，作出适龄提示，并采取技术措施，不得让未成年人接触不适宜的游戏或者游戏功能。网络游戏服务提供者不得在每日二十二时至次日八时向未成年人提供网络游戏服务。

（13）网络直播发布者账号注册服务规范

网络直播服务提供者不得为未满十六周岁的未成年人提供网络直播发布者账号注册服务；为年满十六周岁的未成年人提供网络直播发布者账号注册服务时，应当对其身份信息进行认证，并征得其父母或者其他监护人同意。

（14）禁止网络欺凌行为

任何组织或者个人不得通过网络以文字、图片、音视频等形式，对未成年人实施侮辱、诽谤、威胁或者恶意损害形象等网络欺凌行为。遭受网络欺凌的未成年人及其父母或者其他监护人有权通知网络服务提供者采取删除、屏蔽、断开链接等措施。网络服务提供者接到通知后，应当及时采取必要的措施制止网络欺凌行为，防止信息扩散。

模拟考题

根据《未成年人保护法》的规定，下列说法错误的是(　　)。

A. 网络直播服务提供者可以为年满十六周岁的未成年人提供网络直播发布者账号注册服务，但应当对其身份信息进行认证，并征得其父母或者其他监护人的同意

B. 网络游戏服务提供者应当保护未成年人隐私，不得要求未成年人以真实身份信息注册并登录网络游戏

C. 网络游戏服务提供者不得在每日二十二时至次日八时向未成年人提供网络游戏服务

D. 网络服务提供者发现未成年人通过网络发布私密信息的，应当及时提示，并采取必要的保护措施

(15) 投诉、举报方式公开

网络产品和服务提供者应当建立便捷、合理、有效的投诉和举报渠道，公开投诉、举报方式等信息，及时受理并处理涉及未成年人的投诉、举报。

(16) 网络服务提供者对网络用户的监督义务

网络服务提供者发现用户发布、传播可能影响未成年人身心健康的信息且未作显著提示的，应当作出提示或者通知用户予以提示；未作出提示的，不得传输相关信息。网络服务提供者发现用户发布、传播含有危害未成年人身心健康内容的信息的，应当立即停止传输相关信息，采取删除、屏蔽、断开链接等处置措施，保存有关记录，并向网信、公安等部门报告。网络服务提供者发现用户利用其网络服务对未成年人实施违法犯罪行为的，应当立即停止向该用户提供网络服务，保存有关记录，并向公安机关报告。

6. 政府保护

(1) 家庭教育宣传指导

各级人民政府应当将家庭教育指导服务纳入城乡公共服务体系，开展家庭教育知识宣传，鼓励和支持有关人民团体、企业事业单位、社会组织开展家庭教育指导服务。

(2) 保障未成年人受教育权

各级人民政府应当保障未成年人受教育的权利，并采取措施保障留守未成年人、困境未成年人、残疾未成年人接受义务教育。对尚未完成义务教育的辍学未成年学生，教育行政部门应当责令父母或者其他监护人将其送入学校接受义务教育。

(3) 发展幼儿教育

各级人民政府应当发展托育、学前教育事业，办好婴幼儿照护服务机构、幼儿园，支持社会力量依法兴办母婴室、婴幼儿照护服务机构、幼儿园。县级以上地方人民政府及其有关部门应当培养和培训婴幼儿照护服务机构、幼儿园的保教人员，提高其职业道德素质和业务能力。

（4）发展职业教育

各级人民政府应当发展职业教育，保障未成年人接受职业教育或者职业技能培训，鼓励和支持人民团体、企业事业单位、社会组织为未成年人提供职业技能培训服务。

（5）保障残疾未成年人受教育权

各级人民政府应当保障具有接受普通教育能力、能适应校园生活的残疾未成年人就近在普通学校、幼儿园接受教育；保障不具有接受普通教育能力的残疾未成年人在特殊教育学校、幼儿园接受学前教育、义务教育和职业教育。各级人民政府应当保障特殊教育学校、幼儿园的办学、办园条件，鼓励和支持社会力量举办特殊教育学校、幼儿园。

（6）保障校园安全

地方人民政府及其有关部门应当保障校园安全，监督、指导学校、幼儿园等单位落实校园安全责任，建立突发事件的报告、处置和协调机制。

（7）维护校园周边环境安全

公安机关和其他有关部门应当依法维护校园周边的治安和交通秩序，设置监控设备和交通安全设施，预防和制止侵害未成年人的违法犯罪行为。

（8）未成年人公益设施建设及管理

地方人民政府应当建立和改善适合未成年人的活动场所和设施，支持公益性未成年人活动场所和设施的建设和运行，鼓励社会力量兴办适合未成年人的活动场所和设施，并加强管理。地方人民政府应当采取措施，鼓励和支持学校在国家法定节假日、休息日及寒暑假期将文化体育设施对未成年人免费或者优惠开放。地方人民政府应当采取措施，防止任何组织或者个人侵占、破坏学校、幼儿园、婴幼儿照护服务机构等未成年人活动场所的场地、房屋和设施。

（9）未成年人健康管理

各级人民政府及其有关部门应当对未成年人进行卫生保健和营养指导，提供卫生保健服务。卫生健康部门应当依法对未成年人的疫苗预防接种进行规范，防治未成年人常见病、多发病，加强传染病防治和监督管理，做好伤害预防和干预，指导和监督学校、幼儿园、婴幼儿照护服务机构开展卫生保健工作。教育行政部门应当加强未成年人的心理健康教育，建立未成年人心理问题的早期发现和及时干预机制。卫生健康部门应当做好未成年人心理治疗、心理危机干预以及精神障碍早期识别和诊断治疗等工作。

（10）困境未成年人分类保障

各级人民政府及其有关部门对困境未成年人实施分类保障，采取措施满足其生活、教育、安全、医疗康复、住房等方面的基本需要。

（11）民政部门临时监护

具有下列情形之一的，民政部门应当依法对未成年人进行临时监护：

① 未成年人流浪乞讨或者身份不明，暂时查找不到父母或者其他监护人；

② 监护人下落不明且无其他人可以担任监护人；

③ 监护人因自身客观原因或者因发生自然灾害、事故灾难、公共卫生事件等突发事

件不能履行监护职责，导致未成年人监护缺失；

④ 监护人拒绝或者怠于履行监护职责，导致未成年人处于无人照料的状态；

⑤ 监护人教唆、利用未成年人实施违法犯罪行为，未成年人需要被带离安置；

⑥ 未成年人遭受监护人严重伤害或者面临人身安全威胁，需要被紧急安置；

⑦ 法律规定的其他情形。

(12) 临时监护方式

对临时监护的未成年人，民政部门可以采取委托亲属抚养、家庭寄养等方式进行安置，也可以交由未成年人救助保护机构或者儿童福利机构进行收留、抚养。临时监护期间，经民政部门评估，监护人重新具备履行监护职责条件的，民政部门可以将未成年人送回监护人抚养。

(13) 民政部门长期监护

具有下列情形之一的，民政部门应当依法对未成年人进行长期监护：

① 查找不到未成年人的父母或者其他监护人；

② 监护人死亡或者被宣告死亡且无其他人可以担任监护人；

③ 监护人丧失监护能力且无其他人可以担任监护人；

④ 人民法院判决撤销监护人资格并指定由民政部门担任监护人；

⑤ 法律规定的其他情形。

(14) 长期监护终止

民政部门进行收养评估后，可以依法将其长期监护的未成年人交由符合条件的申请人收养。收养关系成立后，民政部门与未成年人的监护关系终止。

模拟考题

下列(　　)主体具有依法对未成年人进行临时监护的职责。

A. 未成年人所在学校　　B. 未成年人所在社区

C. 儿童福利机构　　D. 民政部门

(15) 临时或长期监护的配合职责

民政部门承担临时监护或者长期监护职责的，财政、教育、卫生健康、公安等部门应当根据各自职责予以配合。县级以上人民政府及其民政部门应当根据需要设立未成年人救助保护机构、儿童福利机构，负责收留、抚养由民政部门监护的未成年人。

(16) 未成年人保护热线

县级以上人民政府应当开通全国统一的未成年人保护热线，及时受理、转介侵犯未成年人合法权益的投诉、举报；鼓励和支持人民团体、企业事业单位、社会组织参与建设未成年人保护服务平台、服务热线、服务站点，提供未成年人保护方面的咨询、帮助。

（17）违法犯罪人员信息查询

国家建立性侵害、虐待、拐卖、暴力伤害等违法犯罪人员信息查询系统，向密切接触未成年人的单位提供免费查询服务。

7. 司法保护

（1）专门人员

公安机关、人民检察院、人民法院和司法行政部门应当确定专门机构或者指定专门人员，负责办理涉及未成年人案件。办理涉及未成年人案件的人员应当经过专门培训，熟悉未成年人身心特点。专门机构或者专门人员中，应当有女性工作人员。公安机关、人民检察院、人民法院和司法行政部门应当对上述机构和人员实行与未成年人保护工作相适应的评价考核标准。

（2）适应未成年人身心特点

公安机关、人民检察院、人民法院和司法行政部门办理涉及未成年人案件，应当考虑未成年人身心特点和健康成长的需要，使用未成年人能够理解的语言和表达方式，听取未成年人的意见。

（3）未成年人信息保密

公安机关、人民检察院、人民法院、司法行政部门以及其他组织和个人不得披露有关案件中未成年人的姓名、影像、住所、就读学校以及其他可能识别出其身份的信息，但查找失踪、被拐卖未成年人等情形除外。

（4）法律援助

对需要法律援助或者司法救助的未成年人，法律援助机构或者公安机关、人民检察院、人民法院和司法行政部门应当给予帮助，依法为其提供法律援助或者司法救助。法律援助机构应当指派熟悉未成年人身心特点的律师为未成年人提供法律援助服务。法律援助机构和律师协会应当对办理未成年人法律援助案件的律师进行指导和培训。

（5）监察监督

人民检察院通过行使检察权，对涉及未成年人的诉讼活动等依法进行监督。

（6）检察院支持起诉

未成年人合法权益受到侵犯，相关组织和个人未代为提起诉讼的，人民检察院可以督促、支持其提起诉讼；涉及公共利益的，人民检察院有权提起公益诉讼。

（7）继承、离婚案件办理要求

人民法院审理继承案件，应当依法保护未成年人的继承权和受遗赠权。人民法院审理离婚案件，涉及未成年子女抚养问题的，应当尊重已满八周岁未成年子女的真实意愿，根据双方具体情况，按照最有利于未成年子女的原则依法处理。

（8）监护人资格的撤销

未成年人的父母或者其他监护人不依法履行监护职责或者严重侵犯被监护的未成年人合法权益的，人民法院可以根据有关人员或者单位的申请，依法作出人身安全保护令或者撤销监护人资格。被撤销监护人资格的父母或者其他监护人应当依法继续负担抚养费用。

真题再现

林某因不履行监护职责，被当地人民法院依法撤销其对子女佳佳的监护权。根据《未成年人保护法》的规定，下列说法正确的是(　　)。

A. 林某应继续承担抚养费用　　B. 林某可不再承担抚养费用

C. 法院可委托他人代为监护　　D. 林某可指定他人代为监护

解析：当林某有监护权的时候，他可以委托他人代为监护。当他的监护权被撤销后，只能由法院另行指定监护人。这时，林某已没有资格即无权委托他人代为监护，更无权指定监护人。

(9) 社会调查

人民法院审理离婚、抚养、收养、监护、探望等案件涉及未成年人的，可以自行或者委托社会组织对未成年人的相关情况进行社会调查。

(10) 未成年人审讯要求

公安机关、人民检察院、人民法院讯问未成年犯罪嫌疑人、被告人，询问未成年被害人、证人，应当依法通知其法定代理人或者其成年亲属、所在学校的代表等合适成年人到场，并采取适当方式，在适当场所进行，保障未成年人的名誉权、隐私权和其他合法权益。人民法院开庭审理涉及未成年人案件，未成年被害人、证人一般不出庭作证；必须出庭的，应当采取保护其隐私的技术手段和心理干预等保护措施。

(11) 性侵或暴力伤害案办理要求

公安机关、人民检察院、人民法院应当与其他有关政府部门、人民团体、社会组织互相配合，对遭受性侵害或者暴力伤害的未成年被害人及其家庭实施必要的心理干预、经济救助、法律援助、转学安置等保护措施。公安机关、人民检察院、人民法院办理未成年人遭受性侵害或者暴力伤害案件，在询问未成年被害人、证人时，应当采取同步录音录像等措施，尽量一次完成；未成年被害人、证人是女性的，应当由女性工作人员进行。

(12) 未成年犯处理原则

对违法犯罪的未成年人，实行教育、感化、挽救的方针，坚持教育为主、惩罚为辅的原则。对违法犯罪的未成年人依法处罚后，在升学、就业等方面不得歧视。

(13) 司法监督

公安机关、人民检察院、人民法院和司法行政部门发现有关单位未尽到未成年人教育、管理、救助、看护等保护职责的，应当向该单位提出建议。被建议单位应当在一个月内作出书面回复。

8. 法律责任

(1) 不履行报告义务法律责任

违反本法第十一条第二款规定（国家机关、居民委员会、村民委员会、密切接触未成年人的单位及其工作人员，在工作中发现未成年人身心健康受到侵害、疑似受到侵害或者面临其他危险情形的，应当立即向公安、民政、教育等有关部门报告)，未履行报告义务造成严重后果的，由上级主管部门或者所在单位对直接负责的主管人员和其他直接责任人员依法给予处分。

(2) 不履行监护义务法律责任

未成年人的父母或者其他监护人不依法履行监护职责或者侵犯未成年人合法权益的，由其居住地的居民委员会、村民委员会予以劝诫、制止；情节严重的，居民委员会、村民委员会应当及时向公安机关报告。公安机关接到报告或者公安机关、人民检察院、人民法院在办理案件过程中发现未成年人的父母或者其他监护人存在上述情形的，应当予以训诫，并可以责令其接受家庭教育指导。

(3) 教育机构及员工法律责任

学校、幼儿园、婴幼儿照护服务等机构及其教职员工违反本法第二十七条(学校、幼儿园的教职员工应当尊重未成年人人格尊严，不得对未成年人实施体罚、变相体罚或者其他侮辱人格尊严的行为)、第二十八条(学校应当保障未成年学生受教育的权利，不得违反国家规定开除、变相开除未成年学生)、第三十九条(学校应当建立学生欺凌防控工作制度，对教职员工、学生等开展防治学生欺凌的教育和培训。学校对学生欺凌行为应当立即制止，通知实施欺凌和被欺凌未成年学生的父母或者其他监护人参与欺凌行为的认定和处理；对相关未成年学生及时给予心理辅导、教育和引导；对相关未成年学生的父母或者其他监护人给予必要的家庭教育指导。对实施欺凌的未成年学生，学校应当根据欺凌行为的性质和程度，依法加强管教。对严重的欺凌行为，学校不得隐瞒，应当及时向公安机关、教育行政部门报告，并配合相关部门依法处理)规定的，由公安、教育、卫生健康、市场监督管理等部门按照职责分工责令改正；拒不改正或者情节严重的，对直接负责的主管人员和其他直接责任人员依法给予处分。

(4) 违反未成年人优惠制度法律责任

违反本法第四十四条(爱国主义教育基地、图书馆、青少年宫、儿童活动中心、儿童之家应当对未成年人免费开放；博物馆、纪念馆、科技馆、展览馆、美术馆、文化馆、社区公益性互联网上网服务场所以及影剧院、体育场馆、动物园、植物园、公园等场所，应当按照有关规定对未成年人免费或者优惠开放。国家鼓励爱国主义教育基地、博物馆、科技馆、美术馆等公共场馆开设未成年人专场，为未成年人提供有针对性的服务。国家鼓励国家机关、企业事业单位、部队等开发自身教育资源，设立未成年人开放日，为未成年人主题教育、社会实践、职业体验等提供支持。国家鼓励科研机构和科技类社会组织对未成年人开展科学普及活动)、第四十五条(城市公共交通以及公路、铁路、水路、航空客运等应当按照有关规定对未成年人实施免费或者优惠票价)、第四十七条(任何组织或者个人不得违反有关规定，限制未成年人应当享有的照顾或者优惠)规定，未给予未成年人免费或者优惠待遇的，由市场监督管理、文化和旅游、交通运输等部门按照职责分工责令限期改正，给予警告；拒不改正的，处一万元以上十万元以下罚款。

(5) 文化出版单位法律责任

违反本法第五十条(禁止制作、复制、出版、发布、传播含有宣扬淫秽、色情、暴力、邪教、迷信、赌博、引诱自杀、恐怖主义、分裂主义、极端主义等危害未成年人身心健康内容的图书、报刊、电影、广播电视节目、舞台艺术作品、音像制品、电子出版物和网络信息等)、第五十一条(任何组织或者个人出版、发布、传播的图书、报刊、电影、广播电视节目、舞台艺术作品、音像制品、电子出版物或者网络信息,包含可能影响未成年人身心健康内容的,应当以显著方式作出提示)规定的,由新闻出版、广播电视、电影、网信等部门按照职责分工责令限期改正,给予警告,没收违法所得,可以并处十万元以下罚款;拒不改正或者情节严重的,责令暂停相关业务、停产停业或者吊销营业执照、吊销相关许可证,违法所得一百万元以上的,并处违法所得一倍以上十倍以下的罚款,没有违法所得或者违法所得不足一百万元的,并处十万元以上一百万元以下罚款。

真题再现

书商张某向未成年人出售含有淫秽、暴力、恐怖内容的图书。依据《未成年人保护法》,对于张某,由主管部门责令改正,依法给予(　　)。

A. 民事处罚　　B. 行政处分　　C. 刑事处罚　　D. 行政处罚

解析: 民事责任是平等的主体之间的法律责任,而主管部门与张某之间显然是不平等的主体,所以 A 错误。题干并没有说明张某构成犯罪,所以不能追究刑事责任,所以 C 错误。行政处分是行政机关给予其内部工作人员的行政法律责任,行政处罚才是给予行政相对人的行政法律责任,所以选 D。

(6) 公共场所及宾馆酒店法律责任

场所运营单位违反本法第五十六条第二款(大型的商场、超市、医院、图书馆、博物馆、科技馆、游乐场、车站、码头、机场、旅游景区景点等场所运营单位应当设置搜寻走失未成年人的安全警报系统。场所运营单位接到求助后,应当立即启动安全警报系统,组织人员进行搜寻并向公安机关报告)规定、住宿经营者违反本法第五十七条(旅馆、宾馆、酒店等住宿经营者接待未成年人入住,或者接待未成年人和成年人共同入住时,应当询问父母或者其他监护人的联系方式、入住人员的身份关系等有关情况;发现有违法犯罪嫌疑的,应当立即向公安机关报告,并及时联系未成年人的父母或者其他监护人)规定的,由市场监督管理、应急管理、公安等部门按照职责分工责令限期改正,给予警告;拒不改正或者造成严重后果的,责令停业整顿或者吊销营业执照、吊销相关许可证,并处一万元以上十万元以下罚款。

(7) 烟酒、娱乐场所等经营者责任

相关经营者违反本法第五十八条(学校、幼儿园周边不得设置营业性娱乐场所、酒吧、互联网上网服务营业场所等不适宜未成年人活动的场所。营业性歌舞娱乐场所、酒吧、互联网上网服务营业场所等不适宜未成年人活动场所的经营者,不得允许未成年人进入;游艺娱乐场所设置的电子游戏设备，除国家法定节假日外，不得向未成年人提供。经营者应当在显著位置设置未成年人禁入、限入标志；对难以判明是否是未成年人的，应当要求其出示身份证件）、第五十九条第一款（学校、幼儿园周边不得设置烟、酒、彩票销售网点。禁止向未成年人销售烟、酒、彩票或者兑付彩票奖金。烟、酒和彩票经营者应当在显著位置设置不向未成年人销售烟、酒或者彩票的标志；对难以判明是否是未成年人的，应当要求其出示身份证件）、第六十条（禁止向未成年人提供、销售管制刀具或者其他可能致人严重伤害的器具等物品。经营者难以判明购买者是否是未成年人的，应当要求其出示身份证件）规定的，由文化和旅游、市场监督管理、烟草专卖、公安等部门按照职责分工责令限期改正，给予警告，没收违法所得，可以并处五万元以下罚款；拒不改正或者情节严重的，责令停业整顿或者吊销营业执照、吊销相关许可证，可以并处五万元以上五十万元以下罚款。

（8）在校园吸烟饮酒法律责任

违反本法第五十九条第二款（任何人不得在学校、幼儿园和其他未成年人集中活动的公共场所吸烟、饮酒）规定，在学校、幼儿园和其他未成年人集中活动的公共场所吸烟、饮酒的，由卫生健康、教育、市场监督管理等部门按照职责分工责令改正，给予警告，可以并处五百元以下罚款；场所管理者未及时制止的，由卫生健康、教育、市场监督管理等部门按照职责分工给予警告，并处一万元以下罚款。

（9）违法招用未成年人法律责任

违反本法第六十一条（任何组织或者个人不得招用未满十六周岁未成年人，国家另有规定的除外。营业性娱乐场所、酒吧、互联网上网服务营业场所等不适宜未成年人活动的场所不得招用已满十六周岁的未成年人。招用已满十六周岁未成年人的单位和个人应当执行国家在工种、劳动时间、劳动强度和保护措施等方面的规定，不得安排其从事过重、有毒、有害等危害未成年人身心健康的劳动或者危险作业。任何组织或者个人不得组织未成年人进行危害其身心健康的表演等活动。经未成年人的父母或者其他监护人同意，未成年人参与演出、节目制作等活动，活动组织方应当根据国家有关规定，保障未成年人合法权益。）规定的，由文化和旅游、人力资源和社会保障、市场监督管理等部门按照职责分工责令限期改正，给予警告，没收违法所得，可以并处十万元以下罚款；拒不改正或者情节严重的，责令停产停业或者吊销营业执照、吊销相关许可证，并处十万元以上一百万元以下罚款。

（10）密切接触未成年人的单位违法招聘工作人员法律责任

密切接触未成年人的单位违反本法第六十二条（密切接触未成年人的单位招聘工作人员时，应当向公安机关、人民检察院查询应聘者是否具有性侵害、虐待、拐卖、暴力伤害等违法犯罪记录；发现其具有前述行为记录的，不得录用。密切接触未成年人的单位应当每年定期对工作人员是否具有上述违法犯罪记录进行查询。通过查询或者其他方式发现其工作人员具有上述行为的，应当及时解聘）规定，未履行查询义务，或者招用、继续聘用具有相关违法犯罪记录人员的，由教育、人力资源和社会保障、市场监督管理等部门按照职责分工责令限期改正，给予警告，并处五万元以下罚款；拒不改正或者造成严重后果的，责令停业整顿或者吊销营业执照、吊销相关许可证，并处五万元以上五十万元以下罚款，对直接负责的主管人员和其他直接责任人员依法给予处分。

(11) 信息处理者、网络产品和服务提供者法律责任

信息处理者违反本法第七十二条(信息处理者通过网络处理未成年人个人信息的,应当遵循合法、正当和必要的原则。处理不满十四周岁未成年人个人信息的,应当征得未成年人的父母或者其他监护人同意,但法律、行政法规另有规定的除外。未成年人、父母或者其他监护人要求信息处理者更正、删除未成年人个人信息的,信息处理者应当及时采取措施予以更正、删除,但法律、行政法规另有规定的除外)规定,或者网络产品和服务提供者违反本法第七十三条(网络服务提供者发现未成年人通过网络发布私密信息的,应当及时提示,并采取必要的保护措施)、第七十四条(网络产品和服务提供者不得向未成年人提供诱导其沉迷的产品和服务。网络游戏、网络直播、网络音视频、网络社交等网络服务提供者应当针对未成年人使用其服务设置相应的时间管理、权限管理、消费管理等功能。以未成年人为服务对象的在线教育网络产品和服务,不得插入网络游戏链接,不得推送广告等与教学无关的信息)、第七十五条(网络游戏经依法审批后方可运营。国家建立统一的未成年人网络游戏电子身份认证系统。网络游戏服务提供者应当要求未成年人以真实身份信息注册并登录网络游戏。网络游戏服务提供者应当按照国家有关规定和标准,对游戏产品进行分类,作出适龄提示,并采取技术措施,不得让未成年人接触不适宜的游戏或者游戏功能。网络游戏服务提供者不得在每日二十二时至次日八时向未成年人提供网络游戏服务)、第七十六条(网络直播服务提供者不得为未满十六周岁的未成年人提供网络直播发布者账号注册服务;为年满十六周岁的未成年人提供网络直播发布者账号注册服务时,应当对其身份信息进行认证,并征得其父母或者其他监护人同意)、第七十七条(任何组织或者个人不得通过网络以文字、图片、音视频等形式,对未成年人实施侮辱、诽谤、威胁或者恶意损害形象等网络欺凌行为。遭受网络欺凌的未成年人及其父母或者其他监护人有权通知网络服务提供者采取删除、屏蔽、断开链接等措施。网络服务提供者接到通知后,应当及时采取必要的措施制止网络欺凌行为,防止信息扩散)、第八十条(网络服务提供者发现用户发布、传播可能影响未成年人身心健康的信息且未作显著提示的,应当作出提示或者通知用户予以提示;未作出提示的,不得传输相关信息。网络服务提供者发现用户发布、传播含有危害未成年人身心健康内容的信息的,应当立即停止传输相关信息,采取删除、屏蔽、断开链接等处置措施,保存有关记录,并向网信、公安等部门报告。网络服务提供者发现用户利用其网络服务对未成年人实施违法犯罪行为的,应当立即停止向该用户提供网络服务,保存有关记录,并向公安机关报告)规定的,由公安、网信、电信、新闻出版、广播电视、文化和旅游等有关部门按照职责分工责令改正,给予警告,没收违法所得,违法所得一百万元以上的,并处违法所得一倍以上十倍以下罚款,没有违法所得或者违法所得不足一百万元的,并处十万元以上一百万元以下罚款,对直接负责的主管人员和其他责任人员处一万元以上十万元以下罚款;拒不改正或者情节严重的,并可以责令暂停相关业务、停业整顿、关闭网站、吊销营业执照或者吊销相关许可证。

（12）国家机关工作人员法律责任

国家机关工作人员玩忽职守、滥用职权、徇私舞弊，损害未成年人合法权益的，依法给予处分。

（13）民事法律责任

违反本法规定，侵犯未成年人合法权益，造成人身、财产或者其他损害的，依法承担民事责任。

（14）治安管理处罚及刑事责任

违反本法规定，构成违反治安管理行为的，依法给予治安管理处罚；构成犯罪的，依法追究刑事责任。

9. 附则

（1）密切接触未成年人的单位定义

密切接触未成年人的单位，是指学校、幼儿园等教育机构；校外培训机构；未成年人救助保护机构、儿童福利机构等未成年人安置、救助机构；婴幼儿照护服务机构、早期教育服务机构；校外托管、临时看护机构；家政服务机构；为未成年人提供医疗服务的医疗机构；其他对未成年人负有教育、培训、监护、救助、看护、医疗等职责的企业事业单位、社会组织等。

（2）本法所指学校范围

学校，是指普通中小学、特殊教育学校、中等职业学校、专门学校。

（3）学生欺凌定义

学生欺凌，是指发生在学生之间，一方蓄意或者恶意通过肢体、语言及网络等手段实施欺压、侮辱，造成另一方人身伤害、财产损失或者精神损害的行为。

第七节　预防未成年人犯罪法

知识结构

- **预防未成年人犯罪法**
  - ◇《预防未成年人犯罪法》简介
  - ◇《预防未成年人犯罪法》主要内容解读
    - 总则
    - 预防犯罪的教育
    - 对不良行为的干预
    - 对严重不良行为的矫治
    - 对重新犯罪的预防
    - 法律责任

一、《预防未成年人犯罪法》简介

为了保障未成年人身心健康，培养未成年人良好品行，有效地预防未成年人犯罪，国家制定了《预防未成年人犯罪法》。1999 年 6 月 28 日，第九届全国人民代表大会常务委员会第十次会议通过。1999 年 6 月 28 日，中华人民共和国主席令第 17 号公布自 1999 年 11 月 1 日起施行。根据 2012 年 10 月 26 日第十一届全国人民代表大会常务委员会第二十九次会议通过《全国人民代表大会常务委员会关于修改〈预防未成年人犯罪法〉的决定》修正。2020 年 12 月 26 日，《预防未成年人犯罪法》由中华人民共和国第十三届全国人民代表大会常务委员会第二十四次会议修订通过，自 2021 年 6 月 1 日起施行。

《预防未成年人犯罪法》主要规定了预防未成年人犯罪的基本方针、基本体制，预防犯罪的教育，对不良行为的预防，对严重不良行为的矫治，对重新犯罪的预防，相关的法律责任等内容。

未成年人违法犯罪是当今世界各国面临的普遍性社会问题，与环境污染、吸毒贩毒并称为世界“三大公害”。我国对防止未成年人犯罪采取了许多强有力的措施，但由于种种原因，未成年人犯罪率居高不下，并呈现出低龄化、残暴性、团伙性等诸多新情况和新特点。如何更好地预防和减少未成年人犯罪成为摆在社会各界面前的一个严峻课题。

党和国家历来高度重视未成年人犯罪问题，社会对此也高度关注。预防未成年人犯罪、促进未成年人健康成长，是构建和谐社会的重要内容，是全社会的共同责任。为了实现国家对未成年人的培养目标，必须加强对未成年人的理想、道德、法制和爱国主义、集体主义、社会主义教育，将他们培养成建设现代化中国的合格人才。

《预防未成年人犯罪法》指出，预防未成年人犯罪，是一项系统工程，需要全社会开展综合治理，需要政府有关部门、司法机关、人民团体、有关社会团体、学校、家庭等方方面面共同参加，各负其责，共同为未成年人身心健康发展创造良好的社会环境。

二、《预防未成年人犯罪法》主要内容解读

1. 总则

（1）立法目的

为了保障未成年人身心健康，培养未成年人良好品行，有效预防未成年人违法犯罪，制定本法。

（2）基本方针

预防未成年人犯罪，立足于教育和保护未成年人相结合，坚持预防为主、提前干预，对未成年人的不良行为和严重不良行为及时进行分级预防、干预和矫治。

（3）尊重未成年人权益

开展预防未成年人犯罪工作，应当尊重未成年人人格尊严，保护未成年人的名誉权、隐私权和个人信息等合法权益。

（4）预防体制

预防未成年人犯罪，在各级人民政府组织下，实行综合治理。国家机关、人民团体、社会组织、企业事业单位、居民委员会、村民委员会、学校、家庭等各负其责、相互配合，共同做好预防未成年人犯罪工作，及时消除滋生未成年人违法犯罪行为的各种消极因素，为未成年人身心健康发展创造良好的社会环境。

（5）政府职责

各级人民政府在预防未成年人犯罪方面的工作职责是：

① 制定预防未成年人犯罪工作规划；

② 组织公安、教育、民政、文化和旅游、市场监督管理、网信、卫生健康、新闻出版、电影、广播电视、司法行政等有关部门开展预防未成年人犯罪工作；

③ 为预防未成年人犯罪工作提供政策支持和经费保障；

④ 对本法的实施情况和工作规划的执行情况进行检查；

⑤ 组织开展预防未成年人犯罪宣传教育；

⑥ 其他预防未成年人犯罪工作职责。

（6）专门学校与专门教育

国家加强专门学校建设，对有严重不良行为的未成年人进行专门教育。专门教育是国民教育体系的组成部分，是对有严重不良行为的未成年人进行教育和矫治的重要保护处分措施。省级人民政府应当将专门教育发展和专门学校建设纳入经济社会发展规划。县级以上地方人民政府成立专门教育指导委员会，根据需要合理设置专门学校。专门教育指导委员会由教育、民政、财政、人力资源社会保障、公安、司法行政、人民检察院、人民法院、中国共产主义青年团、妇女联合会、关心下一代工作委员会、专门学校等单位，以及律师、社会工作者等人员组成，研究确定专门学校教学、管理等相关工作。专门学校建设和专门教育具体办法，由国务院规定。

（7）禁止帮助未成年人实施不良行为

任何组织或者个人不得教唆、胁迫、引诱未成年人实施不良行为或者严重不良行为，以及为未成年人实施上述行为提供条件。

（8）适应未成年人特点

预防未成年人犯罪，应当结合未成年人不同年龄的生理、心理特点，加强青春期教育、心理关爱、心理矫治和预防犯罪对策的研究。

2. 预防犯罪的教育

（1）监护人教育职责

未成年人的父母或者其他监护人对未成年人的预防犯罪教育负有直接责任，应当依法履行监护职责，树立优良家风，培养未成年人良好品行；发现未成年人心理或者行为异常的，应当及时了解情况并进行教育、引导和劝诫，不得拒绝或者怠于履行监护职责。

真题再现

小学生秦某欺凌同学，学校希望家长配合对秦某的教育。他的父母认为法治教育是学校的事，对此不予理会，该家长的做法(　　)。

A. 正确，学校是专门的教育机构

B. 正确，学校对未成年人的法制教育负有直接责任

C. 不正确，学校没有对学生进行法制教育的义务

D. 不正确，父母对未成年人的法制教育负有直接责任

(2) 预防犯罪教育计划

教育行政部门、学校应当将预防犯罪教育纳入学校教学计划，指导教职员工结合未成年人的特点，采取多种方式对未成年学生进行有针对性的预防犯罪教育。

(3) 聘任法治教师

学校应当聘任从事法治教育的专职或者兼职教师，并可以从司法和执法机关、法学教育和法律服务机构等单位聘请法治副校长、校外法治辅导员。

(4) 心理健康教育

学校应当配备专职或者兼职的心理健康教育教师，开展心理健康教育。学校可以根据实际情况与专业心理健康机构合作，建立心理健康筛查和早期干预机制，预防和解决学生心理、行为异常问题。学校应当与未成年学生的父母或者其他监护人加强沟通，共同做好未成年学生心理健康教育；发现未成年学生可能患有精神障碍的，应当立即告知其父母或者其他监护人送相关专业机构诊治。

(5) 学生欺凌防控

教育行政部门应当会同有关部门建立学生欺凌防控制度。学校应当加强日常安全管理，完善学生欺凌发现和处置的工作流程，严格排查并及时消除可能导致学生欺凌行为的各种隐患。

(6) 社会工作者驻校

教育行政部门鼓励和支持学校聘请社会工作者长期或者定期进驻学校，协助开展道德教育、法治教育、生命教育和心理健康教育，参与预防和处理学生欺凌等行为。

(7) 预防犯罪方法指导

教育行政部门、学校应当通过举办讲座、座谈、培训等活动，介绍科学合理的教育方法，指导教职员工、未成年学生的父母或者其他监护人有效预防未成年人犯罪。

学校应当将预防犯罪教育计划告知未成年学生的父母或者其他监护人。未成年学生的父母或者其他监护人应当配合学校对未成年学生进行有针对性的预防犯罪教育。

(8) 学校预防犯罪教育考核

教育行政部门应当将预防犯罪教育的工作效果纳入学校年度考核内容。

模拟考题

学校预防犯罪教育的工作效果(　　)纳入学校年度考核内容。

A. 应当　　B. 不应当　　C. 视情况　　D. 选择性

(9) 青少年文化场馆教育职责

青少年宫、儿童活动中心等校外活动场所应当把预防犯罪教育作为一项重要的工作内容,开展多种形式的宣传教育活动。

(10) 职场教育职责

职业培训机构、用人单位在对已满十六周岁准备就业的未成年人进行职业培训时,应当将预防犯罪教育纳入培训内容。

3. 对不良行为的干预

(1) 不良行为的范围

本法所称不良行为,是指未成年人实施的不利于其健康成长的下列行为:

① 吸烟、饮酒;

② 多次旷课、逃学;

③ 无故夜不归宿、离家出走;

④ 沉迷网络;

⑤ 与社会上具有不良习性的人交往,组织或者参加实施不良行为的团伙;

⑥ 进入法律法规规定未成年人不宜进入的场所;

⑦ 参与赌博、变相赌博,或者参加封建迷信、邪教等活动;

⑧ 阅览、观看或者收听宣扬淫秽、色情、暴力、恐怖、极端等内容的读物、音像制品或者网络信息等;

⑨ 其他不利于未成年人身心健康成长的不良行为。

(2) 监护人防控未成年人不良行为职责

未成年人的父母或者其他监护人发现未成年人有不良行为的,应当及时制止并加强管教。

(3) 公安机关和基层组织防控未成年人不良行为职责

公安机关、居民委员会、村民委员会发现本辖区内未成年人有不良行为的,应当及时制止,并督促其父母或者其他监护人依法履行监护职责。

(4) 学校防控未成年人不良行为职责

学校对有不良行为的未成年学生,应当加强管理教育,不得歧视;对拒不改正或者情节严重的,学校可以根据情况予以处分或者采取以下管理教育措施:

① 予以训导;

② 要求遵守特定的行为规范;

③ 要求参加特定的专题教育;

④ 要求参加校内服务活动;

⑤ 要求接受社会工作者或者其他专业人员的心理辅导和行为干预；

⑥ 其他适当的管理教育措施。

(5) 家校合作机制

学校和家庭应当加强沟通，建立家校合作机制。学校决定对未成年学生采取管理教育措施的，应当及时告知其父母或者其他监护人；未成年学生的父母或者其他监护人应当支持、配合学校进行管理教育。

(6) 情节轻微的偷窃、欺凌行为的处理

未成年学生有偷窃少量财物，或者有殴打、辱骂、恐吓、强行索要财物等学生欺凌行为，情节轻微的，可以由学校依照本法第三十一条规定采取相应的管理教育措施。

(7) 旷课与逃学的处理

未成年学生旷课、逃学的，学校应当及时联系其父母或者其他监护人，了解有关情况；无正当理由的，学校和未成年学生的父母或者其他监护人应当督促其返校学习。

模拟考题

正在读小学六年级的小刚经常旷课。依据《预防未成年人犯罪法》的相关规定，学校应当(　　)。

A. 及时与监护人联系　　B. 尊重小刚的选择

C. 及时通报警方　　D. 予以开除处理

(8) 夜不归宿的处理

未成年人无故夜不归宿、离家出走的，父母或者其他监护人、所在的寄宿制学校应当及时查找，必要时向公安机关报告。收留夜不归宿、离家出走未成年人的，应当及时联系其父母或者其他监护人、所在学校；无法取得联系的，应当及时向公安机关报告。对夜不归宿、离家出走或者流落街头的未成年人，公安机关、公共场所管理机构等发现或者接到报告后，应当及时采取有效保护措施，并通知其父母或者其他监护人、所在的寄宿制学校，必要时应当护送其返回住所、学校；无法与其父母或者其他监护人、学校取得联系的，应当护送未成年人到救助保护机构接受救助。

(9) 组织、参加不良团伙的处理

未成年人的父母或者其他监护人、学校发现未成年人组织或者参加实施不良行为的团伙，应当及时制止；发现该团伙有违法犯罪嫌疑的，应当立即向公安机关报告。

真题再现

11 岁的陈某参加了当地的一个团伙，学校发现该团伙有违法犯罪行为。依据《预防未成年人犯罪法》，学校应当及时报告的部门是(　　)。

A. 教育行政部门　　B. 人民法院

C. 当地人民政府　　　　　　　　D. 公安机关

4. 对严重不良行为的矫治

（1）严重不良行为的定义与范围

本法所称严重不良行为，是指未成年人实施的有刑法规定、因不满法定刑事责任年龄不予刑事处罚的行为，以及严重危害社会的下列行为：

① 结伙斗殴，追逐、拦截他人，强拿硬要或者任意损毁、占用公私财物等寻衅滋事行为；

② 非法携带枪支、弹药或者弩、匕首等国家规定的管制器具；

③ 殴打、辱骂、恐吓，或者故意伤害他人身体；

④ 盗窃、哄抢、抢夺或者故意损毁公私财物；

⑤ 传播淫秽的读物、音像制品或者信息等；

⑥ 卖淫、嫖娼，或者进行淫秽表演；

⑦ 吸食、注射毒品，或者向他人提供毒品；

⑧ 参与赌博赌资较大；

⑨ 其他严重危害社会的行为。

（2）监护人、基层组织防控未成年人严重不良行为的职责

未成年人的父母或者其他监护人、学校、居民委员会、村民委员会发现有人教唆、胁迫、引诱未成年人实施严重不良行为的，应当立即向公安机关报告。公安机关接到报告或者发现有上述情形的，应当及时依法查处；对人身安全受到威胁的未成年人，应当立即采取有效保护措施。

（3）公安机关防控未成年人严重不良行为的职责

公安机关接到举报或者发现未成年人有严重不良行为的，应当及时制止，依法调查处理，并可以责令其父母或者其他监护人消除或者减轻违法后果，采取措施严加管教。

（4）公安机关未成年人严重不良行为的矫治教育措施

对有严重不良行为的未成年人，公安机关可以根据具体情况，采取以下矫治教育措施：

① 予以训诫；

② 责令赔礼道歉、赔偿损失；

③ 责令具结悔过；

④ 责令定期报告活动情况；

⑤ 责令遵守特定的行为规范，不得实施特定行为、接触特定人员或者进入特定场所；

⑥ 责令接受心理辅导、行为矫治；

⑦ 责令参加社会服务活动；

⑧ 责令接受社会观护，由社会组织、有关机构在适当场所对未成年人进行教育、监督和管束；

⑨ 其他适当的矫治教育措施。

公安机关在对未成年人进行矫治教育时，可以根据需要邀请学校、居民委员会、村民委员会以及社会工作服务机构等社会组织参与。未成年人的父母或者其他监护人应当积极配合矫治教育措施的实施，不得妨碍阻挠或者放任不管。

模拟考题

对有严重不良行为的未成年人，公安机关不可以采取的矫治教育措施是(　　)。

A. 予以训诫　　B. 责令参加社会服务活动

C. 责令学校开除　　D. 责令定期报告活动情况

(5) 有严重不良行为的未成年人的专门教育

对有严重不良行为的未成年人，未成年人的父母或者其他监护人、所在学校无力管教或者管教无效的，可以向教育行政部门提出申请，经专门教育指导委员会评估同意后，由教育行政部门决定送入专门学校接受专门教育。

模拟考题

关于决定送入专门学校接受专门教育，下列说法正确的是(　　)。

A. 监护人有权决定　　B. 学校有权决定

C. 教育行政部门有权决定　　D. 基层组织有权决定

(6) 送未成年人接受专门教育的条件

未成年人有下列情形之一的，经专门教育指导委员会评估同意，教育行政部门会同公安机关可以决定将其送入专门学校接受专门教育：

① 实施严重危害社会的行为，情节恶劣或者造成严重后果；

② 多次实施严重危害社会的行为；

③ 拒不接受或者配合本法第四十一条规定的矫治教育措施；

④ 法律、行政法规规定的其他情形。

(7) 对未成年人进行专门矫治教育的条件

未成年人实施刑法规定的行为、因不满法定刑事责任年龄不予刑事处罚的，经专门教育指导委员会评估同意，教育行政部门会同公安机关可以决定对其进行专门矫治教育。省级人民政府应当结合本地的实际情况，至少确定一所专门学校按照分校区、分班级等方式设置专门场所，对前款规定的未成年人进行专门矫治教育。前款规定的专门场所实行闭环管理，公安机关、司法行政部门负责未成年人的矫治工作，教育行政部门承担未成年人的教育工作。

(8) 接受专门教育的未成年人转回普通学校的条件

专门学校应当在每个学期适时提请专门教育指导委员会对接受专门教育的未成年学

生的情况进行评估。对经评估适合转回普通学校就读的，专门教育指导委员会应当向原决定机关提出书面建议，由原决定机关决定是否将未成年学生转回普通学校就读。原决定机关决定将未成年学生转回普通学校的，其原所在学校不得拒绝接收；因特殊情况，不适宜转回原所在学校的，由教育行政部门安排转学。

模拟考题

关于接受专门教育的未成年人转回普通学校，下列说法正确的是(　　)。

A. 不可以转回普通学校　　B. 普通学校不可以拒绝接收

C. 专门学校有权决定转回　　D. 教育行政机关有权决定转回

(9) 专门学校的管理规范

专门学校应当对接受专门教育的未成年人分级分类进行教育和矫治，有针对性地开展道德教育、法治教育、心理健康教育，并根据实际情况进行职业教育；对没有完成义务教育的未成年人，应当保证其继续接受义务教育。专门学校的未成年学生的学籍保留在原学校，符合毕业条件的，原学校应当颁发毕业证书。专门学校应当与接受专门教育的未成年人的父母或者其他监护人加强联系，定期向其反馈未成年人的矫治和教育情况，为父母或者其他监护人、亲属等看望未成年人提供便利。

(10) 对行政决定部分的救济途径

未成年人及其父母或者其他监护人对本法第四章规定的行政决定不服的，可以依法提起行政复议或者行政诉讼。

5. 对重新犯罪的预防

(1) 办理未成年人刑事案件原则

公安机关、人民检察院、人民法院办理未成年人刑事案件，应当根据未成年人的生理、心理特点和犯罪的情况，有针对性地进行法治教育。对涉及刑事案件的未成年人进行教育，其法定代理人以外的成年亲属或者教师、辅导员等参与有利于感化、挽救未成年人的，公安机关、人民检察院、人民法院应当邀请其参加有关活动。

(2) 未成年人成长经历社会调查及心理测评

公安机关、人民检察院、人民法院办理未成年人刑事案件，可以自行或者委托有关社会组织、机构对未成年犯罪嫌疑人或者被告人的成长经历、犯罪原因、监护、教育等情况进行社会调查；根据实际需要并经未成年犯罪嫌疑人、被告人及其法定代理人同意，可以对未成年犯罪嫌疑人、被告人进行心理测评。社会调查和心理测评的报告可以作为办理案件和教育未成年人的参考。

(3) 社会观护

公安机关、人民检察院、人民法院对于无固定住所、无法提供保证人的未成年人适用取保候审的，应当指定合适成年人作为保证人，必要时可以安排取保候审的未成年人接受社会观护。

(4) 分别关押和管教

对被拘留、逮捕以及在未成年犯管教所执行刑罚的未成年人,应当与成年人分别关押、管理和教育。对未成年人的社区矫正,应当与成年人分别进行。

(5) 接受义务教育的保障

对有上述情形且没有完成义务教育的未成年人,公安机关、人民检察院、人民法院、司法行政部门应当与教育行政部门相互配合,保证其继续接受义务教育。

(6) 刑满释放的未成年人的社会观护

对刑满释放的未成年人,未成年犯管教所应当提前通知其父母或者其他监护人按时接回,并协助落实安置帮教措施。没有父母或者其他监护人、无法查明其父母或者其他监护人的,未成年犯管教所应当提前通知未成年人原户籍所在地或者居住地的司法行政部门安排人员按时接回,由民政部门或者居民委员会、村民委员会依法对其进行监护。未成年人的父母或者其他监护人和学校、居民委员会、村民委员会对接受社区矫正、刑满释放的未成年人,应当采取有效的帮教措施,协助司法机关以及有关部门做好安置帮教工作。居民委员会、村民委员会可以聘请思想品德优秀,作风正派,热心未成年人工作的离退休人员、志愿者或其他人员协助做好前款规定的安置帮教工作。

刑满释放和接受社区矫正的未成年人,在复学、升学、就业等方面依法享有与其他未成年人同等的权利,任何单位和个人不得歧视。

(7) 犯罪记录封存制度

未成年人的犯罪记录依法被封存的,公安机关、人民检察院、人民法院和司法行政部门不得向任何单位或者个人提供,但司法机关因办案需要或者有关单位根据国家有关规定进行查询的除外。依法进行查询的单位和个人应当对相关记录信息予以保密。

未成年人接受专门矫治教育、专门教育的记录,以及被行政处罚、采取刑事强制措施和不起诉的记录,适用前款规定。

6. 法律责任

(1) 司法机关对监护人的训诫职责

公安机关、人民检察院、人民法院在办理案件过程中发现实施严重不良行为的未成年人的父母或者其他监护人不依法履行监护职责的,应当予以训诫,并可以责令其接受家庭教育指导。

(2) 学校及教职员工的法律责任

学校及其教职员工违反本法规定,不履行预防未成年人犯罪工作职责,或者虐待、歧视相关未成年人的,由教育行政等部门责令改正,通报批评;情节严重的,对直接负责的主管人员和其他直接责任人员依法给予处分。构成违反治安管理行为的,由公安机关依法予以治安管理处罚。教职员工教唆、胁迫、引诱未成年人实施不良行为或者严重不良行为,以及品行不良、影响恶劣的,教育行政部门、学校应当依法予以解聘或者辞退。

(3) 虐待、歧视相关未成年人的法律责任

违反本法规定,在复学、升学、就业等方面歧视相关未成年人的,由所在单位或者教育、人力资源和社会保障等部门责令改正;拒不改正的,对直接负责的主管人员或者其他直接责任人员依法给予处分。有关社会组织、机构及其工作人员虐待、歧视接受社会观护的未成年人,或者出具虚假社会调查、心理测评报告的,由民政、司法行政等部门对直接负责的主管人员或者其他直接责任人员依法给予处分,构成违反治安管理行为的,由公安机关予以治安管理处罚。

(4) 治安管理处罚

教唆、胁迫、引诱未成年人实施不良行为或者严重不良行为,构成违反治安管理行为的,由公安机关依法予以治安管理处罚。

(5)国家机关及其工作人员责任

国家机关及其工作人员在预防未成年人犯罪工作中滥用职权、玩忽职守、徇私舞弊的,对直接负责的主管人员和其他直接责任人员,依法给予处分。

(6) 刑事责任

违反本法规定,构成犯罪的,依法追究刑事责任。

第八节　幼儿园工作规程

知识结构

- **幼儿园工作规程**
  - ◇《幼儿园工作规程》简介
  - ◇《幼儿园工作规程》主要内容解读
    - 总则
    - 幼儿入园和编班
    - 幼儿园的安全
    - 幼儿园的卫生保健
    - 幼儿园的教育
    - 幼儿园的园舍、设备
    - 幼儿园的教职工
    - 幼儿园的经费
    - 幼儿园、家庭和社区
    - 幼儿园的管理

一、《幼儿园工作规程》简介

幼儿园教育是基础教育的重要组成部分,是学校教育制度的基础阶段。为了加强幼儿园的科学管理,规范办园行为,提高保育和教育质量,促进幼儿身心健康,教育部制定了《幼儿园工作规程》。本规程经 2015 年 12 月 14 日第 48 次教育部部长办公会议审议通过,中华人民共和国教育部令第 39 号公布,自 2016 年 3 月 1 日起施行。

《幼儿园工作规程》是我国第一部规范幼儿园内部管理的规章,也是基础教育领域比较早的一部管理规章,对加强各级各类幼儿园的规范管理发挥了重要作用。它主要规定了幼儿园的任务,幼儿园保育和教育的主要目标,幼儿入园和编班,幼儿园的安全,幼儿园的卫生保健,幼儿园的教育,幼儿园的园舍、设备,幼儿园的教职工,幼儿园的经费,幼儿园、家庭和社区,幼儿园的管理等方面的内容。

为了推动新时期幼儿教育的发展,2015 年对《幼儿园工作规程》进行了修订。一是坚持立德树人。进一步强调幼儿园要坚持国家的教育方针,遵循幼儿身心发展特点和规律,实施德、智、体、美诸方面全面发展的教育,促进其身心和谐发展。二是强化安全管理。专设"幼儿园的安全"一章,明确要求幼儿园要建立健全设备设施、食品药品以及与幼儿活动相关的各项安全防护和检查制度,建立安全责任制和应急预案。在"幼儿园的卫生保健"一章中,对建立与幼儿身心健康相关的一系列卫生保健制度做了明确规定。三是规范办园行为。对幼儿园的学制、办园规模、经费、资产、信息等方面的管理提出了明确要求。四是注重与法律法规和有关政策的衔接。五是完善幼儿园内部管理机制。要求幼儿园进一步加强科学民主管理,强化了家长委员会的职能作用,家长委员会应参与幼儿园重要决策和事关幼儿切身利益事项的管理。强调幼儿园应当建立教研制度,加强教育教学研究,研究解决教师在保教工作中遇到的实际问题。

二、《幼儿园工作规程》主要内容解读

1. 总则

(1) 立法目的

为了加强幼儿园的科学管理,规范办园行为,提高保育和教育质量,促进幼儿身心健康,依据《教育法》等法律法规,制定本规程。

(2) 幼教地位

幼儿园是对 3 周岁以上学龄前幼儿实施保育和教育的机构。幼儿园教育是基础教育的重要组成部分,是学校教育制度的基础阶段。

真题再现

下列关于幼儿园教育的性质和地位的说法正确的是(　　)。

A. 幼儿园教育属于基础教育的预备阶段

B. 幼儿园教育是义务教育的组成部分

C. 幼儿园教育是学校教育制度的基础阶段

D. 幼儿园教育不属于学校教育制度范畴

（3）幼儿园任务

幼儿园的任务是：贯彻国家的教育方针，按照保育与教育相结合的原则，遵循幼儿身心发展特点和规律，实施德、智、体、美等方面全面发展的教育，促进幼儿身心和谐发展。幼儿园同时面向幼儿家长提供科学育儿指导。

（4）学制

幼儿园适龄幼儿一般为3周岁至6周岁。幼儿园一般为三年制。

（5）保教目标

幼儿园保育和教育的主要目标是：

① 促进幼儿身体正常发育和机能的协调发展，增强体质，促进心理健康，培养良好的生活习惯、卫生习惯和参加体育活动的兴趣。

② 发展幼儿智力，培养正确运用感官和运用语言交往的基本能力，增进对环境的认识，培养有益的兴趣和求知欲望，培养初步的动手探究能力。

③ 萌发幼儿爱祖国、爱家乡、爱集体、爱劳动、爱科学的情感，培养诚实、自信、友爱、勇敢、勤学、好问、爱护公物、克服困难、讲礼貌、守纪律等良好的品德行为和习惯，以及活泼开朗的性格。

④ 培养幼儿初步感受美和表现美的情趣和能力。

（6）尊重幼儿

幼儿园教职工应当尊重、爱护幼儿，严禁虐待、歧视、体罚和变相体罚、侮辱幼儿人格等损害幼儿身心健康的行为。

（7）学习形式

幼儿园可分为全日制、半日制、定时制、季节制和寄宿制等。上述形式可分别设置，也可混合设置。

2. 幼儿入园和编班

（1）幼儿入学

幼儿园每年秋季招生。平时如有缺额，可随时补招。幼儿园对烈士子女、家中无人照顾的残疾人子女、孤儿、家庭经济困难幼儿、具有接受普通教育能力的残疾儿童等入园，按照国家和地方的有关规定予以照顾。

（2）内部幼儿园对外开放

企业、事业单位和机关、团体、部队设置的幼儿园，除招收本单位工作人员的子女外，应当积极创造条件向社会开放，招收附近居民子女入园。

（3）入学体检

幼儿入园前，应当按照卫生部门制定的卫生保健制度进行健康检查，合格者方可入园。幼儿入园除进行健康检查外，禁止任何形式的考试或测查。

真题再现

某幼儿园要求幼儿必须到医院接受体检，合格后方可入园。该幼儿园的做法(　　)。

A. 有利于全面了解幼儿健康状况　　B. 有利于选拔优秀幼儿入园

C. 侵犯了幼儿的受教育权　　D. 侵犯了幼儿的个人隐私

(4) 办学规模

幼儿园规模应当有利于幼儿身心健康，便于管理，一般不超过360人。幼儿园每班幼儿人数一般为：小班(3周岁至4周岁)25人，中班(4周岁至5周岁)30人，大班(5周岁至6周岁)35人，混合班30人。寄宿制幼儿园每班幼儿人数酌减。幼儿园可以按年龄分别编班，也可以混合编班。

3. 幼儿园的安全

(1) 安全制度

幼儿园应当严格执行国家和地方幼儿园安全管理的相关规定，建立健全门卫、房屋、设备、消防、交通、食品、药物、幼儿接送交接、活动组织和幼儿就寝值守等安全防护和检查制度，建立安全责任制和应急预案。

(2) 设施设备安全

幼儿园的园舍应当符合国家和地方的建设标准，以及相关安全、卫生等方面的规范，定期检查维护，保障安全。幼儿园不得设置在污染区和危险区，不得使用危房。幼儿园的设备设施、装修装饰材料、用品用具和玩教具材料等，应当符合国家相关的安全质量标准和环保要求。入园幼儿应当由监护人或者其委托的成年人接送。

(3) 食品药品安全

幼儿园应当严格执行国家有关食品药品安全的法律法规，保障饮食饮水卫生安全。

(4) 安全教育

幼儿园教职工必须具有安全意识，掌握基本急救常识和防范、避险、逃生、自救的基本方法，在紧急情况下应当优先保护幼儿的人身安全。幼儿园应当把安全教育融入一日生活，并定期组织开展多种形式的安全教育和事故预防演练。幼儿园应当结合幼儿年龄特点和接受能力开展反家庭暴力教育，发现幼儿遭受或者疑似遭受家庭暴力的，应当依法及时向公安机关报案。

真题再现

陈老师发现班里的玲玲有遭受家庭暴力的迹象。对此，陈老师应当采取的措施是(　　)。

A. 对玲玲的家长进行批评教育　　B. 向当地公安机关报案

C. 对玲玲的家长处以一定的罚款　　　　D. 向当地法院提起诉讼

（5）校方责任险

幼儿园应当投保校方责任险。

4. 幼儿园的卫生保健

（1）身心保健

幼儿园必须切实做好幼儿生理和心理卫生保健工作。幼儿园应当严格执行《托儿所幼儿园卫生保健管理办法》以及其他有关卫生保健的法规、规章和制度。

（2）作息制度

幼儿园应当制定合理的幼儿一日生活作息制度。正餐间隔时间为3.5—4小时。在正常情况下，幼儿户外活动时间（包括户外体育活动时间）每天不得少于2小时，寄宿制幼儿园不得少于3小时；高寒、高温地区可酌情增减。

（3）健康检查制度

幼儿园应当建立幼儿健康检查制度和幼儿健康卡或档案。每年体检一次，每半年测身高、视力一次，每季度量体重一次；注意幼儿口腔卫生，保护幼儿视力。幼儿园对幼儿健康发展状况定期进行分析、评价，及时向家长反馈结果。幼儿园应当关注幼儿心理健康，注重满足幼儿的发展需要，保持幼儿积极的情绪状态，让幼儿感受到尊重和接纳。

（4）免疫与用药制度

幼儿园应当建立卫生消毒、晨检、午检制度和病儿隔离制度，配合卫生部门做好计划免疫工作。幼儿园应当建立传染病预防和管理制度，制定突发传染病应急预案，认真做好疾病防控工作。幼儿园应当建立患病幼儿用药的委托交接制度，未经监护人委托或者同意，幼儿园不得给幼儿用药。幼儿园应当妥善管理药品，保证幼儿用药安全。幼儿园内禁止吸烟、饮酒。

真题再现

1. 何老师发现班里的幼儿萌萌感冒了，于是在课间休息期间，喂萌萌服下了儿童感冒药。何老师的做法（　　）。

A. 合法，教师可以喂食非处方药

B. 合法，有利于防止疾病传播扩散

C. 不合法，幼儿用药应先征得监护人同意

D. 不合法，幼儿应在医师的指导下用药

2. 某幼儿教师在幼儿园操场上吸烟。该教师的做法（　　）。

A. 合法，幼儿园的操场可以吸烟　　　　B. 合法，幼儿教师可以吸烟

C. 不合法，幼儿教师不得吸烟　　　　D. 不合法，不得在幼儿园内吸烟

(5) 膳食要求

供给膳食的幼儿园应当为幼儿提供安全卫生的食品,编制营养平衡的幼儿食谱,定期计算和分析幼儿的进食量和营养素摄取量,保证幼儿合理膳食。幼儿园应当每周向家长公示幼儿食谱,并按照相关规定进行食品留样。

(6) 饮水与如厕

幼儿园应当配备必要的设备设施,及时为幼儿提供安全卫生的饮用水。幼儿园应当培养幼儿良好的大小便习惯,不得限制幼儿便溺的次数、时间等。

真题再现

某幼儿园为实现管理工作的规范化,要求保育员采取措施控制幼儿的便溺时间和次数。该幼儿园的做法(　　)。

A. 正确,有利于培养幼儿的良好生活习惯

B. 正确,体现了保育员管理幼儿生活的权利

C. 错误,违反了《幼儿园工作规程》的规定

D. 错误,违反了联合国《儿童权利公约》的规定

(7) 体育活动

幼儿园应当积极开展适合幼儿的体育活动,充分利用日光、空气、水等自然因素以及本地自然环境,有计划地锻炼幼儿肌体,增强身体的适应和抵抗能力。正常情况下,每日户外体育活动不得少于1小时。幼儿园在开展体育活动时,应当对体弱或有残疾的幼儿予以特殊照顾。

(8) 防暑、保暖工作

幼儿园夏季要做好防暑降温工作,冬季要做好防寒保暖工作,防止中暑和冻伤。

5. 幼儿园的教育

(1) 幼教原则

幼儿园教育应当贯彻以下原则并遵循以下要求:

① 德、智、体、美等方面的教育应当互相渗透,有机结合。

② 遵循幼儿身心发展规律,符合幼儿年龄特点,注重个体差异,因材施教,引导幼儿个性健康发展。

③ 面向全体幼儿,热爱幼儿,坚持积极鼓励、启发引导的正面教育。

④ 综合组织健康、语言、社会、科学、艺术各领域的教育内容,渗透于幼儿一日生活的各项活动中,充分发挥各种教育手段的交互作用。

⑤ 以游戏为基本活动,寓教育于各项活动之中。

真题再现

某幼儿园以识字和算术为基本活动，得到了家长的支持。该幼儿园的做法（　　）。

A．不正确，幼儿园以游戏为基本活动　　B．不正确，幼儿园以体育为基本活动

C．正确，有助于培养幼儿的阅读能力　　D．正确，有助于办出幼儿园的特色

⑥ 创设与教育相适应的良好环境，为幼儿提供活动和表现能力的机会与条件。

（2）一日活动

幼儿一日活动的组织应当动静交替，注重幼儿的直接感知、实际操作和亲身体验，保证幼儿能愉快地、有益地自由活动。

（3）培养幼儿良好的行为习惯

幼儿园日常生活组织，应当从实际出发，建立必要、合理的常规，坚持一贯性和灵活性相结合，培养幼儿的良好习惯和初步的生活自理能力。

（4）教育活动丰富多样

幼儿园应当为幼儿提供丰富多样的教育活动。教育活动内容应当根据教育目标、幼儿的实际水平和兴趣确定，以循序渐进为原则，有计划地选择和组织。教育活动的组织应当灵活地运用集体、小组和个别活动等形式，为每个幼儿提供充分参与的机会，满足幼儿多方面发展的需要，促进每个幼儿在不同水平上得到发展。教育活动的过程应注重支持幼儿的主动探索、操作实践、合作交流和表达表现，不应片面追求活动结果。

（5）注重游戏教育

幼儿园应当将游戏作为对幼儿进行全面发展教育的重要形式。幼儿园应当因地制宜创设游戏条件，提供丰富、适宜的游戏材料，保证充足的游戏时间，开展多种游戏。幼儿园应当根据幼儿的年龄特点指导游戏，鼓励和支持幼儿根据自身兴趣、需要和经验水平，自主选择游戏内容、游戏材料和伙伴，使幼儿在游戏过程中获得积极的情绪情感，促进幼儿能力和个性的全面发展。

（6）环境创设

幼儿园应当将环境作为重要的教育资源，合理利用室内外环境，创设开放的、多样的区域活动空间，提供适合幼儿年龄特点的丰富的玩具、操作材料和幼儿读物，支持幼儿自主选择和主动学习，激发幼儿学习的兴趣与探究的愿望。幼儿园应当营造尊重、接纳和关爱的氛围，建立良好的同伴和师生关系。幼儿园应当充分利用家庭和社区的有利条件，丰富和拓展幼儿园的教育资源。

（7）品德教育

幼儿园的品德教育应当以情感教育和培养良好行为习惯为主，注重潜移默化的影响，并贯穿于幼儿生活以及各项活动之中。

（8）尊重个体差异

幼儿园应当充分尊重幼儿的个体差异，根据幼儿不同的心理发展水平，研究有效的活

动形式和方法，注重培养幼儿良好的个性心理品质。幼儿园应当为在园残疾儿童提供更多的帮助和指导。

（9）幼小衔接

幼儿园和小学应当密切联系，互相配合，注意两个阶段教育的相互衔接。幼儿园不得提前教授小学教育内容，不得开展任何违背幼儿身心发展规律的活动。

真题再现

某幼儿园在上学期为大班开设了小学一年级语文、数学课程。该幼儿园的做法（　　）。

A. 正确，幼儿园有权安排教学活动　　B. 不正确，这些内容应设在大班下学期

C. 正确，有利于实现幼小衔接　　D. 不正确，不利于幼儿身心发展

6. 幼儿园的园舍、设备

（1）园舍标准

幼儿园应当按照国家的相关规定设活动室、寝室、卫生间、保健室、综合活动室、厨房和办公用房等，并达到相应的建设标准。有条件的幼儿园应当优先扩大幼儿游戏和活动空间。寄宿制幼儿园应当增设隔离室、浴室和教职工值班室等。

（2）户外活动场地

幼儿园应当有与其规模相适应的户外活动场地，配备必要的游戏和体育活动设施，创造条件开辟沙地、水池、种植园地等，并根据幼儿活动的需要绿化、美化园地。

（3）玩教具安全

幼儿园应当配备适合幼儿特点的桌椅、玩具架、盥洗卫生用具，以及必要的玩教具、图书和乐器等。玩教具应当具有教育意义并符合安全、卫生要求。幼儿园应当因地制宜，就地取材，自制玩教具。

（4）园舍及设备执行标准

幼儿园的建筑规划面积、建筑设计和功能要求，以及设施设备、玩教具配备，按照国家和地方的相关规定执行。

7. 幼儿园的教职工

（1）教职工结构

幼儿园按照国家相关规定设园长、副园长、教师、保育员、卫生保健人员、炊事员和其他工作人员等岗位，配足配齐教职工。

（2）教职工条件

幼儿园教职工应当贯彻国家教育方针，具有良好品德，热爱教育事业，尊重和爱护幼儿，具有专业知识和技能以及相应的文化和专业素养，为人师表，忠于职责，身心健康。幼儿园教职工患传染病期间暂停在幼儿园的工作。有犯罪、吸毒记录和精神病史者不得在幼儿园工作。

真题再现

某幼儿园聘用曾经有过犯罪记录的宋某作为工作人员。依据《幼儿园工作规程》的规定，该幼儿园的做法(　　)。

A. 合法，要给予宋某改过自新的机会

B. 合法，幼儿园有权自主聘用工作人员

C. 不合法，应征得上级主管部门的同意

D. 不合法，幼儿园不得聘用宋某担任工作人员

(3) 园长条件

幼儿园园长应当符合本规程第三十九条规定，并应当具有《教师资格条例》规定的教师资格、具备大专以上学历、有三年以上幼儿园工作经历和一定的组织管理能力，并取得幼儿园园长岗位培训合格证书。幼儿园园长由举办者任命或者聘任，并报当地主管的教育行政部门备案。

(4) 园长职责

幼儿园园长负责幼儿园的全面工作，主要职责如下：

① 贯彻执行国家的有关法律、法规、方针、政策和地方的相关规定，负责建立并组织执行幼儿园的各项规章制度；

② 负责保育教育、卫生保健、安全保卫工作；

③ 负责按照有关规定聘任、调配教职工，指导、检查和评估教师以及其他工作人员的工作，并给予奖惩；

④ 负责教职工的思想工作，组织业务学习，并为他们的学习、进修、教育研究创造必要的条件；

⑤ 关心教职工的身心健康，维护他们的合法权益，改善他们的工作条件；

⑥ 组织管理园舍、设备和经费；

⑦ 组织和指导家长工作；

⑧ 负责与社区的联系和合作。

(5) 幼儿教师条件

幼儿园教师必须具有《教师资格条例》规定的幼儿园教师资格，并符合本规程第三十九条规定。幼儿园教师实行聘任制。

(6) 幼儿教师职责

幼儿园教师对本班工作全面负责，其主要职责如下：

① 观察了解幼儿，依据国家有关规定，结合本班幼儿的发展水平和兴趣需要，制订和执行教育工作计划，合理安排幼儿一日生活；

② 创设良好的教育环境，合理组织教育内容，提供丰富的玩具和游戏材料，开展适宜的教育活动；

③ 严格执行幼儿园安全、卫生保健制度，指导并配合保育员管理本班幼儿生活，做好卫生保健工作；

④ 与家长保持经常联系，了解幼儿家庭的教育环境，商讨符合幼儿特点的教育措施，相互配合共同完成教育任务；

⑤ 参加业务学习和保育教育研究活动；

⑥ 定期总结评估保教工作实效，接受园长的指导和检查。

(7) 保育员条件

幼儿园保育员应当符合本规程第三十九条规定，并应当具备高中毕业以上学历，受过幼儿保育职业培训。

(8) 保育员职责

幼儿园保育员的主要职责如下：

① 负责本班房舍、设备、环境的清洁卫生和消毒工作；

② 在教师指导下，科学照料和管理幼儿生活，并配合本班教师组织教育活动；

③ 在卫生保健人员和本班教师指导下，严格执行幼儿园安全、卫生保健制度；

④ 妥善保管幼儿衣物和本班的设备、用具。

(9) 幼儿保健人员条件

幼儿园卫生保健人员除符合本规程第三十九条规定外，医师应当取得卫生行政部门颁发的《医师执业证书》；护士应当取得《护士执业证书》；保健员应当具有高中毕业以上学历，并经过当地妇幼保健机构组织的卫生保健专业知识培训。

(10) 幼儿保健人员职责

幼儿园卫生保健人员对全园幼儿身体健康负责，其主要职责如下：

① 协助园长组织实施有关卫生保健方面的法规、规章和制度，并监督执行；

② 负责指导调配幼儿膳食，检查食品、饮水和环境卫生；

③ 负责晨检、午检和健康观察，做好幼儿营养、生长发育的监测和评价；定期组织幼儿健康体检，做好幼儿健康档案管理；

④ 密切与当地卫生保健机构的联系，协助做好疾病防控和计划免疫工作；

⑤ 向幼儿园教职工和家长进行卫生保健宣传和指导。

⑥ 妥善管理医疗器械、消毒用具和药品。

(11) 奖励

对认真履行职责、成绩优良的幼儿园教职工，应当按照有关规定给予奖励。

(12) 处分

对不履行职责的幼儿园教职工，应当视情节轻重，依法依规给予相应处分。

8. 幼儿园的经费

(1) 经费来源与监督

幼儿园的经费由举办者依法筹措，保障有必备的办园资金和稳定的经费来源。按照国家和地方相关规定接受财政扶持的提供普惠性服务的国有企事业单位办园、集体办园和民办园等幼儿园，应当接受财务、审计等有关部门的监督检查。

（2）收费标准

幼儿园收费按照国家和地方的有关规定执行。幼儿园实行收费公示制度，收费项目和标准向家长公示，接受社会监督，不得以任何名义收取与新生入园相挂钩的赞助费。幼儿园不得以培养幼儿某种专项技能、组织或参与竞赛等为由，另外收取费用；不得以营利为目的组织幼儿表演、竞赛等活动。

真题再现

王某是某集团公司的老总，办了一家民办幼儿园。下列关于王某办幼儿园行为的说法，不正确的是（　　）。

A．幼儿园应依法接受监督　　B．幼儿园可以以营利为目的

C．幼儿园应维护幼儿的合法权益　　D．幼儿园可以自行确定收费标准

（3）专款专用

幼儿园的经费应当按照规定的使用范围合理开支，坚持专款专用，不得挪作他用。

（4）经费使用

幼儿园举办者筹措的经费，应当保证保育和教育的需要，有一定比例用于改善办园条件和开展教职工培训。

（5）膳食费使用

幼儿膳食费应当实行民主管理制度，保证全部用于幼儿膳食，每月向家长公布账目。

（6）经费预决算

幼儿园应当建立经费预算和决算审核制度，经费预算和决算应当提交园务委员会审议，并接受财务和审计部门的监督检查。幼儿园应当依法建立资产配置、使用、处置、产权登记、信息管理等管理制度，严格执行有关财务制度。

9. 幼儿园、家庭和社区

（1）家园合作

幼儿园应当主动与幼儿家庭沟通合作，为家长提供科学育儿宣传指导，帮助家长创设良好的家庭教育环境，共同担负教育幼儿的任务。

（2）家园合作方式

幼儿园应当建立幼儿园与家长联系的制度。幼儿园可采取多种形式，指导家长正确了解幼儿园保育和教育的内容、方法，定期召开家长会议，并接待家长的来访和咨询。幼儿园应当认真分析、吸收家长对幼儿园教育与管理工作的意见与建议。幼儿园应当建立家长开放日制度。

（3）家长委员会

幼儿园应当成立家长委员会。家长委员会的主要任务是：对幼儿园重要决策和事关

幼儿切身利益的事项提出意见和建议；发挥家长的专业和资源优势，支持幼儿园保育教育工作；帮助家长了解幼儿园工作计划和要求，协助幼儿园开展家庭教育指导和交流。家长委员会在幼儿园园长指导下工作。

真题再现

某幼儿园为增强家园协作，决定设立家长委员会协助开展工作。根据《幼儿园工作规程》的规定，家长委员会的主要任务是(　　)。

A. 负责与社区的联系和合作　　B. 组织交流家庭教育经验

C. 管理园舍、设备和经费　　D. 监督指导幼儿园管理工作

(4) 社区协作

幼儿园应当加强与社区的联系与合作，面向社区宣传科学育儿知识，开展灵活多样的公益性早期教育服务，争取社区对幼儿园的多方面支持。

10. 幼儿园的管理

(1) 园长负责制

幼儿园实行园长负责制。幼儿园应当建立园务委员会。园务委员会由园长、副园长、党组织负责人和保教、卫生保健、财会等方面工作人员的代表以及幼儿家长代表组成。园长任园务委员会主任。园长定期召开园务委员会会议，遇重大问题可临时召集，对规章制度的建立、修改、废除，全园工作计划，工作总结，人员奖惩，财务预算和决算方案，以及其他涉及全园工作的重要问题进行审议。

(2) 党组织建设

幼儿园应当加强党组织建设，充分发挥党组织政治核心作用、战斗堡垒作用。幼儿园应当为工会、共青团等其他组织开展工作创造有利条件，充分发挥其在幼儿园工作中的作用。

(3) 教代会制度

幼儿园应当建立教职工大会制度或者教职工代表大会制度，依法加强民主管理和监督。

(4) 教研制度

幼儿园应当建立教研制度，研究解决保教工作中的实际问题。

(5) 年度工作计划

幼儿园应当制订年度工作计划，定期部署、总结和报告工作。每学年年末应当向教育等行政主管部门报告工作，必要时随时报告。

(6) 接受督导

幼儿园应当接受上级教育、卫生、公安、消防等部门的检查、监督和指导，如实报告工作和反映情况。

幼儿园应当依法接受教育督导部门的督导。

(7) 管理体制

幼儿园应当建立业务档案、财务管理、园务会议、人员奖惩、安全管理以及与家庭、小学联系等制度。

幼儿园应当建立信息管理制度,按照规定采集、更新、报送幼儿园管理信息系统的相关信息,每年向主管教育行政部门报送统计信息。

(8) 带薪休假

幼儿园教师依法享受寒暑假期的带薪休假。幼儿园应当创造条件,在寒暑假期间,安排工作人员轮流休假。具体办法由举办者制定。

第九节　学生伤害事故处理办法

知识结构

➤ **学生伤害事故处理办法**

◇《学生伤害事故处理办法》简介

◇《学生伤害事故处理办法》主要内容解读

- 总则
- 事故与责任
- 事故处理程序
- 事故损害赔偿
- 责任者的处理

一、《学生伤害事故处理办法》简介

当前学生伤害事故普遍发生,危害严重,校园安全问题频敲警钟。更为令人担忧的是学生伤害事故法律责任的追究正遭遇一系列困境,比如责任主体、大小、性质难以认定,赔偿难以落到实处,等等。

为积极预防、妥善处理在校学生伤害事故,保护学生、学校的合法权益,教育部根据《教育法》《未成年人保护法》和其他相关法律、行政法规及有关规定,制定了《学生伤害事故处理办法》。本办法 2002 年 3 月 26 日经部务会议讨论通过,中华人民共和国教育部令第 12 号发布,自 2002 年 9 月 1 日起施行。根据 2010 年 12 月 13 日《教育部关于修改和废止部分规章的决定》修改。

《学生伤害事故处理办法》主要规定了学生伤害事故学校承担过错责任而非监护责任，学校的安全义务，学校免责情形，监护人责任，第三人责任，不同情形学生伤害事故的责任，学生伤害事故的处理程序，学生伤害事故的赔偿方式、范围，责任者的处理等内容。为学生伤害事故的处理提供了具体依据，为受害学生获得充分的赔偿提供了保障。

二、《学生伤害事故处理办法》主要内容解读

1. 总则

（1）立法目的

为积极预防、妥善处理在校学生伤害事故，保护学生、学校的合法权益，根据《教育法》《未成年人保护法》和其他相关法律、行政法规及有关规定，制定本办法。

（2）适用范围

在学校实施的教育教学活动或者学校组织的校外活动中，以及在学校负有管理责任的校舍、场地、其他教育教学设施、生活设施内发生的，造成在校学生人身损害后果的事故的处理，适用本办法。

（3）处理原则

学生伤害事故应当遵循依法、客观公正、合理适当的原则，及时、妥善地处理。

（4）总体安全要求

学校的举办者应当提供符合安全标准的校舍、场地、其他教育教学设施和生活设施。

教育行政部门应当加强学校安全工作，指导学校落实预防学生伤害事故的措施，指导、协助学校妥善处理学生伤害事故，维护学校正常的教育教学秩序。

（5）学校安全职责

学校应当对在校学生进行必要的安全教育和自护自救教育；应当按照规定，建立健全安全制度，采取相应的管理措施，预防和消除教育教学环境中存在的安全隐患；当发生伤害事故时，应当及时采取措施救助受伤害学生。学校对学生进行安全教育、管理和保护，应当针对学生年龄、认知能力和法律行为能力的不同，采用相应的内容和预防措施。

（6）学生安全义务

学生应当遵守学校的规章制度和纪律；在不同的受教育阶段，应当根据自身的年龄、认知能力和法律行为能力，避免和消除相应的危险。

（7）监护人安全职责

未成年学生的父母或者其他监护人（以下称为监护人）应当依法履行监护职责，配合学校对学生进行安全教育、管理和保护工作。

学校对未成年学生不承担监护职责，但法律有规定的或者学校依法接受委托承担相应监护职责的情形除外。

2. 事故与责任

（1）责任依据

发生学生伤害事故，造成学生人身损害的，学校应当按照《侵权责任法》及相关法律、

法规的规定，承担相应的事故责任。（《民法典》生效后则《侵权责任法》将同时废止，理论上学校就应该按照民法典及相关法律、法规的规定承担责任。）

知识拓展

《民法典》的相关规定

（1）行为人因过错侵害他人民事权益造成损害的，应当承担侵权责任。依照法律规定推定行为人有过错，其不能证明自己没有过错的，应当承担侵权责任。

（2）行为人造成他人民事权益损害，不论行为人有无过错，法律规定应当承担侵权责任的，依照其规定。

（3）教唆、帮助他人实施侵权行为的，应当与行为人承担连带责任。教唆、帮助无民事行为能力人、限制民事行为能力人实施侵权行为的，应当承担侵权责任；该无民事行为能力人、限制民事行为能力人的监护人未尽到监护职责的，应当承担相应的责任。

（4）二人以上共同实施侵权行为，造成他人损害的，应当承担连带责任。

（5）二人以上实施危及他人人身、财产安全的行为，其中一人或者数人的行为造成他人损害，能够确定具体侵权人的，由侵权人承担责任；不能确定具体侵权人的，行为人承担连带责任。

（6）二人以上分别实施侵权行为造成同一损害，每个人的侵权行为都足以造成全部损害的，行为人承担连带责任。

（7）二人以上分别实施侵权行为造成同一损害，能够确定责任大小的，各自承担相应的责任；难以确定责任大小的，平均承担责任。

（8）被侵权人对同一损害的发生或者扩大有过错的，可以减轻侵权人的责任。

（9）损害是因受害人故意造成的，行为人不承担责任。

（10）损害是因第三人造成的，第三人应当承担侵权责任。

（11）自愿参加具有一定风险的文体活动，因其他参加者的行为受到损害的，受害人不得请求其他参加者承担侵权责任；但是，其他参加者对损害的发生有故意或者重大过失的除外。

（12）无民事行为能力人、限制民事行为能力人造成他人损害的，由监护人承担侵权责任。监护人尽到监护职责的，可以减轻其侵权责任。有财产的无民事行为能力人、限制民事行为能力人造成他人损害的，从本人财产中支付赔偿费用；不足部分，由监护人赔偿。

（13）无民事行为能力人、限制民事行为能力人造成他人损害，监护人将监护职责委托给他人的，监护人应当承担侵权责任；受托人有过错的，承担相应的责任。

（14）无民事行为能力人在幼儿园、学校或者其他教育机构学习、生活期间受到人身损害的，幼儿园、学校或者其他教育机构应当承担侵权责任；但是，能够证明尽到教育、管理职责的，不承担侵权责任。

（15）限制民事行为能力人在学校或者其他教育机构学习、生活期间受到人身损害，学校或者其他教育机构未尽到教育、管理职责的，应当承担侵权责任。

（16）无民事行为能力人或者限制民事行为能力人在幼儿园、学校或者其他教育机构学习、生活期间，受到幼儿园、学校或者其他教育机构以外的第三人人身损害的，由第三人承担侵权责任；幼儿园、学校或者其他教育机构未尽到管理职责的，承担相应的补充责任。幼儿园、学校或者其他教育机构承担补充责任后，可以向第三人追偿。

（17）用人单位的工作人员因执行工作任务造成他人损害的，由用人单位承担侵权责任。用人单位承担侵权责任后，可以向有故意或者重大过失的工作人员追偿。劳务派遣期间，被派遣的工作人员因执行工作任务造成他人损害的，由接受劳务派遣的用工单位承担侵权责任；劳务派遣单位有过错的，承担相应的责任。

真题再现

1. 某民办寄宿制幼儿园小朋友军军睡觉时不小心从上铺摔下导致受伤。关于该起事故（　　）。

A. 幼儿园无过错，不承担法律责任

B. 幼儿园有过错，承担相应法律责任

C. 幼儿园无过错，但应负赔偿责任

D. 幼儿园有过错，承担一定补偿责任

解析：虽然题目并未交代幼儿园是否有教育、管理等方面的过错，但是军军是幼儿园的小朋友，属于无民事行为能力人，幼儿园对其所受伤害应当承担过错推定责任。所以，此处推定幼儿园有过错，应承担责任，选B。

2. 校外人员孔某趁幼儿园门卫疏忽之际，骑摩托车闯入幼儿园，将幼儿刘某撞伤，对刘某所受伤害，应当承担主要责任的是（　　）。

A. 孔某　　B. 门卫　　C. 幼儿园　　D. 刘某的监护人

解析：孔某是校外人员，他直接造成了刘某的损害，应当承担赔偿责任。但是门卫有疏忽，存在一定的过错，所以学校对刘某的损害承担相应的补充责任。当然，孔某是第一责任人，首先应由孔某进行赔偿。孔某无法完全赔偿时才由学校补充赔偿，而且学校赔偿之后还可以向孔某追偿。所以总体上讲，主要责任人是孔某，选A。

（2）学校担责情形

因下列情形之一造成的学生伤害事故，学校应当依法承担相应的责任：

① 学校的校舍、场地、其他公共设施，以及学校提供给学生使用的学具、教育教学和生活设施、设备不符合国家规定的标准，或者有明显不安全因素的；

② 学校的安全保卫、消防、设施设备管理等安全管理制度有明显疏漏，或者管理混乱，存在重大安全隐患，而未及时采取措施的；

③ 学校向学生提供的药品、食品、饮用水等不符合国家或者行业的有关标准、要

求的；

④ 学校组织学生参加教育教学活动或者校外活动，未对学生进行相应的安全教育，并未在可预见的范围内采取必要的安全措施的；

⑤ 学校知道教师或者其他工作人员患有不适宜担任教育教学工作的疾病，但未采取必要措施的；

⑥ 学校违反有关规定，组织或者安排未成年学生从事不宜未成年人参加的劳动、体育运动或者其他活动的；

⑦ 学生有特异体质或者特定疾病，不宜参加某种教育教学活动，学校知道或者应当知道，但未予以必要的注意的；

⑧ 学生在校期间突发疾病或者受到伤害，学校发现，但未根据实际情况及时采取相应措施，导致不良后果加重的；

⑨ 学校教师或者其他工作人员体罚或者变相体罚学生，或者在履行职责过程中违反工作要求、操作规程、职业道德或者其他有关规定的；

⑩ 学校教师或者其他工作人员在负有组织、管理未成年学生的职责期间，发现学生行为具有危险性，但未进行必要的管理、告诫或者制止的；

⑪ 对未成年学生擅自离校等与学生人身安全直接相关的信息，学校发现或者知道，但未及时告知未成年学生的监护人，导致未成年学生因脱离监护人的保护而发生伤害的；

⑫ 学校有未依法履行职责的其他情形的。

真题再现

某公立小学塑胶跑道不达标，导致有些学生身体不适。应对该事故承担赔偿责任的是(　　)。

A. 学校行政部门　B. 学校　C. 教师　D. 校长

（3）学生及监护人担责情形

学生或者未成年学生监护人由于过错，有下列情形之一，造成学生伤害事故，应当依法承担相应的责任：

① 学生违反法律法规的规定，违反社会公共行为准则、学校的规章制度或者纪律，实施按其年龄和认知能力应当知道具有危险或者可能危及他人的行为的；

② 学生行为具有危险性，学校、教师已经告诫、纠正，但学生不听劝阻、拒不改正的；

③ 学生或者其监护人知道学生有特异体质，或者患有特定疾病，但未告知学校的；

④ 未成年学生的身体状况、行为、情绪等有异常情况，监护人知道或者已被学校告知，但未履行相应监护职责的；

⑤ 学生或者未成年学生监护人有其他过错的。

真题再现

小学生王某在课间玩时，故意将同学赵某推倒在地，致其骨折。依据《学生伤害事故处理办法》规定，应对赵某受伤担责的主体是(　　)。

A. 王某的监护人　B. 学校　C. 王某的班主任　D. 王某

解析：王某的行为直接导致赵某受伤，且题目未表明学校有过错，所以应由王某承担法律责任，但王某是未成年人，没有责任能力，所以由其监护人承担替代责任。

(4) 校外第三人责任

学校安排学生参加活动，因提供场地、设备、交通工具、食品及其他消费与服务的经营者，或者学校以外的活动组织者的过错造成的学生伤害事故，有过错的当事人应当依法承担相应的责任。

(5) 学校无责情形

因下列情形之一造成的学生伤害事故，学校已履行了相应职责，行为并无不当的，无法律责任：

① 地震、雷击、台风、洪水等不可抗的自然因素造成的；

② 来自学校外部的突发性、偶发性侵害造成的；

③ 学生有特异体质、特定疾病或者异常心理状态，学校不知道或者难以知道的；

④ 学生自杀、自伤的；

⑤ 在对抗性或者具有风险性的体育竞赛活动中发生意外伤害的；

⑥ 其他意外因素造成的。

真题再现

五年级学生小强因被父母责骂，心情低落，老师发现后对其进行了安慰，但小强在课间还是自伤。下列说法正确的是(　　)。

A. 学生是在学校受伤的，学校应当承担责任

B. 学校对学生负有监护义务，应当承担责任

C. 学生行为属于自伤行为，学校不应承担责任

D. 学生受伤发生在课间，学校不应承担责任

(6) 学校不担责情形

下列情形下发生的造成学生人身损害后果的事故，学校行为并无不当的，不承担事故责任；事故责任应当按有关法律法规或者其他有关规定认定：

① 在学生自行上学、放学、返校、离校途中发生的；

② 在学生自行外出或者擅自离校期间发生的；

③ 在放学后、节假日或者假期等学校工作时间以外，学生自行滞留学校或者自行到

校发生的；

④ 其他在学校管理职责范围外发生的。

真题再现

16 岁的学生王某放学途中不慎将同学孙某眼部戳伤，依据《学生伤害事故处理办法》，对于该事故承担损害赔偿责任的主体是(　　)。

A. 学校　　B. 班主任　　C. 王某本人　　D. 王某的监护人

解析：孙某的伤害是放学途中发生的，学校没有过错，所以只能由致害人王某承担责任，但王某是未成年人，没有责任能力，因而应由王某的监护人承担替代责任。

(7) 教师、学生个人责任

因学校教师或者其他工作人员与其职务无关的个人行为，或者因学生、教师及其他个人故意实施的违法犯罪行为，造成学生人身损害的，由致害人依法承担相应的责任。

3. 事故处理程序

(1) 及时救助、及时告知

发生学生伤害事故，学校应当及时救助受伤害学生，并应当及时告知未成年学生的监护人；有条件的，应当采取紧急救援等方式救助。

(2) 及时报告

发生学生伤害事故，情形严重的，学校应当及时向主管教育行政部门及有关部门报告；属于重大伤亡事故的，教育行政部门应当按照有关规定及时向同级人民政府和上一级教育行政部门报告。

(3) 行政指导

学校的主管教育行政部门应学校要求或者认为必要，可以指导、协助学校进行事故的处理工作，尽快恢复学校正常的教育教学秩序。

(4) 事故处理方式

发生学生伤害事故，学校与受伤害学生或者学生家长可以通过协商方式解决；双方自愿，可以书面请求主管教育行政部门进行调解。成年学生或者未成年学生的监护人也可以依法直接提起诉讼。

(5) 调解期限

教育行政部门收到调解申请，认为必要的，可以指定专门人员进行调解，并应当在受理申请之日起 60 日内完成调解。

(6) 调解程序

经教育行政部门调解，双方就事故处理达成一致意见的，应当在调解人员的见证下签订调解协议，结束调解；在调解期限内，双方不能达成一致意见，或者调解过程中一方提起诉讼，人民法院已经受理的，应当终止调解。调解结束或者终止，教育行政部门应当书面通知当事人。

(7) 调解效力

对经调解达成的协议,一方当事人不履行或者反悔的,双方可以依法提起诉讼。

真题再现

小学生高某在学校组织的校外活动中不慎受伤。经教育行政部门调解,高某父母与学校就事故处理达成了协议。但事后学校拒不履行协议。对此,高某父母可以采取的措施是(　　)。

A. 依法提起诉讼　　B. 依法申请行政复议

C. 依法提出申诉　　D. 依法申请行政仲裁

(8) 处理结果上报

事故处理结束,学校应当将事故处理结果书面报告主管的教育行政部门;重大伤亡事故的处理结果,学校主管的教育行政部门应当向同级人民政府和上一级教育行政部门报告。

4. 事故损害赔偿

(1) 赔偿依据

对发生学生伤害事故负有责任的组织或者个人,应当按照法律法规的有关规定,承担相应的损害赔偿责任。

(2) 赔偿范围

学生伤害事故赔偿的范围与标准,按照有关行政法规、地方性法规或者最高人民法院司法解释中的有关规定确定。教育行政部门进行调解时,认为学校有责任的,可以依照有关法律法规及国家有关规定,提出相应的调解方案。

(3) 伤残鉴定

对受伤害学生的伤残程度存在争议的,可以委托当地具有相应鉴定资格的医院或者有关机构,依据国家规定的人体伤残标准进行鉴定。

(4) 学校赔偿范围

学校对学生伤害事故负有责任的,根据责任大小,适当予以经济赔偿,但不承担解决户口、住房、就业等与救助受伤害学生、赔偿相应经济损失无直接关系的其他事项。

(5) 学校补偿原则

学校无责任的,如果有条件,可以根据实际情况,本着自愿和可能的原则,对受伤害学生给予适当的帮助。

(6) 责任追偿

因学校教师或者其他工作人员在履行职务中的故意或者重大过失造成的学生伤害事故,学校予以赔偿后,可以向有关责任人员追偿。

(7) 学生及监护人责任

未成年学生对学生伤害事故负有责任的,由其监护人依法承担相应的赔偿责任。学生的行为侵害学校教师及其他工作人员以及其他组织、个人的合法权益,造成损失的,成年学生或者未成年学生的监护人应当依法予以赔偿。

(8) 赔偿金筹措主体

根据双方达成的协议、经调解形成的协议或者人民法院的生效判决,应当由学校负担的赔偿金,学校应当负责筹措;学校无力完全筹措的,由学校的主管部门或者举办者协助筹措。

(9) 赔偿金筹措形式

县级以上人民政府教育行政部门或者学校举办者有条件的,可以通过设立学生伤害赔偿准备金等多种形式,依法筹措伤害赔偿金。

(10) 学校责任险

学校有条件的,应当依据保险法的有关规定,参加学校责任保险。

教育行政部门可以根据实际情况,鼓励中小学参加学校责任保险。

(11) 意外伤害险

提倡学生自愿参加意外伤害保险。在尊重学生意愿的前提下,学校可以为学生参加意外伤害保险创造便利条件,但不得从中收取任何费用。

5. 责任者的处理

(1) 学校直接责任人责任

发生学生伤害事故,学校负有责任且情节严重的,教育行政部门应当根据有关规定,对学校的直接负责的主管人员和其他直接责任人员,分别给予相应的行政处分;有关责任人的行为触犯刑律的,应当移送司法机关依法追究刑事责任。

(2) 重大安全隐患责任

学校管理混乱,存在重大安全隐患的,主管的教育行政部门或者其他有关部门应当责令其限期整顿;对情节严重或者拒不改正的,应当依据法律法规的有关规定,给予相应的行政处罚。

(3) 教育行政部门责任

教育行政部门未履行相应职责,对学生伤害事故的发生负有责任的,由有关部门对直接负责的主管人员和其他直接责任人员分别给予相应的行政处分;有关责任人的行为触犯刑律的,应当移送司法机关依法追究刑事责任。

(4) 学生责任

违反学校纪律,对造成学生伤害事故负有责任的学生,学校可以给予相应的处分;触犯刑律的,由司法机关依法追究刑事责任。

(5) 扰乱教学秩序责任

受伤害学生的监护人、亲属或者其他有关人员,在事故处理过程中无理取闹,扰乱学校正常教育教学秩序,或者侵犯学校、学校教师或者其他工作人员的合法权益的,学校应当报告公安机关依法处理;造成损失的,可以依法要求赔偿。

第十节 儿童权利公约

知识结构

➤ **儿童权利公约**

◇《儿童权利公约》简介

◇《儿童权利公约》主要内容解读

一、《儿童权利公约》简介

《儿童权利公约》(*Convention on the Rights of the Child*)适用于全世界的儿童。《儿童权利公约》于 1989 年 11 月 20 日第 44 届联合国大会第 25 号决议通过,是第一部有关保障儿童权利且具有法律约束力的国际性约定,于 1990 年 9 月 2 日生效。1991 年 12 月 29 日第七届全国人民代表大会常务委员会第 23 次会议批准了《儿童权利公约》,从此《儿童权利公约》成为我国正式认可的国际公约。

《儿童权利公约》共有 54 项条款。根据《儿童权利公约》,凡 18 周岁以下者均为儿童,除非各国或地区法律有不同的定义。《儿童权利公约》规定了世界各地所有儿童应该享有的数十种权利,其中包括最基本的生存权、全面发展权、受保护权,以及全面参与家庭、文化和社会生活的权利。《儿童权利公约》还确立了四项基本原则:无歧视、儿童利益最大化、生存和发展权、尊重儿童的想法。

《儿童权利公约》通过确立卫生保健、教育,以及法律、公民和社会服务等多方面的标准来保护儿童的上述权利,明确了国际社会在儿童工作领域的目标和努力方向。

《儿童权利公约》指出,缔约方应确保儿童均享受公约中规定的各项权利,不因儿童、其父母或法定监护人的种族、肤色、性别、语言、宗教、政治身份、出身、财产或残疾等不同而受到任何歧视。缔约方为确保儿童的福祉,应采取一切适当的立法和行政措施。各相关部门和机构在制定相关政策和落实时以儿童利益最大化作为首要考虑。

《儿童权利公约》包含了一整套普遍商定的准则和义务,在追求一个公正、彼此尊重以及和平的社会的过程中,将儿童放在中心位置。该公约建立在各种不同的法律制度和文化传统基础上,是一套普遍接受的不容商榷的标准和义务。这些基本标准规定了各国政府应当尊重的儿童的最低权利和自由。这些标准基于对每个人尊严和价值的尊重,无论其种族、肤色、性别、语言、宗教、观点、血统、财富、出身或能力如何,因此这些标准适用于任何地方的任何人。伴随这些权利而来的是政府和个人不得侵犯他人同等权利的义务。这些标准是互相依赖、不可分割的;我们不能不顾一些权利,或者以一些权利为代价,来确保其他某些权利。

二、《儿童权利公约》主要内容解读

(1) 儿童范围

为本公约之目的,儿童系指18岁以下的任何人,除非对其适用之法律规定成年年龄少于18岁。

真题再现

联合国《儿童权利公约》所指的"儿童"是(　　)。

A. 18岁以下的任何人　　B. 16岁以下的任何人

C. 10岁以下的任何人　　D. 6岁以下的任何人

(2) 平等原则

缔约国应遵守本公约所载列的权利,并确保其管辖范围内的每一儿童均享受此种权利,不因儿童或其父母或法定监护人的种族、肤色、性别、语言、宗教、政治或其他见解、民族、族裔或社会出身、财产、伤残、出生或其他身份而有任何差别。

(3) 儿童最大利益原则

关于儿童的一切行动,不论是由公私社会福利机构、法院、行政当局或立法机构执行,均应以儿童的最大利益为首要考虑。

(4) 缔约国保护义务概述

① 缔约国应采取一切适当措施确保儿童得到保护,不受基于儿童父母、法定监护人或家庭成员的身份、活动、所表达的观点或信仰而加诸的一切形式的歧视或惩罚。

② 缔约国承担确保儿童享有其幸福所必需的保护和照料,考虑到其父母、法定监护人或任何对其负有法律责任的个人的权利和义务,并为此采取一切适当的立法和行政措施。

③ 缔约国应确保负责照料或保护儿童的结构、服务部门及设施符合主管当局规定的标准,尤其是安全、卫生、工作人员数目和资格以及有效监督方面的标准。

④ 缔约国应采取一切适当的立法、行政和其他以实现本公约所确认的权利。关于经济、社会及文化权利,缔约国应根据其现有资源所允许的最大限度并视需要在国际合作范围内采取此类措施。

⑤ 缔约国应尊重父母或于适用时尊重当地习俗认定的大家庭或社会成员、法定监护人或其他对儿童负有法律责任的人以下的责任、权利义务,以符合儿童不同阶段上、接受能力的方式适当指导和引导儿童行使本公约所确认的权利。

(5) 生命权与发展权

缔约国确认每个儿童均有固有的生命权。缔约国应最大限度地确保儿童的存活与发展。

真题再现

下列选项中不符合联合国《儿童权利公约》对儿童权利保护规定的是(　　)。

A. 承认儿童享有固有的生命权

B. 确保儿童免受惩罚的权利

C. 最大限度确保儿童的生存与发展

D. 确保儿童享有其幸福所必需的保护和照料

(6) 姓名权与国籍权

儿童出生后应立即登记,并有自出生起获得姓名的权利,有获得国籍的权利,以及尽可能知道谁是其父母并受其父母照料的权利。缔约国应确保这些权利按照本国法律及其根据有关国际文书在这一领域承担的义务予以实施,尤应注意不如此儿童即无国籍之情形。

(7) 维护儿童身份

缔约国承担尊重儿童维护其身份包括法律所承认的国籍、姓名及家庭关系而不受非法干扰的权利。如有儿童被非法剥夺其身份方面的部分或全部要素,缔约国应提供适当协助和保护,以便迅速重新确立其身份。

(8) 确保不违背亲子意愿使亲子分离

① 缔约国应确保不违背儿童父母的意愿使儿童和父母分离,除非主管当局按照适用的法律和程序,经法院的审查,判定这样的分离符合儿童的最大利益而确有必要。在诸如由于父母的虐待或忽视、或父母分居而必须确定儿童居住地点的特殊情况下,这种裁决可能有必要。

② 缔约国应尊重与父母一方或双方分离的儿童同父母经常保持个人关系及直接联系的权利,但违反儿童最大利益者除外。

③ 如果这种分离是因缔约国对父母一方或双方或对儿童所采取的任何行动,诸如拘留、监禁、流放、驱逐或死亡(包括该人在该国拘禁中因任何原因而死亡)所致,该缔约国应按请求将该等家庭成员下落的基本情况告知父母、儿童或适当时告知另一家庭成员,除非提供这类情况会有损儿童的福祉,缔约国还应确保有关人员不致因提出这种请求而承受不利后果。

(9) 保障亲子团聚

① 对于儿童或其父母要求进入或离开一缔约国以便与家人团聚的申请,缔约国应以积极的人道主义态度迅速予以办理。缔约国还应确保申请人及其家庭成员不致因提出这

类请求而承受不利后果。

② 居住在不同国家的儿童,除特殊情况以外,应有权同父母双方经常保持个人关系和直接关系。缔约国应尊重儿童及其父母离开包括其本国在内的任何国家和进入其本国的权利。离开任何国家的权利只应受法律所规定并为保护国家安全、公共秩序、公共卫生或道德、或他人的权利和自由所必需且与本公约所承认的其他权利不相抵触的限制约束。

(10) 禁止非法转移儿童

缔约国应采取措施制止非法将儿童转移国外和不使返回本国的行为。为此目的,缔约国应致力缔结双边或多边协定或加入现有协定。

(11) 尊重儿童意见

缔约国应确保有主见能力的儿童有权对影响到其本人的一切事项自由发表自己的意见,对儿童的意见应按照其年龄和成熟程度给以适当的看待。

为此目的,儿童特别应有机会在影响到儿童的任何司法和行政诉讼中,以符合国家法律的诉讼规则的方式,直接或通过代表或适当机构陈述意见。

(12) 儿童言论自由权

儿童应有自由发表言论的权利;此项权利应包括通过口头、书面或印刷、艺术形式或儿童所选择的任何其他媒介,寻求、接受和传递各种信心和思想的自由,而不论国界。

此项权利的行使可受某些限制约束,但这些限制仅限于法律所规定并为以下目的所必需:尊重他人的权利和名誉;保护国家安全或公共秩序或公共卫生或道德。

(13) 儿童思想、信仰、宗教自由权

缔约国应遵守儿童享有思想、信仰和宗教自由的权利。缔约国应尊重父母并于适用时尊重法定监护人以下的权利和义务,以符合儿童不同阶段接受能力的方式指导儿童行使其权利。表明个人宗教或信仰的自由,仅受法律所规定并为保护公共安全、秩序、卫生或道德或他人之基本权利和自由所必需的这类限制约束。

(14) 儿童结社集会自由权

缔约国确认儿童享有结社自由及和平集会自由的权利。对此项权利的行使不得加以限制,除非符合法律所规定并在民主社会中为国家安全、公共秩序、保护公共卫生或道德或保护他人的权利和自由所必需。

(15) 儿童其他权利

儿童的隐私、家庭、住宅或通信不受任意或非法干涉,其荣誉和名誉不受非法攻击。儿童有权享受法律保护,以免受这类干涉或攻击。

(16) 儿童获取信息权

缔约国确认大众传播媒介的重要作用,并应确保儿童能够从多种的国家和国际来源获得信息和资料,尤其是旨在促进其社会、精神和道德福祉和身心健康的信息和资料。为此目的,缔约国应:

① 鼓励大众传播媒介散播在社会和文化方面有益于儿童的信息和资料。

② 鼓励在编制、交流和散播来自不同文化、国家和国际来源的这类信息和资料方面

进行国际合作。

③ 鼓励儿童读物的著作和普及。

④ 鼓励大众传播媒介特别注意属于少数群体或土著居民的儿童在语言方面的需要。

⑤ 鼓励制定适当的准则,保护儿童不受可能损害其福祉的信息和资料之害。

(17) 父母共同负责儿童的养育和发展

① 缔约国应尽其最大努力,确保父母双方对儿童的养育和发展负有共同责任的原则得到确认。父母、或视具体情况而定的法定监护人对儿童的养育和发展负有首要责任。儿童的最大利益将是他们主要关心的事。

真题再现

依据联合国《儿童权利公约》,对儿童的养育和发展负有首要责任的是(　　)。

A. 国家　　B. 父母　　C. 学校　　D. 社会

② 为保证和促进本公约所列举的权利,缔约国应在父母和法定监护人履行其抚养儿童的责任方面给予适当协助,并应确保发展育儿机构、设施和服务。

③ 缔约国应采取一切适当措施确保就业父母的子女有权享受他们有资格得到的托儿服务和设施。

(18) 防止儿童遭受父母虐待

① 缔约国应采取一切适当的立法、行政、社会和教育措施,保护儿童在受父母、法定监护人或其他任何负责照管儿童的人的照料时,不致受到任何形式的身心摧残、伤害或凌辱,忽视或照料不周,虐待或剥削,包括性侵犯。

② 这类保护性措施应酌情包括采取有效程序以建立社会方案,向儿童和负责照管儿童的人提供必要的支助,采取其他预防形式,查明、报告、查询、调查、处理和追究前述的虐待儿童事件,以及在适当时进行司法干预。

(19) 脱离家庭的儿童保护

① 暂时或永久脱离家庭环境的儿童,或为其最大利益不得在这种环境中继续生活的儿童,应有权得到国家的特别保护和协助。

② 缔约国应按照本国法律确保此类儿童得到其他方式的照顾。

③ 这种照顾除其他外,包括寄养、伊斯兰法的“卡法拉”(监护)、收养或者必要时安置在适当的育儿机构中。在考虑解决办法时,应适当注意有必要使儿童的培养教育具有连续性和注意儿童的族裔、宗教,文化和语言背景。

(20) 儿童收养

凡承认和(或)许可收养制度的国家应确保以儿童的最大利益为首要考虑并应:

① 确保只有经主管当局按照适用的法律和程序并根据所有有关可靠的资料,判定鉴于儿童有关父母、亲属和法定监护人方面的情况可允许收养,并且判定必要时有关人士已

根据可能必要的辅导对收养表示知情的同意，方可批准儿童的收养。

② 确认如果儿童不能安置于寄养或收养家庭，或不能以任何适当方式在儿童原籍国加以照料，跨国收养可视为照料儿童的一个替代办法。

③ 确保得到跨国收养的儿童享有与本国收养相当的保障和标准。

④ 采取一切适当措施确保跨国收养的安排不致使所涉人士获得不正当的财务收益。

⑤ 在适当时通过缔结双边或多边安排或协定促成本条的目标，并在这一范围内努力确保由主管当局或机构负责安排儿童在另一国收养的事宜。

（21）难民身份儿童保护

① 缔约国应采取适当措施，确保申请难民身份的儿童或按照适用的国际法或国内法及程序可视为难民的儿童，不论有无父母或其他任何人的陪同，均可得到适当的保护和人道主义援助，以享有本公约和该有关国家为其缔约国的其他国际人权和人道主义文书所规定的可适用权利。

② 为此目的，缔约国应对联合国和与联合国合作的其他主管的政府间组织或非政府组织所作的任何努力提供其认为适当的合作，以保护和援助这类儿童，并为只身的难民儿童追寻其父母或其他家庭成员，以获得必要的消息使其家庭团聚。在寻不着父母或其他家庭成员的情况下，也应使该儿童获得与其他任何由于任何原因而永久或暂时脱离家庭环境的儿童按照本公约的规定所得到的同样的保护。

（22）身心残疾儿童保护

① 缔约国确认身心有残疾的儿童应能在确保其尊严、促进其自立、有利于其积极参与社会生活的条件下享有充实而适当的生活。

② 缔约国确认残疾儿童有接受特别照顾的权利，应鼓励并确保在现有资源范围内，依据申请斟酌儿童的情况和儿童的父母或其他照料人的情况，对合格儿童及负责照料该儿童的人提供援助。

③ 鉴于残疾儿童的特殊需要，考虑到儿童的父母或其他照料人的经济情况，在可能时应免费提供按照本条第 2 款给予的援助，这些援助的目的应是确保残疾儿童能有效地获得和接受教育、培训、保健服务、康复服务、就业准备和娱乐机会，其方式应有助于该儿童尽可能充分地参与社会，实现个人发展，包括其文化和精神方面的发展。

④ 缔约国应本着国际合作精神，在预防保健以及残疾儿童的医疗、心理治疗和功能治疗领域促进交换适当资料，包括散播和获得有关康复教育方法和职业服务方面的资料，以使缔约国能够在这些领域提高其能力和技术并扩大其经验。在这方面，应特别考虑到发展中国家的需要。

（23）儿童医疗与保健

① 缔约国确认儿童有权享有可达到的最高标准的健康，并享有医疗和康复设施；缔约国应努力确保没有任何儿童被剥夺获得这种保健服务的权利。

② 缔约国应致力充分实现这一权利，特别是应采取适当措施，以：

a. 降低婴幼儿死亡率；

b. 确保向所有儿童提供必要的医疗援助和保健，侧重发展初级保健；

c. 消除疾病和营养不良现象，包括在初级保健范围内利用现有可得的技术和提供充足的营养食品、清洁饮水，要考虑到环境污染的危险和风险；

d. 确保母亲得到适当的产前和产后保健；

e. 确保向社会各阶层特别是向父母和儿童介绍有关儿童保健和营养、母乳育婴优点、个人卫生和环境卫生及防止意外事故的基本知识，使他们得到这方面的教育并帮助他们应用这种基本知识；

f. 开展预防保健、对父母的指导以及计划生育教育和服务。

③ 缔约国应致力采取一切有效和适当的措施，以期废除对儿童健康有害的传统习俗。

④ 缔约国承担促进和鼓励国际合作，以期逐步充分实现本条所确认的权利。在这方面，应特别考虑到发展中国家的需要。

（24）儿童的社会保障

缔约国应确认每个儿童有权受益于社会保障，包括社会保险，并应根据其国内法律采取必要措施充分实现这一权利。提供福利时应酌情考虑儿童及负有赡养儿童义务的人的经济情况和环境，以及与儿童提出或代其提出的福利申请有关的其他方面因素。

（25）儿童日常生活保障

① 缔约国确认每个儿童均有权享有足以促进其生理、心理、精神、道德和社会发展的生活水平。

② 父母或其他负责照顾儿童的人负有在其能力和经济条件许可范围内确保儿童发展所需生活条件的首要责任。

③ 缔约国按照本国条件及其能力范围内，应采取适当措施帮助父母或其他负责照顾儿童的人实现此项权利，并在需要时提供物质援助和资助方案，特别是在营养、衣着和住房方面。

④ 缔约国应采取一切适当措施，向在本国境内或境外儿童的父母或其他对儿童负有经济责任的人追索儿童的赡养费。尤其是遇对儿童负有经济责任的人住在与儿童不同的国家的情况时，缔约国应促进加入国际协定或缔结此类协定以及作出其他适当安排。

（26）儿童受教育权的保障

① 缔约国确认儿童有受教育的权利，为在机会均等的基础上逐步实现此项权利，缔约国尤应：

a. 实现全面的免费义务小学教育；

b. 鼓励发展不同形式的中学教育，包括普通和职业教育，使所有儿童均能享有和接受这种教育，并采取适当措施，诸如实行免费教育和对有需要的人提供津贴；

c. 根据能力以一切适当方式使所有人均有受高等教育的机会；

d. 使所有儿童均能得到教育和职业方面的资料和指导；

e. 采取措施鼓励学生按时出勤和降低辍学率。

真题再现

为确保儿童享有接受教育的权利，联合国《儿童权利公约》规定各缔约国应当(　　)。

A. 实现全面的义务教育　　B. 采取有效措施降低辍学率

C. 使得所有人接受高等教育　　D. 发展不同形式的学前教育

② 缔约国应采取一切适当措施，确保学校执行纪律的方式符合儿童的人格尊严及本公约的规定。

③ 缔约国应促进和鼓励有关教育事项方面的国际合作，特别着眼于在全世界消灭愚昧与文盲，并便利获得科技知识和现代教学方法。在这方面，应特别考虑到发展中国家的需要。

(27) 儿童教育目的

缔约国一致认为教育儿童的目的应是：

① 最充分地发展儿童的个性、才智和身心能力。

② 培养对人权和基本自由以及《联合国宪章》所载各项原则的尊重。

③ 培养对儿童的父母和儿童自身的文化认同、语言和价值观，儿童所居住国家的民族价值观，其原籍国以及不同于其本国的文明的尊重。

④ 培养儿童本着各国人民、族裔、民族和宗教群体以及原为土著居民的人之间谅解、和平、宽容、男女平等和友好的精神，在自由社会里过有责任感的生活。

⑤ 培养对自然环境的尊重。

(28) 儿童的休息与文艺生活

① 缔约国确认儿童有权享有休息和闲暇，从事与儿童年龄相宜的游戏和娱乐活动，以及自由参加文化生活和艺术活动。

② 缔约国应尊重并促进儿童充分参加文化和艺术生活的权利，并应鼓励提供从事文化、艺术、娱乐和休闲活动的适当和均等的机会。

(29) 儿童免受经济剥削，不得使儿童从事有碍身心健康的工作

① 缔约国确认儿童有权受到保护，以免受经济剥削和从事任何可能妨碍或影响儿童教育或有害儿童健康或身体、心理、精神、道德或社会发展的工作。

② 缔约国应采取立法、行政、社会和教育措施确保本条得到执行。为此目的，并鉴于其他国际文书的有关规定，缔约国尤应：

a. 规定受雇的最低年龄；

b. 规定有关工作时间和条件的适当规则；

c. 规定适当的惩罚或其他制裁措施以确保本条得到有效执行。

(30) 防止儿童涉毒

缔约国应采取一切适当措施，包括立法、行政、社会和教育措施，保护儿童不至非法使用有关国际条约中界定的麻醉药品和精神药物，并防止利用儿童从事非法生产和贩运此

类药物。

（31）儿童免受色情与性侵害

缔约国承担保护儿童免遭一切形式的色情剥削和性侵犯之害，为此目的，缔约国尤应采取一切适当的国家、双边和多边措施，以防止：

① 引诱或强迫儿童从事任何非法的性生活；

② 利用儿童卖淫或从事其他非法的性行为；

③ 利用儿童进行淫秽表演和充当淫秽题材。

（32）防止拐卖儿童

缔约国应采取一切适当的国家、双边和多边措施，以防止为任何目的或以任何形式诱拐、买卖或贩运儿童。

（33）儿童免酷刑，免非法剥夺自由

缔约国应确保：

① 任何儿童不受酷刑或其他形式的残忍、不人道或有辱人格的待遇或处罚。对未满18岁的人所犯罪行不得判以死刑或无释放可能的无期徒刑。

② 不得非法或任意剥夺任何儿童的自由。对儿童的逮捕、拘留或监禁应符合法律规定并仅应作为最后手段，期限应为最短的适当时间。

③ 所有被剥夺自由的儿童应受到人道待遇，其固有人格尊严应受尊重，并应考虑到他们这个年龄的人的需要的方式加以对待。特别是，所有被剥夺自由的儿童应同成人隔开，除非认为反之最有利于儿童，并有权通过信件和探访同家人保持联系，但特殊情况除外。

④ 所有被剥夺自由的儿童均有权迅速获得法律及其他适当援助，并有权向法院或其他独立公正的主管当局就其被剥夺自由一事之合法性提出异议，并有权迅速就任何此类行动得到裁定。

（34）武装冲突中的儿童保护

① 缔约国承担尊重并确保尊重在武装冲突中对其适用的国际人道主义法律中有关儿童的规则。

② 缔约国应采取一切可行措施确保未满15岁的人不直接参加敌对行动。

③ 缔约国应避免招募任何未满15岁的人加入武装部队。在招募已满15岁但未满18岁的人时，缔约国应致力首先考虑年龄最大者。

④ 缔约国按照国际人道主义法律规定它们在武装冲突中保护平民人口的义务，应采取一切可行措施确保保护和照料受武装冲突影响的儿童。

（35）儿童身心康复

缔约国应采取一切适当措施，促使遭受下述情况之害的儿童身心得以康复并重返社会：任何形式的忽视、剥削或凌辱虐待；酷刑或任何其他形式的残忍、不人道或有辱人格的待遇或处罚；或武装冲突。此种康复和重返社会应在一种能促进儿童的健康、自尊和尊严的环境中进行。

(36) 追究儿童刑事责任的程序与规范

① 缔约国确认被指称、指控或认为触犯刑法的儿童有权得到符合以下情况方式的待遇,促进其尊严和价值感并增强其对他人的人权和基本自由的尊重。这种待遇应考虑到其年龄和促进其重返社会并在社会中发挥积极作用的愿望。

② 为此目的,并鉴于国际文书的有关规定,缔约国尤应确保:

a. 任何儿童不得以行为或不行为之时本国法律或国际法不禁止的行为或不行为之理由被指称、指控或认为触犯刑法;

b. 所有被指称或指控触犯刑法的儿童至少应得到下列保证:

Ⅰ. 在依法判定有罪之前应视为无罪;

Ⅱ. 迅速直接地被告知其被控罪名,适当时应通过其父母或法定监护人告知,并获得准备和提出辩护所需的法律或其他适当协助;

Ⅲ. 要求独立公正的主管当局或司法机构在其得到法律或其他适当协助的情况下,通过依法公正审理迅速作出判决,并且须有其父母或法定监护人在场,除非认为这样做不符合儿童的最大利益,特别要考虑到其年龄状况;

Ⅳ. 不得被迫作口供或认罪,应可盘问或要求盘问不利的证人,并在平等条件下要求证人为其出庭和接受盘问;

Ⅴ. 若被判定触犯刑法,有权要求高一级独立公正的主管当局或司法机构依法复查此判决及由此对之采取的任何措施;

Ⅵ. 若儿童不懂或不会说所用语言,有权免费得到口译人员的协助;

Ⅶ. 其隐私在诉讼的所有阶段均得到充分尊重。

③ 缔约国应致力于促进规定或建立专门适用于被指称、指控或确认为触犯刑法的儿童的法律、程序、当局和机构,尤应:

a. 规定最低年龄,在此年龄以下的儿童应视为无触犯刑法之行为能力;

b. 在适当和必要时,制订不对此类儿童诉诸司法程序的措施,但须充分尊重人权和法律保障。

④ 应采用多种处理办法,诸如照管、指导和监督令、辅导、察看、寄养、教育和职业培训方案及不交由机构照管的其他办法,以确保处理儿童的方式符合其福祉并与其情况和违法行为相称。

真题再现

下列选项中,不属于联合国《儿童权利公约》中确认和保护的儿童权利的是(　　)。

A. 信仰和宗教自由的权利　　B. 益于社会保障的权利

C. 自由发表言论的权利　　D. 选举和被选举的权利

(37) 公约宣传普及

缔约国承担以适当的积极手段,使成人和儿童都能普遍知晓本公约的原则和规定。

国家教师资格考试法律法规历年真题

1. 小学生小凡在学校教学楼门口发现一条狗，想赶走它，却不慎被咬伤。经查，这条狗是学生小伟从家里带来的。对于小凡所受伤害应当承担赔偿责任的是(　　)。

A. 小凡的监护人和学校　　B. 小伟的监护人和学校

C. 小伟的班主任和小伟的监护人　　D. 小凡的班主任和小伟的监护人

2. 某幼儿园在其教学计划中大量增加小学一年级的课程内容，该幼儿园的做法(　　)。

A. 正确，有利于幼儿园和小学的衔接　　B. 错误，背离了幼儿教育的基本目标

C. 正确，有利于促进儿童认知发展水平　　D. 错误，只能适量增加小学教育的内容

3. 教师梁某因旷工被幼儿园处分，她对幼儿园给予的处分不服，向有关部门提出教育申诉，被申诉人为(　　)。

A. 园长　　B. 幼儿园　　C. 书记　　D. 教育行政部门

4. 教师王某经常让班里的幼儿在活动室外面罚站，王某的做法(　　)。

A. 不合法，侵犯了幼儿受教育权　　B. 不合法，侵犯了幼儿的荣誉权

C. 合法，教师有管理幼儿的权利　　D. 合法，教师有教育幼儿的权利

5. 幼儿园教师赵某休息时在教室抽烟，他的行为(　　)。

A. 不正确，教师不得在幼儿园抽烟　　B. 不正确，教师只能在办公室抽烟

C. 正确，教师有抽烟的权利　　D. 正确，教师休息时可以抽烟

6. 幼儿阳阳在自由活动时偷偷溜出幼儿园，在行人道上被电动车撞伤。对阳阳受到的伤害，应承担赔偿责任的是(　　)。

A. 幼儿园　　B. 车主　　C. 阳阳的监护人　　D. 车主和幼儿园

7. 某幼儿园安排行政人员代替教师参加教师专业培训，该做法(　　)。

A. 合法，幼儿园有选派培训学员的权利　　B. 合法，幼儿园有管理教学事务的权利

C. 不合法，侵犯了教师进修培训的权利　　D. 不合法，侵犯了教师的教育教学权

8. 孙某和张某共同开办了一家具有法人资格的幼儿园，由张某担任园长，该幼儿园的法人代表是(　　)。

A. 张某　　B. 孙某　　C. 孙某和张某　　D. 教职工大会

9. 教师钱某对幼儿园解聘自己的决定不服，可以向教育行政部门(　　)。

A. 检举　　B. 揭发　　C. 提出诉讼　　D. 提出申诉

10. 幼儿园小朋友洋洋的画被幼儿园推荐发表,所得稿酬应归于(　　)。

A. 幼儿园　　B. 洋洋本人　　C. 洋洋的父母　　D. 洋洋的老师

11. 在幼儿园开展的户外活动中,小明和小刚一起玩滑梯。玩的过程中,小明推了小刚一下,小刚摔倒地面,老师马上从教室跑出来扶起了小刚。对小刚受伤应当承担赔偿责任的是(　　)。

A. 幼儿园　　B. 小明的监护人

C. 小刚的监护人　　D. 小明的监护人和幼儿园

12. 良好的社会环境对未成年人的健康成长有重要作用,下列选项中属于社会保护的是(　　)。

A. 洋洋在幼儿园生病,园方及时通知家长并及时救护洋洋

B. 父母以健康的思想、良好的品行和适当的方法教育影响未成年人

C. 酒店经营者接待未成年人入住时,应当询问父母或其他人的联合方式等有关情况

D. 对违法犯罪的未成年人实行教育、感化、挽救的方针

13. 教师张某因为醉驾被人民法院判处有期徒刑,张某(　　)。

A. 永远丧失教师资格　　B. 教师资格不受影响

C. 未来五年内不得从事教师职业　　D. 只能在私立学校从事教师职业

14. 明明午睡后又尿床,保育员张某不高兴地大声斥责:"你真烦,都大班了,还经常尿床,下次再尿床,就扔掉你的小鸡鸡!"小朋友们哄堂大笑,张某的做法(　　)。

A. 合法,教师有批评教育幼儿的法定权力

B. 合法,有利于幼儿养成良好的生活习惯

C. 不合法,侵犯明明的隐私权

D. 不合法,侵犯明明的名誉权

15. 某幼儿园正在开展游戏活动,教师王某活动前反复提醒小朋友注意安全,活动中也一直在旁边组织、观察、保护。但是意外还是发生,小明在跳跃时摔伤手臂,王某马上将小明送到医院检查,经医生诊断,小明右手骨折。应对小明所受伤害承担责任的主体是(　　)。

A. 幼儿园　　B. 教师王某

C. 小明的监护人　　D. 幼儿园和小明的监护人

16. 依据《幼儿园工作规程》,下列说法不正确的是(　　)。

A. 健康检查不合格的幼儿,可以拒绝其入园

B. 幼儿一日活动组织应动静交替,以动为主

C. 幼儿的每日户外体育活动不得低于一小时

D. 幼儿园可按年龄分别编班,也可混合编班

17. 下列行为属于侵犯幼儿肖像权的是(　　)。

A. 小红表现优异,幼儿园将其照片贴在宣传栏上

B. 幼儿园网站上刊登小张在运动会上比赛的照片

C. 照相馆经过小明的父母同意,将其照片摆在橱窗里

D. 为发泄不满,小强将小明的照片当作投掷靶子

18. 我国不少地方已形成为校车提供最高路权,路人自觉礼让校车良好风尚。这对未成年人的保护是(　　)。

A. 家庭保护　　B. 社会保护　　C. 学校保护　　D. 司法保护

19. 幼儿黄某活泼好动,常与同伴嬉笑打闹,多次违反活动纪律。为此,带班教师万某不允许其参加幼儿园的各种文艺活动,以防其破坏活动秩序。教师万某的做法(　　)。

A. 正确,是维护活动秩序的需要　　B. 不正确,教师应平等对待幼儿

C. 正确,教师有权自主管理班级　　D. 不正确,应征得其他教师的同意

20. 某教师积极参加幼儿园集体活动,并对幼儿园的改革发展建言献策。该教师行使的权利是(　　)。

A. 教育教学权　　B. 科学研究权　　C. 民主管理权　　D. 公正评价权

21. 教师成某带领小班幼儿户外活动,东东在玩滑梯时突然从滑梯上跳下摔伤。事后调取监控录像发现,事发时成某背对着幼儿活动区域。对东东所受伤害应承担赔偿责任的主体是(　　)。

A. 成某　　B. 幼儿园　　C. 东东　　D. 东东的监护人

22. 小华的父母出差,将其委托给好友胡某代为监护。胡某带着小华在小区内玩耍,在与小朋友们追逐打闹中,小刚将小华推倒摔伤。对小华所受伤害,应承担赔偿责任的是(　　)。

A. 小华的父母　　B. 胡某　　C. 小刚的父母　　D. 胡某与小刚的父母

23. 幼儿萌萌午休时不睡觉还发出吵闹的声音,何老师把她关在厕所里,以免影响其他幼儿休息。何老师的做法(　　)。

A. 不正确,侵犯幼儿的人身权和人格尊严

B. 不正确,侵犯了幼儿的思想自由和受教育权

C. 正确,有利于保障其他幼儿午间休息的权利

D. 正确,有利于引导萌萌养成良好的生活习惯

24. 某幼儿园为提升教师专业水平,从所有教师工资中扣除 100 元用于订阅专业刊物。该园的做法(　　)。

A. 合法,幼儿园有权管理和使用本单位的经费

B. 合法,幼儿园有按照章程自主管理的权利

C. 不合法,侵犯了教师获取工资报酬的权利

D. 不合法,侵犯了教师从事科学研究的自由

25. 某幼儿园教师陈某在教育幼儿时,经常敲打、拖拽幼儿,造成幼儿身体多处瘀伤。陈某侵犯幼儿的权利是(　　)。

A. 受教育权　　B. 生命权　　C. 人身自由权　　D. 健康权

26. 某校规定:严禁学生携带手机进入教室,一旦发现,将立即没收并予以统一销毁。该规定侵犯的学生权利是(　　)。

A. 人身权　　B. 财产权　　C. 隐私权　　D. 名誉权

27. 某校期末考试后,将学生的考试成绩排名张榜公布。该校做法(　　)。

A. 体现了学校的管理权　　B. 体现了学校的教育权

C. 侵犯了学生的受教育权　　D. 侵犯了学生的隐私权

28. 教师李某让班里调皮的学生缴纳“违纪金”,以加强班级管理,该教师的做法(　　)。

A. 合法,有助于维护班级秩序　　B. 合法,对其他人有警示作用

C. 不合法,教师没有罚款的权利　　D. 不合法,学校没有罚款的权利

29. 开烟酒店的张某经常向小学生出售香烟,张某的行为(　　)。

A. 合法,学生可以自愿购买

B. 合法,商家有自主经营权

C. 不合法,张某没有向教育行政部门报备

D. 不合法,张某不能向小学生出售香烟

30. 小学生周某旷课一天,学校未与其家长联系,该校的做法(　　)。

A. 合法,是学生自己违反校规　　B. 合法,是家长未尽监护责任

C. 不合法,学校应派学生出去寻找　　D. 不合法,学校应及时与家长联系

31. 小学生杨某放学途中在人行道上被电动车撞伤。对杨某所受伤害,应承担赔偿责任的是(　　)。

A. 学校　　B. 车主　　C. 杨某的监护人　　D. 车主和学校

32. 依据《教师法》的相关规定,社会力量所办学校教师的待遇(　　)。

A. 由教育行政部门确定,但由举办者予以保障

B. 由举办者自行确定,但由教育行政部门予以保障

C. 由教育行政部门确定并予以保障

D. 由举办者自行确定并予以保障

33. 依据《教师法》的相关规定,教师有下列(　　)情形,可以由其所在学校予以行政处分或解聘。

A. 故意不完成教学任务造成损失　　B. 课余时间无偿为学生补课

C. 教学过程中延长授课时间　　D. 学生管理中严厉对待学生

34. 12 岁的小亮因为家里经济状况不好,放学后到饭店打工。饭店老板了解情况后雇佣了他,并为他安排了较为清闲的工作。该饭店老板的做法(　　)。

A. 合法,有助于改善小亮家庭的经济状况

B. 合法,有助于锻炼小亮的自立能力

C. 不合法,任何人不得非法招用童工

D. 不合法,没有取得小亮监护人的同意

35. 小学教师梁某因上班迟到被罚款，她对学校的决定不服，提出申诉，申诉的受理机关应是（　　）。

A. 教职工代表大会　　B. 信访机关

C. 教育行政部门　　D. 检察机关

36. 就读于农村某校的小英小学未毕业，父母让其辍学帮忙照顾店里生意。依据《义务教育法》的相关规定，给予小英父母批评教育并责令限期改正的机构是（　　）。

A. 村委会　　B. 学校　　C. 乡级人民政府　　D. 县级人民政府

37. 某小学让学生乐队停课参加某公司庆典，公司给予学校一定的经济回报。该校做法（　　）。

A. 正确，可以改善学校办学条件　　B. 正确，学校拥有管理学生的权利

C. 不正确，侵犯了学生的受教育权　　D. 不正确，侵犯了学生的人身权

38. 小学生军军的父母不履行监护职责，对其旷课和夜不归宿行为放任不管。依据《预防未成年人犯罪法》的相关规定，可以给予军军的父母训诫并责令其严加管教的机关是（　　）。

A. 基层组织　　B. 检察机关　　C. 学校　　D. 党组织

39. 9岁杨强在学校体育活动中受伤，家长诉至法院，要求学校赔偿。此案中应承担举证责任的主体是（　　）。

A. 学校　　B. 家长　　C. 体育教师　　D. 杨强

40. 某小学给学生订购校服，校长从中拿回扣，尚未构成犯罪。依照《教育法》的规定，应没收非法所得，并对校长（　　）。

A. 给予行政处分　　B. 给予强制措施

C. 给予刑事处罚　　D. 给予治安处罚

41. 某公立小学符合办学条件，具备法人条件。该校取得法人资格应该始于（　　）。

A. 批准之日　　B. 批准次日　　C. 登记注册之日　　D. 登记注册次日

42. 小学生姚某经常扰乱课程秩序，学校责令家长将其转走，否则予以开除。该校的做法（　　）。

A. 正确，学校拥有教学管理的权利　　B. 正确，维护了正常的教学秩序

C. 不正确，学校应对姚某长期停课　　D. 不正确，学校应对姚某批评教育

43. 小学教师余某在课间休息时，习惯在教室外面的走廊吸烟。该教师的行为（　　）。

A. 合法，教师有课间休息的权利

B. 合法，教师未侵犯学生的权利

C. 不合法，教师不得在学生集体活动场所吸烟

D. 不合法，教师在征得学生同意之后方可吸烟

44. 小学生孙某旷课，班主任未立即联系家长，决定第二天再去家访。该班主任的做法（　　）。

A. 正确,教师有管理学生的权利

B. 正确,教师有教育学生的权利

C. 不正确,教师应及时与学生的监护人取得联系

D. 不正确,教师应首先与当地公安部门取得联系

45. 教职员工教唆、胁迫、引诱未成年人实施不良行为或者严重不良行为,以及品行不良、影响恶劣的,教育行政部门、学校应当依法予以(　　)。

A. 降薪　　B. 训诫　　C. 降职　　D. 解聘或者辞退

46. 钱某闯入某乡中心学校寻衅滋事,破坏了一间教室的门,依据《教育法》的规定,对于钱某(　　)。

A. 应由乡人民政府给予治安管理处罚　　B. 应由公安机关给予治安管理处罚

C. 应由该中心学校给予教育行政处罚　　D. 应由教育行政部门给予行政处罚

47. 某农村小学使用未经审定的教科书,依据《义务教育法》的规定,责令其限期改正的机关是(　　)。

A. 乡镇人民政府　　B. 县级人民政府教育行政部门

C. 市级人民政府教育行政部门　　D. 省级人民政府教育行政部门

48. 下列选项中不属于全国人民代表大会行使的职权是(　　)。

A. 领导和管理国防建设事业

B. 修改宪法和监督宪法的实施

C. 决定特别行政区的设立及其制度

D. 审查和批准国家的预算和预算的执行情况的报告

49. 某偏远山区,交通不便,儿童居住较为分散,为保障当地适龄儿童接受义务教育,根据《义务教育法》的规定,县级人民政府可以采取的措施是(　　)。

A. 设置走读学校　　B. 设置寄宿制学校

C. 设置家庭学校　　D. 设置半日制学校

50. 张某和李某两家世代交好,他们为双方的未成年子女订立了婚约。张某和李某的做法(　　)。

A. 合法,父母享有对子女的监护权

B. 合法,父母享有对子女的管教权

C. 不合法,订立婚约应征得双方子女的同意

D. 不合法,父母不得为未成年人订立婚约

51. 某小学为遏制学生违纪,要求各班班主任"重点关照"那些有不良行为的学生,对他们的违纪行为要与其他违纪学生的行为区别对待、从重处罚。该校的做法(　　)。

A. 合法,学校有教育管理未成年学生的权利

B. 合法,学校有预防未成年学生犯罪的义务

C. 不合法,学校不得侵犯未成年学生的教育自由

D. 不合法,学校不得歧视有不良行为的未成年人

52. 教师张某上班迟到了,学校按照制度规定扣除了张某当月的部分绩效工资。张某对学校的处分不服,他可以向教育行政部门(　　)。

A. 申请仲裁　　B. 提出申诉　　C. 检举控告　　D. 申请复议

53. 某小学女生小丽在放学路上被数名同校的女生扇耳光,施暴者宣称打人的目的是教育小丽。下列说法正确的是(　　)。

A. 应追究施暴者的刑事责任和民事责任

B. 学校应承担小丽所受伤害的赔偿责任

C. 不会自我保护的小丽也要承担部分责任

D. 施暴者的监护人应对小丽承担赔偿责任

54. 下列做法没有违反相关法律规定的是(　　)。

A. 小刚的妈妈经常检查他的作业和日记本

B. 课间休息时教师王某在教室外面的走廊抽烟

C. 教师刘某让没有正确回答问题的学生站着听课

D. 教师李某课堂上让未掌握投篮动作的学生反复练习

55. 11 岁的小明在学校捡到一部价值 2 000 元的智能手机,拿回家自用。小明的行为(　　)。

A. 属于严重不良行为　　B. 属于民事违法行为

C. 属于行政违法行为　　D. 没有违反相关法律

56. 六年级女生朱某学习不好,经常在课堂上讲话。一天上课,朱某又和同桌的男生说话,教师张某批评朱某说:“你怎么这么贱啊,能不能不招惹男生呀!”朱某听后立刻大哭,用头部在课桌上猛烈撞击,造成额头出血。关于朱某所受的伤害,下列说法正确的是(　　)。

A. 学校承担朱某伤害的主要赔偿责任　　B. 张某侵犯了朱某的言论自由权

C. 朱某家长承担朱某伤害的赔偿责任　　D. 张某承担朱某伤害的部分赔偿责任

57. 学生甲和乙有矛盾,甲为泄愤,把乙的照片作为飞镖的靶子,甲的做法(　　)。

A. 合法,同学矛盾不必夸大　　B. 合法,对乙没有不良影响

C. 不合法,侵犯乙的名誉权　　D. 不合法,侵犯乙的肖像权

58. 依据《教育法》的规定,关于设立学校必须具备的基本条件,下列选项不正确的是(　　)。

A. 有长期发展规划　　B. 有组织机构和章程

C. 有必备的办学资金和稳定的经济来源　　D. 有符合规定的教学场所及设施设备

59. 学生张某在高考中由他人代考,依据《教育法》规定,可由教育行政部门责令张某停止参加高考(　　)。

A. 3 年　　B. 4 年　　C. 5 年　　D. 6 年

60. 小学生李某,随外出务工的父母到某市上学,为李某提供平等接受义务教育条件的主体应为(　　)。

A. 其户籍所在地人民政府　B. 其父母或法定监护人
C. 其父母工作地人民政府　D. 以上三者

61.《未成年人保护法》中所称的未成年人是指(　　)。
A. 未满12周岁的公民　B. 未满14周岁的公民
C. 未满16周岁的公民　D. 未满18周岁的公民

62. 依据《预防未成年人犯罪法》的规定,下列不属于严重不良行为的是(　　)。
A. 多次夜不归宿、逃课　B. 携带管制刀具,屡教不改
C. 纠结他人结伙滋事,扰乱治安　D. 多次抢夺他人财物

63. 某机关违反国家规定向学校收取费用,依据《教育法》,由政府责令该机关退还所收费用,并对直接负责的主管人员和直接责任人员(　　)。
A. 依法给予处罚　B. 依法提起诉讼
C. 依法给予处分　D. 依法提出复议

64. 小学生梁某欺凌同学,扰乱课堂纪律,学校经过研究决定将其开除。该校做法(　　)。
A. 不合法,学校只能劝退学生　B. 不合法,学校不得开除学生
C. 合法,学校有教育学生的权利　D. 合法,学校有处分学生的权利

65. 梁某在小学周边开了一家网吧,并对前来上网的小学生打折优惠。梁某的做法(　　)。
A. 合法,梁某享有自主经营的权利　B. 合法,利于减轻学生的经济负担
C. 不合法,应依法给予梁某行政处分　D. 不合法,应依法给予梁某行政处罚

66. 小学生罗某在学校组织的体育活动中受伤,学校和学生家长书面请求教育主管部门进行调解。根据《学生伤害事故处理办法》,该主管部门完成调解的时间段为(　　)。
A. 受理申请之日起60日内　B. 受理申请之日起45日内
C. 受理申请之日起30日内　D. 受理申请之日起15日内

67. 年满14岁的初中学生张某学习成绩不好,不想上学。父母让其辍学到城里务工,一家汽修厂安排张某当学徒。下列说法正确的是(　　)。
A. 张某父母的做法合法,父母有责任帮助孩子成长
B. 张某父母的做法不合法,侵犯了张某的受教育权
C. 汽修厂的用工合法,张某已经年满14岁
D. 汽修厂的用工不合法,违反了《教育法》

68. 放学后,15岁的李某与同学王某在酒店和朋友聚餐。在喝完从酒店买的白酒后,李某与王某发生了争执,李某拿起酒瓶击中王某的头部,致使王某成为植物人。此次伤害中,下列说法正确的是(　　)。
A. 李某应承担刑事责任　B. 未满16岁的李某不承担刑事责任
C. 酒店应该承担王某的全部赔偿责任　D. 李某的学校应承担王某的部分赔偿责任

69. 新闻媒体采访报道涉及未成年人事件应当客观、审慎和适度，不得侵犯未成年人的名誉、隐私和其他合法权益。上述内容是对未成年人实施(　　)。

A. 家庭保护　　B. 社会保护　　C. 司法保护　　D. 学校保护

70. 某初中为提高生源质量，自行组织入学考试，实行跨学区招生。该学校的做法(　　)。

A. 合理，学校有招收学生的权利　　B. 合理，学校有自主办学的权利

C. 不合法，违反了尊重学生人格的规定　　D. 不合法，违反了免试就近入学的规定

71. 某县级政府为了提高本县的中考成绩，将辖区内两所初中列为重点学校，并给予政府财政倾斜。该县级政府的做法(　　)。

A 合法，县级政府有权自主管理　　B. 合法，有助于校际教育质量竞争

C. 不合法，不能设置重点校和非重点校　　D. 不合法，应该平均分配各类教育资料

72. 张老师责令考试成绩不及格的小强停课半天写检查。张老师的做法(　　)。

A. 合法，有助于警示其他学生　　B. 合法，教师有教育管理学生的权利

C. 不合法，侵犯了小强的人身权　　D. 不合法，侵犯了小强的受教育权

73. 初中生晓东放学后在校外玩耍时不慎摔伤。对此事故，承担责任的主体应是(　　)。

A. 晓东　　B. 学校　　C. 晓东及学校　　D. 晓东及其监护人

74. 中学生王某上课玩手机，被班主任李某当场没收。王某课后向李某承认错误并要求归还其手机，被李某以王某违反校规为由拒绝。李某的做法(　　)。

A. 正确，学校规章应该人人遵守　　B. 正确，教师有惩戒学生的权利

C. 不正确，侵犯了学生的财产权　　D. 不正确，应上交学校销毁

75. 某中学上课时，高年级学生李某到教室外喊赵某，说有事让其出去一趟，班主任张某默许了。赵某走出教室后被李某殴打，导致右眼失明。对赵某所受伤害应当承担赔偿责任的主体是(　　)。

A. 李某　　B. 张某　　C. 学校　　D. 李某和学校

76. 下列关于教师与学生之间法律关系的说法不正确的是(　　)。

A. 教育与被教育的关系　　B. 管理与被管理的关系

C. 保护与被保护的关系　　D. 控制与被控制的关系

77. 某中学在资助贫困生的公示中，将拟资助学生的家庭住址、父母姓名、电话号码、身份证号等信息予以公布。该校的做法(　　)。

A. 符合校务公开的办事原则　　B. 体现了学校自主管理权利

C. 侵犯了学生的个人隐私权　　D. 违背公平待生的教育理念

78. 中学生王某的脸上有一块疤痕，同学李某便给王某起了外号“王疤”，并在同学中广而告之。李某侵犯王某的权利是(　　)。

A. 隐私权　　B. 姓名权　　C. 荣誉权　　D. 人格权

79. 中学生邹某上课时玩手机游戏，班主任王老师发现后，当场删除了邹某的游戏账

号和他购买的游戏装备，并告诫邹某不要在上课时玩游戏。课后，王老师将手机返还给了邹某。王老师的做法（　　）。

A. 合法，教师有权批评和管教学生　　B. 不合法，侵犯了邹某的财产权

C. 合法，教师无权没收学生的手机　　D. 不合法，侵犯了邹某的隐私权

80. 某地区教育行政部门未经公开招标，直接将当地两所较为薄弱的公办学校移交给一家民办教育集团承办，并规定对该校所有学生按市场价格收费。该地区教育行政部门的做法（　　）。

A. 合法，有利于促进学校本身的内涵发展

B. 合法，有利于实现优质教育资源的均衡共享

C. 不合法，不得以任何名义改变或变相改变公办学校的性质

D. 不合法，不得以任何方式或理由规避公开招标的原则要求

81. 某中学化学老师宋某正组织学生上实验课，学生李某因借用坐在实验桌对面的同学的钢笔，碰倒了酒精灯，酒精溅在本组同学韩某的手上并燃烧，致使韩某手部皮肤被灼伤。在这起事故中，应当承担赔偿责任的是（　　）。

A. 学校和宋某　　B. 宋某和李某的监护人

C. 学校和李某的监护人　　D. 李某的监护人和韩某的监护人

82. 林某长期辱骂、虐待亲生儿子晓光，经有关单位教育后仍不悔改。依据《未成年人保护法》，当地人民法院可以采取的措施是（　　）。

A. 撤销林某的监护人资格　　B. 给予林某行政处分

C. 责令林某赔礼道歉　　D. 要求林某赔偿损失

83. 为了提高学生的法制意识，预防可能发生的未成年人犯罪事件，学校拟采取应对措施。下列选项不正确的是（　　）。

A. 聘任优秀的律师担任法制教育的兼职教师

B. 聘任当地派出所干警担任校外法律辅导员

C. 要求未成年学生的父母配合开展法制工作

D. 要求班主任承担对未成年学生的监护责任

84. 在一次雷雨天气中，某中学教学楼遭到雷击，多名学生不同程度地被击伤。后经调查得知，由于教学楼没有采取防雷措施，这才导致学生被雷击伤。对于这起事故的法律责任，下列说法正确的是（　　）。

A. 学校无法律责任　　B. 学校应承担过错责任

C. 学校应承担无过错责任　　D. 学校应承担补偿责任

85. 中学教师黄某认为当地教育行政部门侵犯其权利而提出申诉。依据《教师法》，受理其申诉的机关是（　　）。

A. 同级教育行政部门　　B. 同级人民政府

C. 上级人民政府　　D. 同级纪律检查部门

86. 某初中根据学生分数开设了两个重点班，实行末位淘汰制，非重点班学生根据成

绩可以补缺。该校的做法(　　)。

A. 合法,利于因材施教

B. 合法,利于激励学生

C. 不合法,义务教育学校不得分设重点班

D. 不合法,义务教育学校不得实行动态管理

87. 初中生孙某在课间活动时跌倒摔伤,其亲属在事故处理过程中无理取闹,扰乱学校教学秩序。依据《学生伤害事故处理力法》,此种情形下,学校应当予以(　　)。

A. 报告教育行政部门处理　　B. 报告公安机关处理

C. 报告纪检监察部门处理　　D. 报告人民法院处理

88. 某中学非法招生获利80多万元。依据《教育法》,教育行政部门或其他有关行政部门可以对该校采取的措施是(　　)。

A. 对直接负责的主管人员追究民事责任　B. 责令其退回所招学生并退还所收费用

C. 对其他直接责任人员处以罚款　　D. 没收其非法所得的财物

89. 某中学规定,教师因休产假不能工作的,其工资由学校扣除用作其他代课教师的代课费用。该学校的做法(　　)。

A. 不合法,侵犯了教师享受国家规定的福利待遇的权利

B. 不合法,代课教师的工资应由学校自筹经费予以保障

C. 合法,学校享有对教师实施奖励或处分的权利

D. 合法,学校享有按照章程进行自主管理的权利

90. 为防止学生受到网络伤害,班主任李老师要求班上所有学生将手机上交接受检查,以便及时了解情况。李老师的这种做法(　　)。

A. 合法,班主任对学生有管教权　　B. 合法,班主任对学生有监护权

C. 不合法,侵犯了学生的隐私权　　D. 不合法,侵犯了学生的财产权

91. 教育行政部门决定将未成年学生送入专门学校接受专门教育,该未成年学生监护人(　　)。

A. 可以提起行政诉讼　　B. 应当提起行政复议

C. 有权拒绝　　D. 必须服从

92. 学生武某上课时,起立回答问题,后排的同学陈某用脚将武某的椅子移开,导致武某坐下时重重摔在地上。后经医院检查发现其尾椎骨裂,需要长期治疗。在这起事故中,应当承担相应法律责任的是(　　)。

A. 陈某　　B. 老师　　C. 陈某和学校　　D. 陈某和李老师

93. 依据《教育法》,学校及其他教育机构中的管理人员应当实行(　　)。

A. 教学辅助人员职务制度　　B. 管理职员制度

C. 专业技术职务聘任制度　　D. 教育职员制度

94. 某初中向学生收取练习本费用,未向社会公开收费项目,该校做法(　　)。

A. 不合法,义务教育学校不能收费　　B. 不合法,学校必须公开收费项目

C. 合法,学校有自主管理权　　D. 合法,学校是按规定收费

95. 大学毕业的陈某曾因故意犯罪被判处有期徒刑 1 年,刑满释放后,他前往某初级中学应聘。学校(　　)。

A. 不得聘用　　B. 可以聘用　　C. 应当聘用　　D. 暂缓聘用

96. 15 岁的李明经常纠集他人结伙滋事,扰乱治安。其监护人提出申请,将李明送往专门学校接受教育,对于这一申请具有审批权的是(　　)。

A. 当地公安部门　　B. 教育行政部门　　C. 李明所在学校　　D. 当地人民政府

97. 初中生林某在参加学校组织的春游时不慎摔伤。经认定,学校有一定过错,对于这起事故,学校应当(　　)。

A. 对林某补偿经济损失　　B. 对林某补偿精神损失

C. 对林某依法赔偿损失　　D. 与林某平均分担损失

98. 某高中对严重违反校纪的学生张某处以留校察看处分,并将处分文件在学校宣传栏公开张贴。该学校的行为(　　)。

A. 侵犯了张某的名誉权　　B. 保障了师生的财产安全

C. 侵犯了张某的隐私权　　D. 履行了学校的管理职责

99. 下列做法没有违反相关法律规定的是(　　)。

A. 学生王某不遵守课堂纪律,被任课教师罚站 3 小时

B. 初中生李某偷窃了王老师 500 元钱,学校将其开除

C. 赵某为减轻家庭经济负担,让 13 岁的儿子辍学打工

D. 人民法院对 17 岁的张某抢劫案进行了不公开审理

100. 下列关于专门教育与专门学校的说法不正确的是(　　)。

A. 专门学校的学生经教育行政部门决定可以转回普通学校

B. 专门学校是对有严重不良行为的未成年人进行教育和矫治的重要保护处分措施

C. 专门教育不是国民教育体系的组成部分

D. 专门学校的未成年学生的学籍保留在原学校

101. 中学生熊某曾经偷过同学的财物,班主任总是以此为由,不让他参加班级活动。该班主任的做法(　　)。

A. 正确,可以督促学生改正错误　　B. 不正确,不得歧视犯错误的学生

C. 正确,班主任有管理学生的权利　　D. 不正确,侵犯了熊某的名誉权

102. 初中生付某与同学钱某放学后在校外餐馆就餐,席间付某与钱某发生争执,付某拿起餐馆的菜刀砍伤了钱某。对此次伤害事件,下列说法正确的是(　　)。

A. 付某的监护人应承担主要赔偿责任　　B. 付某的监护人应承担全部赔偿责任

C. 付某所在学校应承担主要赔偿责任　　D. 餐馆应承担主要赔偿责任

103. 16 岁的蒋某因抢劫被公安机关被抓获,当地电视台将蒋某接受审讯的清晰画面在当地新闻节目中播出。该电视台的行为(　　)。

A. 不违法,如实报道没有构成侵权　　B. 不违法,传播正能量不构成侵权

C. 违法,侵犯了蒋某的隐私权　　D. 违法,侵犯了蒋某的名誉权

参考答案

第一章　教育法概述

1. A

2. B　解析：法律一般只要求人们不侵犯他人的权益，不触犯道德的底线而已。而道德不光要求人们不侵犯他人权益，甚至还要求人们无私奉献。所以道德对人们的要求比法律高得多。但是，两者作用的大小难以一概而论，在不同的领域、不同的时代及不同的情形中，两者各有所长。

3. B　4. AB　5. ABCD

6. BD　解析：所谓权利能力，就是由法律所确认的享有权利或承担义务的资格，它是有关的主体参加任何法律关系都必须具备的前提条件。所谓行为能力是指法律所承认的，法律关系主体可以通过自己的行为实际行使权利和履行义务的能力。行为能力必须以权利能力为前提，但有权利能力不一定意味着有行为能力，有行为能力也不意味着就有权利能力。例如，5 岁的孩子可能有继承财产的资格，但没有继承财产的行为能力；38 岁的成年人有能力去继承财产，但是他不一定有继承资格。

7. ABCD

8. B　解析：学校和图书公司在签订教材订购合同的过程中，地位是完全平等的，也都是出于自愿签订合同的，合同调整的是两者之间的财产关系，所以选 B。

9. CD

第二章　教育法律关系主体的权利与义务

1. ABD

2. AC　解析：虽然学校依法享有教育教学权，可以自主地组织实施教育教学活动，但是学校必须贯彻执行国家的教育方针政策。体育是国家规定的必修课，不能随意删减。《教师法》第二十二条明确规定："学校或者其他教育机构应当对教师的政治思想、业务水平、工作态度和工作成绩进行考核。"

3. CD　解析：《教育法》第二十九条明确规定，学校有权对受教育者进行学籍管理，实施奖励或者处分。

4. AD　5. ACD　6. C

7. BC　解析：宗教信仰是公民的自由，任何组织或个人不得强迫他人信仰或不信仰宗教。但是，宗教必须与教育相分离，不得在校园内传教、开展宗教活动。

8. CD　解析：学校有保护教师的义务。

9. C　解析：义务教育只是不允许收学费、杂费，并非一律不收取任何费用。收取除学费、杂费以外的必要费用的，要有法律法规依据，要公开收费项目，包括收费的具体名称和标准，并坚持自愿原则。

10. D

11. B　解析:宫某是过失犯罪,而不是故意犯罪,所以其教师资格不受影响。

12. D　解析:品德不良,侮辱学生,影响恶劣的才撤销教师资格。所以 A、B 不选。并非只要有违法行为,就可以撤销教师资格,只有出现法定违法行为,才可以撤销教师资格,所以 C 不选。

13. CD

14. AB　解析:A、B 两项都是维护课堂秩序、保证教育教学质量的合理要求,体现了教师对学生的管理权。C 项侵犯了学生的隐私权,D 项侵犯了学生的财产权。

15. BD　解析:老师有评价学生的权利,题中德育老师的成绩评价并没有明显的不公正、不客观的情形。所以,德育老师可以考虑重新打分,也可以不予考虑。

16. CD　解析:女教师如果因为请产假被扣除工资,则其获取报酬的权利受到侵犯;如果为了不被扣除工资而选择不请产假,则其休息的权利受到侵犯。

17. ABCD　18. ABD

19. B　解析:教师有保护学生安全的义务。学生爬树、翻墙显然具有危险性,教师应该制止,并警告、训诫。学生滑倒摔跤很可能受伤,教师应该询问情况,并根据情况进行救助,如送医等。

20. C　解析:凡是学校开展的教育教学活动,学生均有平等参加的权利。没交班费不能成为拒绝学生参加教育教学活动的理由,此事只能通过其他途径解决。

21. BD　解析:偷剪他人头发,没有损害他人身体健康,但是破坏了他人身体的完整性。所以题中老师侵犯的是学生的身体权。身体权属于人格权的内容。故本题选 B、D。

22. D　解析:虽然班主任的做法有利于师生交流,也没有嘲讽意味,但是事实上错误地使用了学生的姓名,属于侵犯姓名权的行为。

23. B　解析:未经他人同意使用他人肖像谋利的行为,构成侵犯肖像权。一般来说,不以营利为目的而使用他人肖像,如果不造成严重影响的话,不构成对肖像权的侵犯。题中学校张贴优秀学生的照片,并不是为了营利,客观上还能起到正面的激励作用,所以没有侵权。

24. BCD　解析:题中的同学无中生有,谎称班主任有猥亵行为,这侵犯了班主任的名誉权。而学校错误地撤销了班主任的“校优秀班主任”称号,这侵犯了班主任的荣誉权。名誉权属于人格权的内容,侵犯了名誉权,则必定侵犯了人格尊严。

25. AB　解析:题中老师侵犯了学生的隐私权,这是显然的。同时,也侵犯了学生的财产权,因为财产权的内容包括财产所有人对财产的占有,还包括对财产的使用、收益和处理。老师锁死游戏入口,导致学生不能正常使用其手机,构成对学生财产权的侵犯。

第三章　教育法律责任

1. CD　解析:有违法行为自然要承担法律责任。但是产生法律责任的原因除了违法之外,还有违约、法律规定。所以,没有违法行为也可能会承担法律责任。

2. ABC

3. C　解析:4 岁的小鱼在幼儿园抓伤了小朋友,其监护人并无过错,没有违法。但是相关法律规定,限制民事行为能力人或无民事行为能力人造成他人损害的,由监护人承担责任。小鱼监护人产生赔偿责任的原因是法律规定。

4. ABCD　5. ABCD　6. C　7. B

8. D　解析:该同学自行违规出校,的确有过错。但是学校也有过错,应该承担责任。《学生伤害事故处理办法》第九条明确规定,对未成年学生擅自离校等与学生人身安全直接相关的信息,学校发现或者知道,但未及时告知未成年学生的监护人,导致未成年学生因脱离监护人的保护而发生伤害的,学校应该承担责任。

9. AD 解析:《学生伤害事故处理办法》第十条明确规定,学生行为具有危险性,学校、教师已经告诫、纠正,但学生不听劝阻、拒不改正的,学生或者未成年学生监护人应当依法承担相应的责任。

10. D 解析:小芸属于无民事行为能力人,根据《民法典》的相关规定,幼儿园对她所受损害要承担过错推定责任,但是,如果幼儿园能够证明自身无过错的话即可免责。从题目的表述来看,芮老师客观上没有任何过错,所以幼儿园完全有可能证明自身无过错从而免责。总之,幼儿园可能要担责,也可能不用担责,要看幼儿园举证情况。至于小芸的监护人是否要承担责任,也要看幼儿园的举证情况。如果幼儿园不能证明自身无过错,则由幼儿园担责,小芸的监护人不用担责;反之,小芸的监护人要担责。

11. ABCD 解析:同上题一样,幼儿园对小黎的伤害也是承担过错推定责任。小黎监护人追究幼儿园的责任不需要举证幼儿园有过错,所以A说法错误。小黎是否是自己摔伤的,与幼儿园是否承担责任也无直接关系,所以B说法错误。无民事行为能力人在校园受伤,只是推定学校有责任,而并不是直接认定学校的责任,更不可能直接认定监护人的责任,所以C、D说法错误。

12. A 解析:本题所述情形属于校外第三人导致的学生伤害事故。根据《民法典》的相关规定,首先应该由侵权人承担赔偿责任。其次,学校如果有过错的,承担补充责任。而本题中,学校是在正规客运公司租赁的有营运资质的大客车,没有不当之处。所以,学校不承担任何责任。该事故责任由客运公司独立承担。

13. D 解析:《学生伤害事故处理办法》规定,学生实施按其年龄和认知能力应当知道具有危险或者可能危及他人的行为的,应当承担责任。邹某作为初三学生,应当知道其恶作剧行为的危险性,所以应当承担责任,但邹某是未成年人,所以由其监护人承担替代责任。

14. ACD 解析:曹某明知学生患有癫痫,却没有给予足够的安全保护,有过错。但根据《民法典》的规定,曹某是在从事职务工作,所以其自身并不承担赔偿责任,而是由其所在学校承担责任。溺水学生作为高二学生,明知自己患有癫痫,下水有重大风险仍然下水,有过错,所以该学生及其监护人也要承担相应的责任。

15. AC 解析:地震的确属于不可抗力,但是教学楼抗震指标不合格,这说明学校提供的教学设施不安全,因此学校有过错,应当承担相应的责任。

16. AC 解析:洪水的确属于不可抗力,但是全体教师都有保护学生的义务,而不是只有校长有此义务。其他教师先行撤离,学生的安全保障系数大大降低,学校有过错,应当承担相应的责任。

17. ABD 18. B 19. C 20. BC 21. AB 22. ABD

第四章 教育法律救济

1. ABCD 2. A 3. A 4. C 5. BC 6. B 7. D 8. ABCD 9. A 10. C 11. D 12. D

国家教师资格考试法律法规历年真题

1. B 解析:小伟将狗带到校园,其监护人未尽到监护职责,有过错。学校没有及时发现狗并妥善处理,有过错。所以两者应共同承担责任。

2. B 解析:《幼儿园工作规程》明确规定,幼儿园不得提前教授小学教育内容。

3. B 解析:对梁某作出处分的是幼儿园,而不是园长或书记,所以被申诉人是幼儿园。教育行政部门是梁某申诉的受理机关。

4. A 5. A

6. D 解析:《民法典》第一千二百零一条规定,"无民事行为能力人或者限制民事行为能力人在幼儿园、学校或者其他教育机构学习、生活期间,受到幼儿园、学校或者其他教育机构以外的第三人人身损害的，由第三人承担侵权责任；幼儿园、学校或者其他教育机构未尽到管理职责的，承担相应的补充责任”。电动车主撞伤阳阳，显然应承担责任。而幼儿园没有看管好阳阳，致使阳阳溜出幼儿园，有过错，对阳阳所受损害承担补充责任。

7. C

8. A　解析：《民办教育促进法》第二十三条规定，“民办学校的法定代表人由理事长、董事长或者校长担任”。本题中，张某担任园长，故张某为该幼儿园的法定代表人。

9. D

10. B　解析：洋洋的画作是他自己的智力成果，因此所得稿酬应属于洋洋本人，不属于幼儿园和老师。洋洋的父母是其监护人，可以帮洋洋代管稿酬，但不得占有。

11. D　解析：《民法典》第一千一百八十八条规定，无民事行为能力人、限制民事行为能力人造成他人损害的，由监护人承担侵权责任。所以，小明的监护人应当承担责任。开展户外活动时，老师在教室，而不在活动现场，有过错，也应承担相应的责任。

12. C　解析：《未成年人保护法》分别规定了未成年人的家庭保护、学校保护、社会保护和司法保护。A 选项属于学校保护，B 选项属于家庭保护，D 选项属于司法保护。

13. A　解析：《教师法》第十四条规定，“受到剥夺政治权利或者故意犯罪受到有期徒刑以上刑事处罚的，不能取得教师资格；已经取得教师资格的，丧失教师资格”。张某醉驾属于故意犯罪，同时又被判处有期徒刑，符合丧失教师资格的条件。教师资格一旦丧失，则永远不能重新获得。注意教师资格丧失与撤销是不同的，教师资格被撤销，5 年后还可以重新申请。

14. C　解析：保育员斥责明明尿床，这并不侵犯明明的名誉权，因为明明的确是尿床了，是客观真实的情况。但是，尿床的情况对于小朋友来说是羞于让他人知道的个人信息，所以保育员侵犯了明明的隐私权。

15. 无答案　解析：教师王某在教学活动中细心认真，对幼儿尽到了教育、管理和保护的义务，没有过错。问题是，根据《民法典》第一千一百九十九条关于学校过错推定责任的规定，“无民事行为能力人在幼儿园、学校或者其他教育机构学习、生活期间受到人身损害的，幼儿园、学校或者其他教育机构应当承担责任，但是，能够证明尽到教育、管理职责的，不承担责任”。也就是说，幼儿园必须证明自己没有过错才可以免责，否则即使事实上没有过错，也仍然要承担责任。然而，题目并未交代幼儿园是否能够证明自己没有过错。所以，本题从严格意义上来说没有答案。

16. C　解析：根据《幼儿园工作规程》第十八条的规定，幼儿户外活动时间每天不少于 2 小时。

17. D　解析：不以营利为目的使用他人肖像一般不构成侵犯肖像权，除非情节严重造成较大损害，所以选项 A、B 不选。照相馆虽然是以营利为目的使用小明的肖像，但是经过了小明监护人的同意，所以选项 C 不选。将他人肖像当投掷靶子是对肖像的侮辱、毁坏，构成侵犯肖像权。

18. B　19. B　20. C

21. B　解析：成某在幼儿户外活动时背对着幼儿，有过错。但是根据《民法典》第一千一百九十一条的规定，用人单位的工作人员因执行工作任务造成他人损害的，由用人单位承担侵权责任。所以，承担东东损害责任的主体是幼儿园。

22. C　解析：《民法典》第一千一百八十八条规定，“无民事行为能力人、限制民事行为能力人造成他人损害的，由监护人承担侵权责任”。

23. A　24. C　25. D　26. B　27. D

28. C　解析：老师对学生罚款是一种违法行为。罚款是行政处罚的一种，只有国家特定的行政机关才有行政处罚权。老师或学校对学生予以罚款没有任何法律依据。

29. D

30. D　解析:《预防未成年人犯罪法》第三十四条规定,未成年学生旷课、逃学的,学校应当及时联系其父母或者其他监护人,了解有关情况;无正当理由的,学校和未成年学生的父母或者其他监护人应当督促其返校学习。

31. B　解析:侵权行为人是电动车主,所以车主应当承担责任。杨某是在放学途中发生伤害事故的,学校没有过错,不承担责任。

32. D　解析:《教师法》第三十二条规定,"社会力量所办学校的教师的待遇,由举办者自行确定并予以保障"。

33. A　解析:《教师法》第三十七条规定,教师有下列情形之一的,由所在学校、其他教育机构或者教育行政部门给予行政处分或者解聘。①故意不完成教育教学任务给教育教学工作造成损失的;②体罚学生,经教育不改的;③品行不良、侮辱学生,影响恶劣的。

34. C　解析:《义务教育法》第十四条规定,禁止用人单位招用应当接受义务教育的适龄儿童、少年。《未成年人保护法》规定,任何组织或个人不得招用未满16周岁的未成年人。题目中的小亮12岁,又处于义务教育阶段,因此,饭店老板雇用他是不合法的。

35. C　解析:《教师法》规定,教师对学校侵犯其合法权益的,或者对学校做出的处理不服的,可以向教育行政部门提出申诉,教育行政部门应当在接到申诉的三十日内,作出处理。

36. C　解析:《义务教育法》第五十八条规定,适龄儿童、少年的父母或者其他法定监护人无正当理由未依照本法规定送适龄儿童、少年入学接受义务教育的,由当地乡镇人民政府或者县级人民政府教育行政部门给予批评教育,责令限期改正。

37. C　解析:《小学管理规程》规定,小学不得组织学生参加商业庆典、演出活动。参加其他社会活动亦不应影响教学秩序和学校正常工作。学校擅自让学生停课去参加公司的庆典,侵犯了学生的受教育权。

38. B　解析:《预防未成年人犯罪法》第六十一条规定,公安机关、人民检察院、人民法院在办理案件过程中发现实施严重不良行为的未成年人的父母或者其他监护人不依法履行监护职责的,应当予以训诫,并可以责令其接受家庭教育指导。

39. D　解析:《民法典》第一千二百条规定,限制民事行为能力人在学校或者其他教育机构学习、生活期间受到人身损害,学校或者其他教育机构未尽到教育、管理职责的,应当承担侵权责任。这表明学校对限制民事行为能力学生伤害事故承担的是过错责任,即受害学生请求学校赔偿,必须证明学校有过错,所以题中的杨强应承担举证责任。不过杨强是未成年人,可由其父母(监护人)代为举证。

40. A　解析:《教育法》第七十八条规定,"学校及其他教育机构违反国家有关规定向受教育者收取费用的,由教育行政部门或者其他有关行政部门责令退还所收费用;对直接负责的主管人员和其他直接责任人员,依法给予处分"。

41. C　解析:《教育法》第三十二条规定,"学校及其他教育机构具备法人条件的,自批准设立或者登记注册之日起获得法人资格"。

42. D　43. C

44. C　解析:《预防未成年人犯罪法》第三十四条明确规定,未成年学生旷课、逃学的,学校应当及时联系其父母或者其他监护人,了解有关情况;无正当理由的,学校和未成年学生的父母或其他监护人应当督促其返校学习。

45. D　解析:《预防未成年人犯罪法》第六十二条第二款规定,教职员工教唆、胁迫、引诱未成年人实施不良行为或者严重不良行为,以及品行不良、影响恶劣的,教育行政部门、学校应当依法予以解聘或者辞退。

46. B　解析:《教育法》第七十二条规定,"结伙斗殴、寻衅滋事,扰乱学校及其他教育机构教育教学秩序或者破坏校舍、场地及其他财产的,由公安机关给予治安管理处罚;构成犯罪的,依法追究刑事责任"。

47. B　解析:《义务教育法》第五十七条明确规定,选用未经审定的教科书的,由县级人民政府教育行政部门责令限期改正。

48. A　解析:领导和管理国防建设事业是国务院的职权。详见《宪法》第六十二条和第八十九条。

49. B　解析:《义务教育法》第十七条规定,"县级人民政府根据需要设置寄宿制学校,保障居住分散的适龄儿童、少年入学接受义务教育"。

50. D　解析:《未成年人保护法》第十七条规定,"未成年人的父母或者其他监护人不得允许、迫使未成年人结婚或者为未成年人订立婚约"。

51. D　解析:《预防未成年人犯罪法》第三十一条规定,学校对有不良行为的未成年学生,应当加强管理教育,不得歧视;对拒不改正或者情节严重的,学校可以根据情况予以处分或者采取以下管理教育措施:①予以训导;②要求遵守特定的行为规范;③要求参加特定的专题教育;④要求参加校内服务活动;⑤要求接受社会工作或者其他专业人员的心理辅导和行为干预;⑥其他适当的管理教育措施。

52. B　53. D　54. D

55. B　解析:根据《民法典》的相关规定,捡拾的财物应当归还其所有者,不得占为己有。

56. A　解析:张某言语侮辱朱某,有过错,但是张某并不承担对朱某的赔偿责任,因为根据《民法典》第一千一百九十一条的规定,用人单位的工作人员因执行工作任务造成他人损害的,由用人单位承担侵权责任,所以,朱某所在学校应承担主要赔偿责任。朱某自伤也有一定的过错,也应承担部分责任。

57. D

58. A　解析:《教育法》第二十七条规定,设立学校及其他教育机构,必须具备下列基本条件:①有组织机构和章程;②有合格的教师;③有符合规定标准的教学场所及设施、设备等;④有必备的办学资金和稳定的经费来源。

59. A　解析:《教育法》第七十九条规定,考生在国家教育考试中让他人代替自己参加考试情节严重的,由教育行政部门责令停止参加相关国家教育考试一年以上三年以下。

60. C　解析:《义务教育法》第十二条规定,父母或者其他法定监护人在非户籍所在地工作或者居住的适龄儿童、少年,在其父母或者其他法定监护人工作或者居住地接受义务教育的,当地人民政府应当为其提供平等接受义务教育的条件。

61. D

62. A　解析:《预防未成年人犯罪法》第三十八条规定,本法所称严重不良行为,是指未成年人实施的有刑法规定、因不满法定刑事责任年龄不予刑事处罚的行为,以及严重危害社会的下列行为:①结伙斗殴,追逐、拦截他人,强拿硬要或者任意损毁、占用公私财物等寻衅滋事行为;②非法携带枪支、弹药或者弩、匕首等国家规定的管制器具;③殴打、辱骂、恐吓,或者故意伤害他人身体;④盗窃、哄抢、抢夺或者故意损毁公私财物;⑤传播淫秽的读物、音像制品或者信息等;⑥卖淫、嫖娼,或者进行淫秽表演;⑦吸食、注射毒品,或者向他人提供毒品;⑧参与赌博赌资较大;⑨其他严重危害社会的行为。

63. C　解析:《教育法》第七十四条规定,"违反国家有关规定,向学校或者其他教育机构收取费用的，由政府责令退还所收费用；对直接负责的主管人员和其他直接责任人员，依法给予处分”。

64. B

65. D 解析：根据《未成年人保护法》第五十八条的相关规定，学校、幼儿园周边不得设置营业性娱乐场所、酒吧、互联网上网服务营业场所等不适宜未成年人活动的场所。营业性歌舞娱乐场所、酒吧、互联网上网服务营业场所等不适宜未成年人活动场所的经营者，不得允许未成年人进入。如果对该法条不熟悉，也可以通过分析得出答案。A、B选项显然错误，不予考虑。行政处分是行政机关给予其内部工作人员的行政责任，行政处罚是行政机关给予行政相对人的行政责任。梁某不是行政机关内部人员，而是行政相对人，所以选D。

66. A 解析：根据《学生伤害事故处理办法》第十九条的相关规定，教育行政部门收到调解申请，认为必要的，可以指定专门人员进行调解，并应当在受理申请之日起60日内完成调解。

67. B 解析：汽修厂违反的是《义务教育法》和《未成年人保护法》。《义务教育法》规定，不得招用义务教育阶段的学生；《未成年人保护法》规定，任何组织或者个人不得招用未满十六周岁的未成年人。张某有接受义务教育的权利，张某父母不应该剥夺。

68. A 解析：《刑法》对自然人的刑事责任能力作了如下规定：已满十六周岁的人犯罪，应当负刑事责任；已满十四周岁不满十六周岁的人，犯故意杀人、故意伤害致人重伤或者死亡、强奸、抢劫、贩卖毒品、放火、爆炸、投放危险物质罪的，应当负刑事责任。题中的李某不到16周岁，对一般的犯罪不承担刑事责任，但是对于上述8种严重犯罪需承担刑事责任。酒店卖酒给未成年人，有过错，但不是造成王某伤害的直接和主要的原因，因此只承担一小部分赔偿责任。伤害事故发生在放学后，学校没有过错，不承担任何责任。

69. B 70. D

71. C 解析：《义务教育法》第二十二条规定，县级以上人民政府及其教育行政部门应当促进学校均衡发展，缩小学校之间办学条件的差距，不得将学校分为重点学校和非重点学校。学校不得分设重点班和非重点班。

72. D 73. D 74. C

75. D 解析：李某伤人，自然要承担赔偿责任。关键是学校有没有责任？一般来说，上课期间教师是不能随便允许学生离开课堂的。班主任张某没有问明情况就默许赵某离开课堂，没有完全尽到管理职责，有一定的过错。张某的过错是职务行为过错，所以应由其所在的学校承担相应的责任（具体参考第21题答案）。

76. D 77. C

78. D 解析：公民的人身权可以分为两种，即人格权和身份权。人格权主要包括姓名权、名誉权、生命权、健康权、肖像权和人身自由权等。身份权主要包括知识产权中人身权利、监护权和亲属身份权等。李某给王某起外号侵犯了王某的名誉权，名誉权属于人格权的内容。

79. B 解析：游戏账号和游戏装备都是要通过“劳动”或购买才能取得的，属于一种无形财产。因此，老师删除学生的游戏账号和游戏装备，构成对学生财产权的侵犯。

80. C 解析：《义务教育法》第二十二条规定，“县级以上人民政府及其教育行政部门不得以任何名义改变或者变相改变公办学校的性质”。

81. C 解析：韩某是受害人，没有过错，所以其监护人不承担责任，D不选。宋某是执行职务工作，即使有过错也是由学校承担责任，所以A、B不选。C选项中，李某的监护人毫无疑问要承担无过错责任（具体参考第22题答案），那么学校是否要承担责任呢？从题目的表述来看，难以判断老师宋某是否有管教不当之处。从严格的意义上来说，此题无答案。根据排除法的话，姑且选 C。

82. A　解析：《未成年人保护法》第一百零八条规定，“未成年人的父母或者其他监护人不依法履行监护职责或者严重侵犯被监护的未成年人合法权益的，人民法院可以根据有关人员或者单位的申请，依法作出人身安全保护令或者撤消监护人资格”。

83. D　解析：《学生伤害事故处理办法》明确规定，学校不承担未成年学生的监护责任。

84. B　解析：《学生伤害事故处理办法》第九条规定，因学校的校舍、场地、其他公共设施，以及学校提供给学生使用的学具、教育教学和生活设施、设备不符合国家规定的标准，或者有明显不安全因素造成的学生伤害事故，学校应当依法承担相应的责任。雷击虽然是不可抗力，但题中所述伤害事故的发生与学校的教学楼没有防雷设施有关，学校存在过错，所以学校并不能完全免责。

85. B　解析：《教师法》第三十九条规定，“ 教师对学校或者其他教育机构侵犯其合法权益的，或者对学校或者其他教育机构作出的处理不服的，可以向教育行政部门提出申诉，教育行政部门应当在接到申诉的三十日内，作出处理。教师认为当地人民政府有关行政部门侵犯其根据本法规定享有的权利的，可以向同级人民政府或者上一级人民政府有关部门提出申诉，同级人民政府或者上一级人民政府有关部门应当作出处理”。

86. C

87. B　解析：《学生伤害事故处理办法》第三十六条规定，“受伤害学生的监护人、亲属或者其他有关人员，在事故处理过程中无理取闹，扰乱学校正常教育教学秩序，或者侵犯学校、学校教师或者其他工作人员的合法权益的，学校应当报告公安机关依法处理；造成损失的，可以依法要求赔偿”。

88. B　解析：《教育法》第七十六条规定，“学校或者其他教育机构违反国家有关规定招收学生的，由教育行政部门或者其他有关行政部门责令退回招收的学生，退还所收费用；对学校、其他教育机构给予警告，可以处违法所得五倍以下罚款；情节严重的，责令停止相关招生资格一年以上三年以下，直至撤销招生资格、吊销办学许可证；对直接负责的主管人员和其他直接责任人员，依法给予处分；构成犯罪的，依法追究刑事责任”。

89. A　90. C

91. A　解析：《预防未成年人犯罪法》第四十九条规定，“未成年人及其父母或者其他监护人对本章规定的行政决定不服的，可以依法提起行政复议或者行政诉讼”。

92. A

93. D　解析：《教育法》第三十六条规定，“学校及其他教育机构中的管理人员，实行教育职员制度。学校及其他教育机构中的教学辅助人员和其他专业技术人员，实行专业技术职务聘任制度”。

94. B　解析：《义务教育法》只是规定实施义务教育的学校不得收取学费和杂费，并非任何费用都不能收取。在自愿的原则下，学校收取相关费用必须公开收费项目。

95. A　解析：《中小学幼儿园安全管理办法》第三十五条规定，“学校教职工应当符合相应任职资格和条件要求。学校不得聘用因故意犯罪而受到刑事处罚的人，或者有精神病史的人担任教职工”。

96. B　解析：《预防未成年人犯罪法》第四十三条规定，“对有严重不良行为的未成年人，未成年人的父母或者其他监护人、所在学校无力管教或者管教无效的，可以向教育行政部门提出申请，经专门教育指导委员会评估同意后，由教育行政部门决定送入专门学校接受专门教育”。

97. C　解析：题目表明学校有一定的过错，所以学校有责任。学校应当依法赔偿林某损失，而不是补偿林某损失，补偿损失只适用于无过错无责任的情形。题目并未表明学校到底有多大的过错，所以 D 不选。

98. C 99. D

100. C 解析:《预防未成年人犯罪法》第六条规定,“专门教育是国民教育体系的组成部分,是对有严重不良行为的未成年人进行教育和矫治的重要保护处分措施”。第四十六条规定,“专门学校应当在每个学期适时提请专门教育指导委员会对接受专门教育的未成年学生的情况进行评估。对经评估适合转回普通学校就读的,专门教育指导委员会应当向原决定机关提出书面建议,由原决定机关决定是否将未成年学生转回普通学校就读。原决定机关决定将未成年学生转回普通学校的,其原所在学校不得拒绝接收”。第四十九条规定,“未成年人及其父母或者其他监护人对本章规定的行政决定不服的,可以依法提起行政复议或者行政诉讼”。

101. B

102. B 解析:《学生伤害事故处理办法》第二十八条第一款规定,“未成年学生对学生伤害事故负有责任的,由其监护人依法承担相应的赔偿责任”。题干中,初中生付某是未成年人,应由其监护人承担赔偿责任。事故发生在放学后,学校显然无责任。由于在争执中无法判定钱某是否有明显过错,因此付某一方应承担全部赔偿责任。

103. C

附录